组织学习与发展丛书
总主编 吴 峰

组织与学习

编 著◎刘雨昕 李文超 郭燕飞

图书在版编目(CIP)数据

组织与学习/刘雨昕,李文超,郭燕飞编著. —北京:北京大学出版社,2011.7
(组织学习与发展丛书)
ISBN 978-7-301-19112-5

Ⅰ. ①组… Ⅱ. ①刘…②李…③郭… Ⅲ. ①学习－研究 Ⅳ. ①G442

中国版本图书馆CIP数据核字(2011)第114474号

书　　　名:组织与学习
著作责任者:刘雨昕　李文超　郭燕飞　编著
丛 书 策 划:姚成龙
责 任 编 辑:邱　懿
标 准 书 号:ISBN 978-7-301-19112-5/C·6682
出 版 发 行:北京大学出版社
地　　　址:北京市海淀区成府路205号　100871
网　　　址:http://www.pup.cn
电 子 信 箱:zyjy@pup.cn
电　　　话:邮购部 62752015　发行部 62750672　编辑部 62754934　出版部 62754962
印　刷　者:北京鑫海金澳胶印有限公司
经　销　者:新华书店
　　　　　　720毫米×1020毫米　16开本　14.75印张　252千字
　　　　　　2011年7月第1版　2011年7月第1次印刷
定　　　价:30.00元

未经许可,不得以任何方式复制或抄袭本书之部分或全部内容。
版权所有,侵权必究
举报电话:(010)62752024　电子信箱:fd@pup.pku.edu.cn

丛 书 总 序

当今社会,经济迅猛发展,科技飞速进步,人类社会近三十年创造的知识已超过之前所创造的知识的总和。我们面临许多新的机会,同时也面临着巨大的挑战。如何把握这些机会与应对这些挑战?不断学习与创新是每个人乃至每个组织的必然选择。学习不仅是组织人才发展的加速器,而且是实现组织战略的工具与推手,学习对于组织的生存与发展越来越重要,因此组织必须对学习越来越重视。在中国,不到十年时间有近三百家企业大学冉冉升起,正是对学习的战略性意义的最佳诠释。不但如此,技术的快速发展,使学习的理念面临着前所未有的挑战与洗礼。网上学习的出现,变革了组织学习的方式,使全员学习成为可能;微博的快速知识传播、维基的协作学习,充分说明新时代的学习、创新与分享不仅仅是一个人的、一个组织的,而是整个社会的。社会化学习、网上学习成为学习新的特征。我国已提出"建设全民学习、终身学习的学习型社会"的目标,终身学习正顺应时代的呼唤成为历史发展潮流。

为什么要开发这套丛书

作为研究机构,回应业界的要求是我们的责任和义务。在我们开展实证研究的过程中,业界普遍提出希望我们开发一套面向组织学习部门从业者的知识体系指南丛书。调查发现,组织学习部门从业者的受教育背景多元化,来自管理学、教育学、心理学、计算机、经济学、哲学,等等。不同专业背景的学生毕业之后需要探索着去从事组织学习方面的工作,因此很有必要有一套体系指南帮助毕业生尽快系统地熟悉本领域知识。目前在高校,与组织学习领域相关的专业建设相对匮乏。另一方面,在组织学习部门中,从业者从事的工作分工越来越朝专业化、精细化方向发展(如作绩效技术分析的人员,很可能不知道关于数字化学习设计方面的内容),如何让每一位工作人员在对自己从事的岗位工作精通的同时,又能够对整个学习部门的工作有系统的了解,也非常必要。基于这些实际需求,一些学习部门的负责人多次地向我们提出这样的要求。此即为编撰本套丛书的动机与动力。

如何确定丛书体系

如何梳理这套丛书的体系,以及如何确定每本书的知识点成为下一步关键。2010年,北京大学企业与教育研究中心成立了本套丛书的项目组。第一步,项目组设计了二十页左右的详细问卷,选择国内一些大中型企业,开展了问卷调查与资料收集。第二步,在问卷的基础上,项目组遴选了十五家优秀企业,对其学习部门进行实地访谈与调研,形成了将近百万字的原始资料与记录。第三步,项目组对于这些原始素材进行系统梳理,最终形成了三十万字左右的行业研究报告与研究案例。最后,在这些基础性的实证工作之上,项目组进行聚类分析、知识点提炼;梳理组织学习部门岗位职责与工作流程,借鉴国内外同行的基础理论研究,最终构建了本套丛书的体系框架。可以说,本书的体系是通过理论与大量的实证研究构建起来的。

丛书体系简介

本套丛书从组织学习到组织发展,以及学习评估,形成一个相对完整的体系。

《组织与学习》:主要探讨组织与学习的关系、组织中的学习。包括组织学习理论与方法、学习型组织、组织中的学习管理、学习项目的管理等。

《学习规划》:主要探讨如何系统地规划组织学习,对基于变革和绩效的组织学习架构体系、组织学习能力、组织学习规划程序与形态模式以及组织学习地图等进行探讨、理论阐述和方法论指引。

《学习设计》:以教学设计理论和方法为基础,主要针对组织学习设计体系、学习设计分析、学习内容传递、学习空间设计、学习评价等五个应用领域进行探讨。

《数字化学习》：数字化学习是组织学习的主要方式之一。本书探讨数字化学习架构、标准、应用流程、评估，并且结合实证分析，说明数字化学习如何全面加快推动组织的人才发展。

《知识管理》：基于各类组织知识管理的现实状况和未来需求，系统、简洁而通俗地对知识管理的理论、方法和最佳实践进行梳理和介绍。

《领导力与人才发展》：系统分析了领导力的概念及领导开发的综合模型，探讨了领导者培养的模式、领导环境的建设，以及领导开发过程中的各种关键角色。本书还对于员工胜任力、新员工培训、职业生涯规划与管理等人才发展问题进行了探讨。

《绩效改进》：从培训到绩效改进，是当前组织发展的一个重要趋势。本书内容具体包括：绩效改进的基本原理与过程模型；绩效分析的基本过程、方法与工具；干预措施选择与干预方案的实施与评价的原则、过程、方法与工具等。

《组织变革》：组织学习部门要协助管理者实施变革，让员工参与到变革中来，可以激励员工运用其知识和技能。本书内容主要包括：组织变革的条件、组织文化与变革、理解适应力、变革过程中的角色、组织变革的障碍、组织变革模型、实施变革中学习部门的职责等。

《学习测量与评估》：阐释了组织学习测量与评价领域的趋势与动态、理论模型、评估流程与关键成功要素等问题，涵盖了测量与评估领域专业人员所需的信息、能力和工具。本书按照理论与方法、流程、指标以及关键要素的逻辑思路来探讨测量与评估的问题。

丛书特色

体系化。本套丛书的内容形成一个较为完整的体系，系统梳理了组织学习与发展领域的知识点，涵盖了本领域的最新研究成果。

理论与实证相结合。本套丛书项目组在撰写过程中，参考了大量本领域国内外优秀著作、文章、学位论文等，并且作了大量的实证研究，调研了国内外最佳的组织学习实践，将理论研究与实践活动、实证分析有机地结合起来。

学习技术的引入。数字化学习在中国发展越来越迅速与成功，将数字化学习导入本套丛书，是此前国内外同类的组织学习与人力资源开发类丛书所没有的。

学术界与业界共同参与。本套丛书依靠北京大学企业与教育研究中心专家团队支持,并且在撰写过程中吸取了一些组织学习部门的理念和意见,在大量的反复讨论并修改的基础上最终形成定稿。

丛书读者对象

本套丛书适用于组织学习行业研究者、管理者及从业人员,如企业大学(商学院)、人力资源部门、培训中心,或者即将进入这些学习部门的高校毕业生;可以作为高等学校人力资源开发与管理专业、教育技术专业、教育专业的主要参考教材;同时本套丛书还可以是政府在线学习部门、企业在线学习部门、网络(远程)教育学院、广播电视大学系统的参考用书;以及作为学习咨询与服务机构从业人员的参考用书。

致谢

非常感谢我们这个团队中每一位成员,他们是由来自五所高校的教师以及一些业界知名专家组成。每本书都饱含了他们辛勤的劳动与汗水,他们付出的劳动是巨大的,我由衷地为这个团队而感到自豪。近一年时间的相互交流、辩论、激荡,所有这一切,就是为给未来的尊敬的读者奉献上这套丛书时不留遗憾。业界的期盼是我们这个团队一往无前的动力,而也正是这种动力高度凝聚了我们这个团队,使大家形成共同的愿景,推动这个项目的快速发展。每一位成员的名字以及在整套丛书中的作用在这里不多赘述,每一本书的前言里将会记载他们所作的默默的贡献。

在此特别感谢北京大学出版社职业教育编辑部姚成龙主任、邱懿编辑以及每本书的责任编辑,正是他们的不断敦促与大力支持,才最终促成这套丛书的问世。他们的严谨与专业,给我们项目组的所有成员留下深刻的印象。

本套丛书的撰稿时间紧迫,因此肯定会存在纰漏,错误之处也期望得到学术界与业界的多多批评与指正,如有反馈请发到以下电子邮箱:berc@pku.edu.cn。

终身学习的钟声已经敲响,谨将此套丛书作为学习时代的献礼。

丛书总主编　吴峰
2011年6月于北京大学

目录

前言	1
第1章　组织学习	1
1.1　组织学习概述	2
1.1.1　组织学习的定义	2
1.1.2　组织学习模型	6
1.2　组织学习过程	7
1.2.1　学习过程的五个阶段	8
1.2.2　组织学习过程应用模型	12
1.3　组织学习相关概念	14
1.3.1　学习型组织	14
1.3.2　组织变革	17
1.3.3　组织知识创造	20
第2章　组织学习方法	25
2.1　相关的学习理论	26
2.1.1　学习特征	26
2.1.2　学习风格	28
2.1.3　学习迁移	33
2.2　组织学习的经典方法	36
2.2.1　课堂教学法	36
2.2.2　行动学习	43
2.2.3　教练法	47
2.2.4　工作轮换	51
2.2.5　学徒制	53
第3章　人力资源开发	55
3.1　人力资源开发概述	56
3.1.1　人力资源的含义	56
3.1.2　人力资源开发	57
3.1.3　人力资源开发与管理	61
3.1.4　人力资源开发的职能	64
3.1.5　人力资源开发的作用	67
3.2　人力资源开发的发展	69
3.2.1　人力资源开发的发展阶段	69

　　　　3.2.2 人力资源开发面临的挑战　　　　72
　　　　3.2.3 人力资源开发的职业化　　　　74

第 4 章　组织中的学习部门　　　　77
4.1　学习部门的职能与设置　　　　78
　　　4.1.1 组织学习部门的职能　　　　78
　　　4.1.2 组织学习部门的设置　　　　81
　　　4.1.3 组织学习部门岗位与架构　　　　88
4.2　培训开发人员　　　　96
　　　4.2.1 培训开发人员认证与素质模型　　　　96
　　　4.2.2 培训开发人员的挑战　　　　101

第 5 章　组织学习的管理　　　　105
5.1　预算管理　　　　106
　　　5.1.1 基本财务术语　　　　106
　　　5.1.2 预算和预算管理　　　　107
　　　5.1.3 预算的管理过程　　　　111
5.2　关系管理　　　　115
　　　5.2.1 管理者关系管理　　　　116
　　　5.2.2 专家关系管理　　　　120
　　　5.2.3 讲师关系管理　　　　121
　　　5.2.4 学习者关系管理　　　　124
5.3　课程管理　　　　133
　　　5.3.1 课程与课程体系　　　　133
　　　5.3.2 课程体系设计模式　　　　135
5.4　学习过程管理　　　　139
　　　5.4.1 学习氛围　　　　139
　　　5.4.2 学习互动　　　　142
5.5　学习空间管理　　　　145
　　　5.5.1 课堂学习空间　　　　146
　　　5.5.2 外部交往空间　　　　153
5.6　外包管理　　　　156
　　　5.6.1 学习项目外包　　　　156
　　　5.6.2 外包过程管理　　　　158

第 6 章　学习品牌及营销传播　　　　163
6.1　品牌管理　　　　164
　　　6.1.1 品牌概述　　　　164
　　　6.1.2 品牌的建立　　　　168

　　　　6.1.3　品牌的维护和发展　　　　　　　　173
　　6.2　组织学习营销传播　　　　　　　　　　　177
　　　　6.2.1　组织学习营销传播　　　　　　　　178
　　　　6.2.2　有效的组织学习传播　　　　　　　181

第7章　学习项目管理　　　　　　　　　　　　　185
　　7.1　项目与项目管理　　　　　　　　　　　　　186
　　　　7.1.1　项目概述　　　　　　　　　　　　　186
　　　　7.1.2　项目管理　　　　　　　　　　　　　187
　　　　7.1.3　组织学习的项目管理　　　　　　　　190
　　7.2　组织学习项目启动　　　　　　　　　　　　191
　　　　7.2.1　组建组织学习项目组　　　　　　　　191
　　　　7.2.2　定义组织学习项目　　　　　　　　　193
　　7.3　组织学习项目规划　　　　　　　　　　　　196
　　　　7.3.1　分解学习项目工作　　　　　　　　　197
　　　　7.3.2　制订学习项目实施计划　　　　　　　199
　　　　7.3.3　审批组织学习项目　　　　　　　　　201
　　7.4　组织学习项目实施与监控　　　　　　　　　201
　　　　7.4.1　学习活动前的准备　　　　　　　　　202
　　　　7.4.2　学习活动的实施　　　　　　　　　　203
　　　　7.4.3　组织学习项目的过程监控　　　　　　204
　　　　7.4.4　学习变更管理　　　　　　　　　　　204
　　7.5　组织学习项目收尾　　　　　　　　　　　　205
　　　　7.5.1　学习项目评估　　　　　　　　　　　205
　　　　7.5.2　学习项目行政收尾　　　　　　　　　206
　　　　7.5.3　学习项目总结　　　　　　　　　　　207

第8章　终身学习　　　　　　　　　　　　　　　211
　　8.1　终身学习概述　　　　　　　　　　　　　　212
　　　　8.1.1　终身学习内涵及历程　　　　　　　　212
　　　　8.1.2　终身学习的相关概念　　　　　　　　213
　　8.2　终身学习实践框架　　　　　　　　　　　　214
　　　　8.2.1　贝伦行动框架　　　　　　　　　　　215
　　　　8.2.2　欧洲终身学习质量指标　　　　　　　218

主要参考文献　　　　　　　　　　　　　　　　　221

前　　言

如果有人问你,每天都会做的事情包括哪些,我们可能会想到每天都要呼吸、要行动、要思考……在我们每天都要进行的生活中,是否我们都在不断地学习,即使对于这种学习我们可能根本就没有意识到它的存在。从某种意义上来说,学习就是一直伴随着每个人生命和生活的活动。与个人学习的情况类似,组织的学习也一直伴随着组织经历整个的生命周期。

组织学习是一个学科,还是一个领域?就现状来看,组织学习应该被看做一个研究和应用的领域。因此这本书虽然是建立在一个关于组织学习的理论框架下,但是并不能称之为一个完备和严格的体系。实际上本书是从不同的角度对这一领域内的问题进行阐述。在探讨任何一个领域的问题时,都应该采取一种开放的态度,接受其他领域的启发,得到其他领域或角度的启迪,这个领域的发展也会越来越快。当把组织学习作为一个领域的时候,我们便可以大胆地引入其他领域的观点和案例,来分析和理解这个领域内的思维和行动。本书正是基于这样一种认识,在组织学习领域的基础上,引入了其他相关领域的理论、知识和方法,以期为读者提供思考的不同视角,并用于组织与学习的实践和创新。

在《庄子·养生主》的开篇便有这样一句话:"吾生也有涯,而知也无涯。以有涯随无涯,殆矣;已而为知者,殆而已矣!"大抵是在说,人的生命是有限的,而知识是无限的,用有限的生命去追求无限的知识,则会疲惫不堪。当各种各样的学说启发和应用于组织学习的时候,试图建立一个完备的体系其实是相当困难的。这就好像是在图书馆的书架之间,很难翻遍所有相关的书籍;在山水之间行走,却很难看见所有的风景。像散步一样,在一种自由的状态下,从偶尔遇见的一个领域内得到灵感或是学到知识都是值得庆幸的,而不一定是要追求所谓"全面的"经验。亚里士多德的逍遥学派(Peripatetics,又称为散步学派),其名称便是源于他一边讲课一边散步的行为。正是基于这样一种"散步的哲学",本书在比较常见的组织学习领域相关理论之外,又介绍了一些其他领域的理论。在学习空间管理的内容中,引入了建筑设计领域和城市规划领域的相关理论和观点。品牌营销和项目管理都是在组织学习实践中会不同程度得到应用的知识领域,然而在组织学习相关的书籍中却很少提及,因此这里将这两部分的内容分作两章进行介绍。所有对终身学习的研究都是基于社会或是政府的角度,如果将组织看做一个小型的社会,那么终身学习的一些框架和观点也可以对组织学习起到一些借鉴作用。

物理学家费曼(Feynman)曾经说:谁要是说他懂量子力学,那他就是在撒谎!

本书并不能反映出组织学习的全貌,而是提供一个读者思考的框架;其真正的价值在于读者在字里行间对组织学习的思考和未来的行动。就像是老子所说的"埏埴以为器,当其无,有器之用;凿户牖以为室,当其无,有室之用;故有之以为利,无之以为用"。这能够看得见的文字就是这个像工具一样的"利",而在阅读的情境中所重塑的知识和自我才是其价值所在,也就是"用"。

  无论是个人学习还是组织学习的实践,都可能让人充满着乐趣和幸福感,因为学习本身就是一种生活。最后,用朱光潜的一段话共勉:"阿尔卑斯山谷中有一条大汽车路,两旁景物极美,路上插着一个标语牌劝告游人说:慢慢走,欣赏啊!许多人在这车如流水马如龙的世界过活,恰如在阿尔卑斯山谷中乘汽车兜风,匆匆忙忙地急驰而过,无暇一回首流连风景,于是这丰富华丽的世界便成为一个了无生趣的囚牢。这是一件多么可惋惜的事啊!"

刘雨昕
2011 年 6 月于中央广播电视大学

第1章

组织学习

1.1 组织学习概述

在近几十年的时间里,整个社会的形态发生了很大的变化,工业社会的特征逐渐被一些新的社会特征所替代。有些人将这种社会形态称之为"学习型社会"或"知识社会",在这样的认识中,知识、学习、创新等关键词成为描绘社会形态的核心,并且比以往任何一个社会发展阶段都更加强调学习的作用。组织学习就是在这样的时代背景下,将组织作为一个拟人化的整体,开展学习活动,以满足环境变化和组织发展的需要。

1.1.1 组织学习的定义

20世纪70年代中期,阿吉里斯(Argyris)与舍恩(Schon)首次提出组织学习的概念,随后国内外相关学者都从各自的角度,对组织学习概念进行修正与界定(见表1-1),并逐渐形成了组织学习这一研究及应用领域。那么,什么是组织学习呢?简单地说,组织学习就是指组织不断努力改变或重新设计自身以适应不断变化的环境的过程,也是组织创新的过程。[①] 组织学习过程就是将组织作为一个整体而开展的拟人化学习过程。反过来也可以认为,组织学习中的学习,是一种类比的方式,用个人的学习行为类比组织革新过程。组织学习是指学习在组织中发生的过程,也就是组织在特定行为和文化背景之下,建立和完善组织知识和运作方式,并不断增强自身竞争力与适应力的过程。优秀的组织总在学习如何能够更好的发现并解决组织中存在的问题,并且不断地对这种发现和解决问题的方式进行反思,进而为组织创造或增加知识和能力,从这个意义上说,组织学习就是组织自我革新的能力。

表1-1 组织学习定义[②]

组织学习是指通过更好的知识和理解改进组织行为的过程(Fiol C. M. & Lyles M. A.,1985)
组织学习就是组织的创新能力(Watkins & Marsick,1993)
如果一个组织实体通过其信息处理过程使其潜在行为的范围发生了变化,那么该组织实体就发生学习了(Hunbr G. P.,1991)
组织学习是组织侦测和纠正偏差的过程(Argyris C.,1977)
组织学习通过共享的洞见、知识和心智模式而发生,……建立在过去的知识、经验,即组织记忆纸上(Stata R.,1991)

[①] 陈国权,马萌.组织学习——现状与展望[J].中国管理科学,2000(3).
[②] 根据 David A. Garvin 在《哈佛商业评论》1993年7—8月刊"Building a Learning Organization"一文改编。

(续表)

组织学习是学习在组织中产生的方式,代表了通过组织全体成员的承诺和不断提升机会使组织的知识能力和生产能力得以增强。(Marguardt,1996)
组织学习是组织在经验的基础上维护或改进绩效的能力或过程(Nevis E.C.,DiBella A.J. & Gould J.M.,1995)
组织学习是组织成长和改善的一个连续过程,与工作活动紧密相连,能激发组织成员间的价值观、态度和观念的统一,并且运用有关过程和结果来实施组织变革(Preskill,Torres & Pionteck)
组织学习可以被看成是一个组织促进知识创新或获取知识并使之在整个组织内传播,进而体现在产品、服务和系统中的能力(Nonaka I. & Takeuchi H.,1995)

组织学习是实实在在地发生在每个组织环境中的,但是经常是在无意识的情况下发生的,因此,了解组织学习也是组织及其成员自我反思的过程。在这种反思式的认识过程中,需要领会组织学习的两层含义、组织学习与个人学习的关系、组织学习的特点这三方面的内容。

■ **组织学习的两层含义** 从把组织作为一个整体的角度来看,组织学习作为组织行为主体具有两个层次的含义：第一,组织学习中的学习是一种类比,是在用人的学习行为类比组织相似行为,这表明在组织学习过程中所体现的是学习的行为;第二,组织学习是一个过程,侧重组织不断改变、重新调整自身顺应环境的过程,这表明组织学习的目的不在于学习行为的本身,而在于能够为组织带来改变的功用。[①]

■ **组织学习与个人学习的关系** 组织是由组织成员所构成的群体,因此组织成员的个人学习成为组织学习的主要构成。也就是说,组织要进行学习,就需要组织中的成员个人进行学习,组织学习只能通过组织成员个人的行动来完成。但是,个人学习并不是组织学习的充分条件,个人学习的发生并不一定能产生组织学习。个人学习只有上升到组织的层面、在组织中传播并为其他组织成员分享,才能称其为组织学习。因此,在理解组织学习内涵时,不能简单地将组织学习与个人学习画等号。

■ **组织学习的特点** 组织学习具有三个主要的特点：第一,组织学习是依赖于共同的见解、知识和组织成员的心智模式而产生的;第二,组织学习建立在组织以往的知识和经历基础之上,并依赖于组织的结构、机制、文化、战略、价值等方面;第三,组织学习过程是一个学习价值链的传递过程。当组织成员个体通过对话和参与性学习,分享彼此的经验、价值观、信念和知识时,就产生了团队学习;而当多个个体和团队在组织中通过探索而传播知识的时候,就产生了组织学习。

通过上述内容可以看出,组织学习是组织的全体成员在组织运行中,通过各种

---

① 陈国权,马萌.组织学习——现状与展望[J].中国管理科学,2000(3).

途径和方式不断地从组织内部和外部获取知识,通过跨越组织的空间边界、层级结构的合作交流,在组织成员间共享知识,从而促进组织知识库的知识积累、提升组织学习能力、带来组织整体行为或绩效改善的持续学习过程。

(一) 组织的学习形式

与个人学习情况类似,组织学习也具有不同的学习形式。根据组织学习内容、学习方式的不同,加尔文(David A. Garvin)将组织学习划分为五种学习形式。[①]

■ **系统化解决问题**(systematic problem solving) 意愿是指通过科学的方法收集相关数据,系统化分析问题产生的原因,并在不同的原因和因素之间建立联系,从而找出解决问题的"高杠杆解"(指的是能最有效解决问题的方案,一个小小的改变,就会引起持续而重大的改善)的过程。然而在实际的工作环境中,任何一个系统都充满着各种复杂性的因素,而且很难轻易找到所谓的高杠杆解,因此这种意愿转变为通过运用科学的思维模式、实用工具与方法,来寻求更为合理的解决问题方法,从而提高解决问题的效率。

■ **试验**(experimentation) 试验与解决问题是两种互为补充的学习方式。解决问题大多数是为了应对目前所面对的困难,而试验则主要是为把握机会和拓展空间而展开的创造和检验新知识的活动。试验包括持续性试验与示范性试验两种类型。持续性试验包含一系列连续的小规模试验,通过持续性的不断尝试,使得组织知识增值。示范性试验期望达到发展新型组织能力的目标,并期望其试验结果达到示范作用或标杆作用,可能会涉及整个组织系统的未来改变。

■ **从经验中学习**(learning from past experience) 重新审视组织过去的成败得失,尽可能系统和客观地对其做出评价,并将其向相应的组织成员开放,通过这种经验的分享达到组织学习的目的。更加深入地通过经验学习的方式是,从经验中发现和创造知识,并将这种知识转变为组织的知识。这种组织学习方式能够使组织思维认清有价值的失败和无意义的成功。有价值的失败是指组织在失败的经验中能够总结出教训、澄清认识并产生集体顿悟,从而增长组织和个人的知识和能力。而无意义的成功是指组织虽然处在一个被成功的环境中,却忽略了对成功经验的反思和总结,可能会在未来外部环境的变化下,遭遇新的挫败。

■ **向组织外部学习**(learning from others) 组织自身并不能够成为一个完整的知识全集,因此,除了向自身的学习之外,组织更要向外部去学习更多更丰富的知识。组织外部的学习对象包含非常广泛,包括组织之外的不同行业、不同领域的组织机构和个人。从同行竞争者到非常不相关的行业,从顾客或用户到供应商,从咨询公司到科研机构,处处充满了可以作为学习对象的组织和个人。向组织外部学习的关键是整个组织需要具备开放的胸怀和批判性思维,既能够包容和发掘外部的学习资源,同时也要批判性的接受和应用。

---

① 邱昭良.学习型组织新实践:持续创新的策略与方法[M].北京:机械工业出版社,2001:105.

■ **在组织内传递知识**(transferring knowledge)　组织学习要求全体成员、所有部门都积极行动起来,不能将其看做是某些人或某些部门的任务,并能够促进知识在组织中流畅地传递。组织中的知识只有为更多的组织成员所知晓或掌握,才能使其发挥更大的效用。[①] 把知识封锁在一个人或一个部门的手中,只会限制组织的成长,对建立学习型组织非常不利。促进组织内传递知识的方法有很多种,包括书面或口头报告、经验交流、参观和观摩、个人岗位轮换、案例分享、记录档案等。

(二)组织的学习类型

在组织学习的实践过程中,不同环境、不同类型、不同发展程度的组织所具有的学习形态是复杂多样的,再加上研究者不同的角度和思维方式,因此关于组织学习类型的划分也存在着多种观点。例如圣吉(Senge)提出的适应型学习(adaptive learning)与产生型学习(generic learning)的类型,埃德蒙特与莫吉(Edmondson & Moingeon)提出"学习如何做"和"学习为什么"的类型,阿吉里斯(Argyris)提出单环学习、双环学习与再学习,吉雷和梅楚尼奇(Gilley & Maycunich)综述的适应型学习、自主型学习、经验型学习和转换型学习的类型。在组织学习的实践中,因阿吉里斯的理论应用比较广泛,下面将主要介绍这三种学习类型。

■ **单环学习**(Single Loop Learning)　又被称之为单回路学习、维持学习、低阶学习、线性学习和适应性学习等。[②] 这种类型组织学习的目的是确保现有组织系统的稳定,其重点在于发现问题和解决问题,强调对现状的认知,并没有去质疑组织的基本愿景、使命和价值观。单环学习将具体经历进行观察、回顾和思考后形成抽象的概念,并在新的环境中去检验,其所关注的是获取直接解决紧要问题或个体及组织所遭遇障碍的方案。这种类型的学习往往表现出"刺激—反应"的行为特征,以既定的模式、方法和规则来应对环境的变化,因此适用于处于可预测的常规性波动环境中的组织。

■ **双环学习**(Double Loop Learning)　又被称为双回路学习、创造性学习或高阶学习等。组织对既有的主导变量(规范、要求和目标、愿景和使命、价值观等)产生质疑,进而具有对之进行修正,以达到完善组织自身,并应对当前及未来环境变化的目的的愿景(如图1-1所示)。双环学习更加深入,能够涉及并质疑组织系统本身的成功或失败。通过这种类型的组织学习,组织不仅要发现组织策略和行为错误,而且还要发现指导策略和行为的规范方面的错误,通过成功地转换组织运作模式来增强组织的学习和创新能力,强化组织的竞争优势,最终显著提高组织的绩效。双环学习能够深入洞悉组织的规范和结构,并根据组织行为和结果质疑其有效性,强调对组织自身的反思,因此更适用于动态环境中生存的组织。

[①] 在组织知识创造的时候,提倡在组织内实现"知识的冗余",正是基于这样的考虑。因为组织在面对环境变化的时候,用以支撑创新和变革的知识可能来自于之前那些被认为没有价值的冗余信息。

[②] 也有人认为适应型学习的范围更大。例如:马夸特(Marquardt,1996)认为,当个体和组织从经验和反思中学习时,适应型学习就会产生;适应型学习包括单环学习和双环学习(Gilley & Maycunich,1997)。

■ **再学习**(Deutero Learning) 又被称为"三回路学习",是指在进行组织学习时,组织成员探究过去组织学习的过程和方式,找出有碍和有助于组织学习的因素,并提出有效的新策略来帮助组织学习,用以提高组织学习的效率。这种类型的组织学习要求对现行的学习规则和假设进行集体反思,强调发挥高于个人智力的群体智力,要求既有创新性,又有协调一致的行动,实现组织学习的持续改进。再学习是一种"关于组织学习的学习",是一种组织对其自身学习的认知能力。

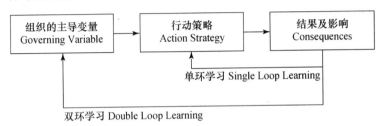

图 1-1　单环学习与双环学习

1.1.2　组织学习模型

组织学习模型是对组织学习活动的抽象化模拟,能够对理解组织学习过程有所帮助。在众多的组织学习模型中,最为经典的是阿吉里斯和舍恩(Argyris & Schon)在 1978 年提出的四阶段模型。经过多年的实践和研究,研究人员在此基础上又提出许多新的组织学习模型,其中有一些是对四阶段模型的修正,而另外一些则是从不同的视角来看待组织学习过程。① 下面将主要介绍组织学习的四阶段模型及其修正模型。

(一)四阶段模型

阿吉里斯和舍恩提出的组织学习四阶段模型(如图 1-2 所示),表明了组织学习包括发现、发明、执行和推广四个阶段。阿吉里斯认为,组织要作为一个整体进行学习,必须完成这样的四个阶段。

图 1-2　阿吉里斯和舍恩的组织学习模型

第一阶段是发现阶段,包括发现组织内部潜在的问题,以及存在于外界环境中的机遇和挑战,并能够明确问题所在。第二阶段是发明阶段,本阶段中组织着手寻找解决问题的方法,形成解决问题的方案。前两个阶段的学习,依旧在组织本身框架不变的前提下进行,所以前两个阶段的组织学习就是前面所说的"单环学习";第三个阶段是执行阶段,组织成员开始在组织内部执行解决问题的方案,而这一阶段

---

① 详细内容参见下一节"组织学习过程"。

将有可能改变组织内部的结构和理念,也可能会对组织的未来发展产生重大影响;第四阶段是推广阶段,能够确保组织学习不只是发生在行为个体上,而是扩展和上升到组织层面。所谓的推广,就是使学习行为和学习成果从个体提升至整个组织的层面,传播到组织内相关的各个领域,从而使学习不再只作用于一个部门或者一个团队。

(二) 修正的四阶段模型

四阶段模型是组织学习领域比较经典的模型,创造性地提出了变革学习的理念,打破了传统的适应性学习理论,并将组织学习看做是组织自我有意识的线性活动。在这个有着明确起点和终点的过程模型中,没有去强调整个过程的反馈和循环,同时贯穿于整个组织学习过程中的核心内容——知识,也没有被足够地关注。[①] 由此,增加了反馈和知识相关的内容,便形成了修正的四阶段模型(如图1-3所示)。

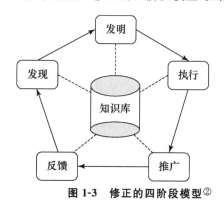

图1-3 修正的四阶段模型[②]

修正模型在四阶段模型的基础上增加了反馈过程,从而将"推广"与"发现"连接起来,形成一个学习环。其次,修正模型认为组织学习各个阶段都会产生新知识,新知识融入组织的运转之中形成知识积累,随着组织学习环的转动,知识积累并形成知识库。知识积累的过程,也代表了组织学习过程的螺旋式上升。另外,知识库与各个阶段之间存在双向的联系,也就是说,组织学习每个阶段都将产生新的知识,而同时知识库也为每个阶段的组织学习提供资源与帮助。

1.2 组织学习过程

在认识组织学习的过程中,需要涉及多个领域的知识或知识体系,并且组织学习的实践过程也会关系到组织内外多种类型的人员,因此相对来说,组织学习过程

[①] 这种对组织学习中知识的强调,也是野中郁次郎(2006)所说的"以知识为基础的"。
[②] 陈国权,马萌.组织学习——现状与展望[J].中国管理科学,2000(3).

也是比较复杂的。对组织学习过程的研究,主要是基于对组织学习过程要素的确定、各个要素之间的互动关系,以及各要素对组织学习的影响程度等方面。为了方便人们对组织学习过程的理解,研究人员在组织学习的真实过程基础上,抽象地将组织学习过程分为了几个阶段,并构造出相应的模型。

1.2.1 学习过程的五个阶段

根据吉雷和梅楚尼奇(Gilley & Maycunich,2000)的研究成果,组织的学习过程可分为学习准备过程、信息交流过程、知识习得与实践过程、转换与整合过程、负责与认可过程五个阶段。[①]

(一)学习准备过程

组织任何行为的开展,都需要进行充分的准备,而组织学习的准备不仅是指组织在物质层面的准备,还需要对开展组织学习活动所要面对的情况进行批判性的反思。做好组织学习的准备工作,需要关注四个方面的问题:学习意愿、自主学习状态、学习关联度、知识转化计划。

■ **学习意愿**　学习者个体有愿意并且有能力参与组织学习活动。开展组织学习的整个过程中,都必须想办法充分调动学习者的学习意愿。通过使用适用于学习者的技巧和方法,营造活跃而积极的团体和个人学习氛围,从而促进学习者积极地参与组织学习活动。学习意愿会随着学习过程中所发生的事件以及学习者的参与程度和得到的反馈而发生变化。为在学习过程中维持或增进学习者的学习意愿,组织者需要准备和应用能够激发学习意愿的组织学习方法,例如角色扮演、小组讨论、头脑风暴、绘画等。在组织学习过程中,需要关注学习者的情绪,并有效维持或增加学习者的学习意愿。

■ **自主学习状态**　自主学习是学习者能够掌握学习的目标和目的,并能够确保真实地学到相应的知识、技能和价值观。在这种学习状态下,学习者能够把知识进行广泛的关联,对学习内容加以分析和理解,并在头脑中重新建构成一个知识体系。自主学习是组织学习的一种理想状态,因为学习者会将学习活动看做是自己独立进行的和自我导向的过程,并能够明确判断组织的需求、订立学习计划、自我监督并实施学习活动。这里需要注意的是,自主学习并不是完全没有约束的自学。组织学习中的自主学习,其前提需建立在组织学习的框架之中,而自主学习的内容及目的要与组织保持高度的一致。同时,组织中的同事、管理者均是学习的资源及合作方。自主学习的最终目的是获得个人成长与组织绩效共同提升。

■ **学习关联度**　组织学习的领导者、推动者、实施者及参与者必须关注组织学习内容与组织战略的关联度,并以此为基础开展组织学习活动。只有与组织的发

[①] 吉雷,梅楚尼奇.组织学习、绩效与变革:战略人力资源开发导论[M].康青译.北京:中国人民大学出版社,2005:127-147.

展紧密地结合起来,组织学习才能够真正地发挥作用,并产生积极的影响。相反,如果组织学习的内容脱离组织的战略和组织面临的现状,那么对于组织而言,这种组织学习的存在很难产生有意义的影响;对于学习者个人而言,由于其学习活动不能促成组织的发展,也就意味着在绩效和价值实现上达不到预期的目标,容易使学习者对组织学习失去积极性。

■ **知识转化计划** 组织学习准备阶段,需要参照学习迁移的相关理论来设计知识转化活动。知识转化活动,是将学习者通过组织学习获得的知识有效转为工作成果的过程。通过知识转化活动,学习者能看到自己的学习活动带来的个人绩效提升以及个人学习与组织间的紧密联系。制订这种知识转化计划,能够帮助学习者为学习和变革做好准备,并取得相应的绩效成果,实现个人目标和价值。

(二)信息交流过程

信息交流是在组织学习中,将需要传递的知识、技能和价值等信息内容与学习者进行交流的过程。信息交流过程为学习者提供了一个增长和改变个人知识结构、转变观念和认识、提升技能和改善行为的条件,并使其在某种程度上与组织的信息对称。在信息交流过程中,需要关注五个相互联系的要素,分别是学习环境、学习代理人、学习者、沟通过程和指导过程。

■ **学习环境** 这里的学习环境除了物理的空间环境之外,更主要的是一种作用与学习者心理的氛围。学习环境需要有利于学习者进行思想和情感的交流,给学习者安全和舒适的感觉,促进学习者个人的成长与发展、促成学习者与他人开放的沟通。通过营造出共同分享、互相尊重、充满活力、富有激情的学习环境,也能够为组织学习的管理者传达他们的价值观,与学习者建立起良好的关系,并形成一种相互信任和共同发展的氛围。

■ **学习代理人** 所谓的学习代理人是负责把组织学习内容的相关信息传递给学习者的个体,同时通过将专业知识和工作经历相结合,帮助学习者将新信息应用到工作中。学习代理人的这种知识和经验能够激励学习者,并唤起学习者学习、成长和发展的意愿。一般说来,学习代理人是培训师、导师、教练等相关人员。有效的学习代理人能够激发员工的学习动力,高效率地传递组织学习内容,持久地维持学习者的学习兴趣,并辅助学习者提升个人能力及工作绩效。组织学习中的学习代理人应当是以学习促进者的身份帮助学习者实现学习效果的最大化。

■ **学习者** 开展组织学习的过程中,学习者需要了解为什么要学习这些新的知识和掌握这些新的技能,需要认识到学习及其带来行为改变所具有的重要性。学习者需要控制他们的行动和能力,以提升个人绩效水平。组织学习也必须支持学习者的自我意识及其实现。通过学习者之间分享经验和经历,能够促进学习者个人所拥有的宝贵知识转变为团队知识或者组织知识。正是基于学习者的这些特征,信息交流过程也需要围绕着学习者这个中心而开展。

■ **沟通过程** 沟通过程是指学习代理人利用各种传播媒介与学习者之间就组

织学习内容进行交流的过程。通常意义上,沟通过程最常用到的媒介是语言,这里的语言主要指的是文字和符号。语言是介于学习代理人与学习者间的桥梁,也是分别由学习代理人和学习者经过思维加工而形成的。因而,在信息交流过程中,学习代理人需要关注语言是否完整的表达了学习内容,避免随意使用难以理解的语言表述问题,语言是否能被学习者理解;而学习者需要通过语言形成表达对学习内容的理解和掌握,实现个人知识体系的重构。

■ **指导过程** 在充分了解学习者特征和知识能力水平的基础上,指导过程更多的是激发学习者的兴趣和意愿、鼓励他们分享和交流、鼓励学习者将学习应用于工作情境中。学习代理人在指导过程中需要遵循一些原则,如:提出启发性的问题来吸引学习者的注意力、与学习者打成一片并共同探究、不要将对某个问题的理解全盘托出、鼓励学习者就困惑和不理解提问、唤醒学习者的意识、调动学习者的积极性和参与度、开始每一次学习课程时都要激发学习者的兴趣和热情、激发学习者开动脑筋自己解决问题、提供与学习者生活、兴趣和经验有关的信息等。

(三) 知识习得与实践过程

当组织学习活动使学习者将信息转换成最终改变其行为的意识时,可以说这种知识习得便产生了。衡量知识习得与否,最重要的指标应该就是个体是否将学习内容转换为自己的行动,并持久地改善行动和提升个人绩效。知识习得和实践过程需要考虑三个要素:启发、重复和回顾。

■ **启发** 从本质上来说,启发是学习者将学习过程中所设计的知识内化,并以某种形式或方式去应用知识。学习代理人需要帮助学习者明确将要完成的工作,并要求学习者表述出所理解的内容,这样就使得学习者得到了启发。为了帮助学习者受到启发,学习代理人可以采用多种方式来实现这一目的,例如:虚怀若谷地与学习者进行交流、鼓励学习者发表自己的观点、帮助学习者承担起自身学习和发展的责任、引导学习者对自己进行反思、通过提问促使学习者更加深入地思考问题、为学习者的学习提供及时的帮助等。

■ **重复** 社会生活中常见的运动健将并不是天生就掌握这些技能,而是通过后天不断练习、不断重复的结果。重复是使学习者获得知识和技能的重要方法,是学习者在经历过一段时间的不断实践之后掌握知识和技能的方法。促使学习者进行重复的环境有两种类型,一种是学习者将所学不断地应用到工作的实践中,不断地经历成功或是失败;另一种是通过模拟或案例来为学习者提供重复的机会。无论哪一种促进重复的环境,都需要为学习者提供必要的支持和鼓励。

■ **回顾** 这里所说的回顾,是指运用以前的知识开展活动并进行批判性反思的过程。有效的回顾能够促进学习者进行重新思考和再次使用最近获得的知识,增强学习者的理解力和学习效果,并且能够帮助他们将知识应用在实际场景中,从而获得新的知识。组织应当提供这样回顾的机会,促进学习者对知识进行回顾,同时也需要对学习者的回顾活动进行反馈。

（四）转换与整合过程

知识的转换与整合是组织学习过程中最为关键的一环，组织学习的内容假如不能转换、整合到学习者日常的工作生活中，那么这样的组织学习很难说是成功的。知识的转换与整合，决定了个人学习和组织学习的边界。简单地讲，只有学习表现为工作绩效时，个人学习行为才能成为有效的组织学习。知识的转换与整合不只是学习者个人的任务，组织学习代理人及管理者也应当积极地参与到其中，承担起职责。

■ **应用** 对于一个人而言，大多数的学习是发生在实践过程中的，因此在组织学习活动之后，加强学习内容的应用，会使学习者达到最为理想的学习效果。要让学习者积极地参与应用活动，鼓励他们及时应用新知识和技能，并尝试改变行为方式。虽然在强调这种应用的时候，可能会带来个体绩效降低的风险，但是这正是实现学习转换与整合不容错过的时机。这其实是在要求相关人员关注长期的绩效提升和长远的组织发展，而不是短期的尽善尽美。应用过程需要给予学习者实践和改善的机会，更要给予学习者积极应用的认可和鼓励。

■ **强化与反馈** 学习者通常会重复那些得到积极强化和反馈的活动，这样也会增强学习的效果。简单的强化与反馈可以通过对取得成绩的祝贺、表示赞许的肢体语言、在会议上进行表扬和鼓励等方式定期地对学习带来的绩效变化进行反馈，这能够促进学习者在工作中应用所学的知识和技能。在向学习者提供强化和反馈时，需要遵循下列原则：使学习者能够具体的认识到正确和错误所在；学习者要在真实的环境下接受反馈，并在完成任务后能得到及时的反馈；给予频繁但随机的反馈来提升学习者的绩效；针对不同的学习者给予具有个性化的强化与反馈。

■ **反思** 作为学习过程中的关键步骤，反思能够帮助学习者促进新知识、新技能、新行为的转换与整合。反思能够强化学习者的洞察力，确保其吸取成功或失败的经验，通过学习促进个人发展和绩效提升，并且能够使学习者保持开放的心态。在重要的事件或危机发生后、完成重大的项目或任务时、每个时间段的工作任务完成时，学习者所进行的定期反思都会鼓励他自己去考虑可能会用到新知识或新技能的机会，促进学习者学习的转换。反思有助于学习者从错误中学习并剖析自己的思维和感受，从而克服自身或职业所带来的障碍，促进在未来工作和生活中的学习与改变。

（五）负责与认可过程

组织内的每一个人都必须对自己的学习肩负起责任，同时个人的努力也需要得到组织的承认与认可。在组织学习的过程中，组织学习代理人（培训师与学习管理部门）与学习者之间应该建立起合作关系，共同促进学习者及组织的发展，提升未来的绩效水平。

■ **期望与检查** 在学习活动开始之前，学习代理人与学习者应当共同建立一个可以实现的学习目标，包括绩效产出的数量、质量，并尽可能细化目标。学习目标的建立需要与学习者充分商讨，共同制定，这样才能增强学习者与学习的关联性。在订立目标之初，就应当明确对学习目标的评估方法与评估时间，使学习者承担起学习的责任。在组织学习实施过程中，需要根据预定的标准和计划，对学习者的学习情况及效果进行检查。

■ **认可与奖励** 学习代理人必须对学习的过程给予充分的关注和及时的反馈,对那些学习努力或绩效提升较快的学习者给予奖励,并表示认可。适当的认可和奖励有利于鼓励学习者通过学习不断地成长和发展,同时也会成为学习者成长过程中的一个重要组成部分。可以采用一些仪式化的活动,比如开学庆典、毕业仪式、荣誉授予等,以表示对学习者学习过程的认可,并对学习者进行奖励。

1.2.2 组织学习过程应用模型

如果将组织学习过程五个阶段中的信息交流、知识习得与实践过程、转换与整合过程,这三个过程作为应用于组织学习的三个维度,就可以构建出一个组织学习过程的应用模型(如图1-4所示)。这个模型描述了信息交流过程(纵向部分,即 y 轴)、知识习得与实践过程(斜向部门,即 z 轴)、转换和整合过程(横向部分,即 x 轴),并用数值1~9来表示程度。纵向数值表明信息交流过程的重视程度,体现了信息交流程度与组织学习类型的关系;斜向数值描述了知识习得和转换过程在组织学习过程中的运用程度,也就是学习者在学习过程中自身变化的程度;横向部分表明了学习结果转换和整合的数量和程度,揭示了学习者和组织作为一个整体的绩效改变和变革的程度。

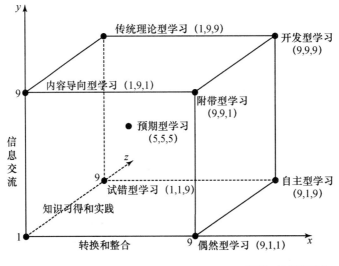

x 维度:转换和整合
y 维度:信息交流
z 维度:知识习得和实践

图1-4 学习和变革立方体①

---

① 吉雷,梅楚尼奇. 组织学习、绩效与变革:战略人力资源开发导论[M]. 康青译. 北京:中国人民大学出版社,2005:148.

根据组织学习过程中信息交流、知识习得与实践过程、转换与整合过程这三个维度的划分,可以将组织中所发生的学习活动描述为八种不同的类型。

- **试错型学习**(Trail and Error Learning,1,1,9) 学习作为一种偶发事件,学习者独立地对所需要的知识和技能在实践中进行探索,组织很少或者不提供有关学习方面的责任和指导,或是不提供任何形式的反馈或强化。学习者掌握与组织发展和工作职责相关的必要性知识和拓展性知识都非常的随机,并具有"运气"的成分。

- **内容导向型学习**(Content-Centered Learning,1,9,1) 将专家或讲师作为信息的主要传播者,强调学习内容,很少或基本不会关注学习的转换、实践或整合。组织学习活动所关注的焦点大部分都集中在学习内容方面,因此学习者对所学内容的掌握程度、因学习所带来的自身变化、在工作实践中对所学内容的应用等,都不在组织的实现之内。

- **传统理论型学习**(Traditional Theoretical Learning,1,9,9) 学习者参与正规的培训活动用以提升其绩效水平,但是大多数的组织却没有充分认识到在工作中转换和整合学习的重要性,或者没有为实现这种学习的转换和整合提供足够的支持。这种形式代表了大多数的培训与开发活动,其中学习转换没有得到具体的执行。

- **预期型学习**(Anticipatory Learning,5,5,5) 在组织学习开发时,将信息交流、知识习得和实践、转换和整合作为同等重要并且相互联系的过程。但是在实际的开发和实践过程中,没有特别重视或者是没有真正地执行这三个方面的要求,因此没有最大限度地发挥这种学习的潜力。

- **偶然型学习**(Accidental Learning,9,1,1) 在信息的分享和交流、学习者获取知识及实践得不到有效支持的时候,学习者将他们偶然学到的知识和技能应用到组织的实际工作中。这种情况下,组织的绩效提升和变革主要依赖于组织成员个体的自我觉悟和学习,缺少用以支撑整个组织的系统化的知识、技能和价值体系。

- **自主型学习**(Self-directed Learning,9,1,9) 学习者个体承担起获取知识和实践以及转换和整合的责任,这种学习也被称为非正式学习,是组织中特别重要的一种学习类型。学习者独立获取知识并应用于实践之中,缺少组织层面的保障,因而表现出很强的随机性和对学习者个体的依赖性。自主型学习与偶然型学习相比,学习者的知识习得和实践是一种有意识的行为。

- **附带型学习**(Incidental Learning,9,9,1) 作为另一项活动的副产品而发生的学习,也就是说,学习是在没有设计的"无意"状态下进行的。在工作环境下的各种事件、经历中,包括所经历的失败和成功,学习者的学习被内化和强化。而学习的转换和整合,也是在这种无意识的情况下发生的。

- **开发型学习**(Developmental Learning,9,9,9) 在一个较高的层面重视信

息交流、知识习得和实践、转换和整合这三个过程,并将这三个过程作为一个相互联系的整体去执行和落实。开发型学习描述并阐明了学习准备、责任及认可的重要性。通过结合传统理论学习和自主型学习,使学习者个体和组织取得了最大的学习效果,并且使组织中的管理者、领导者与员工建立起学习伙伴关系。

1.3 组织学习相关概念

组织学习是一个研究和实践的领域,并且与其他领域紧密相联或是互相融合的,因此不能将组织学习孤立出来作为一个界限清晰的领域。在这一节中,将主要介绍与组织学习密切相关的几个概念:学习型组织、组织变革和组织知识创造中的相关内容。

1.3.1 学习型组织

学习型组织是指那些能够进行有效学习和集体学习的组织,这些组织能够有效地管理知识和不断地变革自身,从而更加能够适应环境变化的需要。在学习型组织中,组织需要激励学习行为和建立组织层面的学习战略,并且不断地改善组织成员的学习能力,提高组织生产率、市场份额和收益等。学习型组织的一个最重要的假设前提是相信个人学习得到加强后,组织绩效也会随之提升。

彼得·圣吉在《第五项修炼》中提出"学习型组织"这个概念后,就在管理界掀起了学习型组织研究的高潮,同时无数理论研究者、实践者都在探究学习型组织的面貌。鲍尔·沃尔纳曾对学习型组织作过一段精辟的论述:"学习型组织就是把学习者与工作系统地、持续地结合起来,以支持组织在个人、工作团队及整个组织系统这三个层次上的发展。"学习型组织是一种与传统组织有明显差异的、更具有人性的组织模式,它由学习团队形成社群,具有核心价值、信念和使命,具有强劲的生命力与实现梦想的共同力量,并不断创新和持续发展。在这样的组织中,组织成员怀着共同的理想或远大的共同愿景,心手相连,相互反省求真,不断地进行挑战,也不固守过去的成功模式。

(一)组织的发展形态

根据吉雷和梅楚尼奇(Gilley & Maycunich,2000)的观点,组织自产生以来,其发展可能会经历三种形态(如图 1-5 所示),分别是传统型组织、学习型组织以及开发型组织。这三种形态的主要区别在于组织内部潜在的两个评价维度:一个是组织更新能力与竞争力的影响程度;另一个是对员工的成长和发展的强调程度。在这三种组织中,传统型组织处于这两个评价维度的最低阶段;也就是说,传统型组织是指那些自我更新能力较弱、不重视员工成长发展的组织。而学习型组织,则处于较高的层级。学习型组织,具有一定程度的自我更新能力,竞争力也比传统组织更强,同时学习型组织也关注员工的成长和发展,并将这一问题作为组织发展的一个重要组成部分。开发型组织,是这三种组织形态中自我更新能力最强、竞争力最大的一种形态,并将员工的发展与组织的未来紧密地结合在一起。从理论上说,开发型组织是所有组织发展的终极目标,是一种理想型的组织形态。

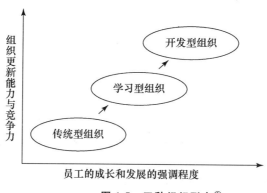

图1-5　三种组织形态[①]

（二）学习型组织的特征

学习型组织可以被看做是传统型组织的飞跃,并与传统型组织有着本质的区别。这种区别既是学习型组织的特征,又是建设学习型组织的关键,主要表现在以下五个方面[②]。

■ **自我超越**　指组织成员个体通过教育、正式学习活动和工作经历获得专业技术和增加个人能力,从而提升个人和组织绩效,达到超出预料的卓越绩效成果（也可称之为全面绩效优异）。自我超越以能力和技巧为基础,但是并不局限在能力和技巧方面,还包括思维、意志、精神等方面。

■ **心智模式**　价值观、信念、态度等要素共同构成了个体的基本世界观,而组织的结构、经验、文化、价值观构成了组织的心智模式。共同的心智模式是通过合作交流、共同学习而达到观念上的协调一致。提高个人意识水平和反思技能的工具、使心智模式进行制度化的"基础设施"和提倡探寻并挑战自身思考方法的文化氛围,这三个紧密联系的要素共同作用于组织的心智模式。

■ **共同愿景**　组织的共同愿景产生于组织成员的个人愿景,是综合了个人期望后所形成的组织成员共同愿望的景象,也可以说是他们的共同理想。正是这个共同的理想使不同个性的组织成员凝聚在一起,带着共同的认同感和责任并朝着组织共同的目标前进。愿景、使命和核心价值共同构成了组织的主导理念。愿景

---

① 吉雷,梅楚尼奇. 组织学习、绩效与变革:战略人力资源开发导论[M]. 康青译. 北京:中国人民大学出版社,2005:152.

② 圣吉. 第五项修炼:学习型组织的艺术与实践(新世纪最新扩充修订版)[M]. 张成林译. 北京:中信出版社,2009.

分为正面愿景和负面愿景,正面愿景是回答"我们想要什么"的问题,而负面愿景是回答"我们想要避免什么"的问题。

■ **团队学习**　鼓励沟通和合作,促进组织成员间的相互协作和相互尊重。团队学习能够开拓组织成员的视野、加深理解、丰富观点,从而使其拥有良好的自我感觉,并将其他成员作为组织中的资源合理利用。在组织学习过程中,团队学习要求团队对复杂问题有深入的思考和明晰的理解,学会如何发掘个人的潜力。团队需要有创新和协调的行动,团队成员则需要在行动中互相依赖和互相支持。同时,组织中不同的学习团队会相互作用,通过自身的实践和交流来促进其他团队的学习实践。

■ **系统思考**　就是以整体的观点对复杂系统构成组件之间的联系进行研究,其目的是为了解决组织面临的复杂问题。系统思考是一种系统化的方法论,对学习型组织的其他特征都有重要的价值。实践自我超越的方法之一就是通过系统思考建立更为系统的世界观,而系统思考也能促进组织形成能看清长期变化规律及其结构性原因的心智模式。系统思考与共同愿景之间具有一种协同效益,前者揭示组织如何创造了目前的现状,而后者画出组织想要创造的未来图景。系统思考的观点和工具都是团队学习的中心内容,系统思考的语言能够使团队学习解决更为复杂的问题。

学习型组织上述五个方面的特征,也是通向学习型组织的途径,这也就是圣吉所说的"五项修炼"。从组织自身的角度来看,学习型组织还具有以下几个方面的特征。

■ **由多个创造性团队组成**　在学习型组织中,团队是最基本的工作和学习单位,也是组织的构成。团队本身应理解为彼此需要他人配合一群人的集合,组织所有的目标都是直接或间接通过这个基本单位的努力来实现。也就是说,学习型组织的实现是通过多个创造性团队而实现的。创造性团队成为评价学习型组织的一个重要的指标。

■ **善于不断学习**　这是学习型组织的本质特征。所谓"善于不断学习",包括终身学习、全员学习、全过程学习、团队学习四个方面的内容。终身学习,即组织中的多数成员能养成终身学习的习惯,并能形成良好的学习氛围,促使其成员在工作情境中不断地学习。全员学习,即不论是组织的决策层、管理层、操作层都要全心投入学习。全过程学习,即学习必须贯彻于组织系统运行的整个过程之中。团队学习,即组织不但重视个人学习和个人智力的开发,更强调组织成员的合作学习和群体智力(组织智力)的开发。学习型组织通过保持不断学习的能力,可以清除发展道路上的障碍,不断突破组织成长的极限,从而保障持续发展的态势。

■ **自主管理**　学习型组织使组织成员能边工作边学习,并使工作和学习融为一体。组织给予其成员充分的自主权,由组织成员自己发现工作中的问题,并选择伙伴组成学习团队。学习团队选定改革进取的目标并进行现状调查,在此基础上分析原因、制定对策、组织实施、检查效果和进行评定总结。团队成员在自主管理的过程中,由于充分发挥了主观能动性,增强了个人自我意识,所以容易形成共同愿景,能以开放求实的心态互相切磋。在这种学习过程中,组织通过不断学习新知识和提出新办法增强组织整体快速应变和不断创新的能力。

■ **领导者的新角色** 在学习型组织中,领导者既是设计师、教师,又是受托人。领导者的设计工作体现在对组织要素进行整合的过程,它不只是设计组织的结构和组织政策、策略,更重要的是设计组织发展的基本理念,找到合适的共同愿景。领导者作为教师的首要任务是界定真实情况,协助人们对真实情况进行正确、深刻的把握,提高他们对组织系统的了解能力,督促每一个人的学习。领导者的受托人角色体现在他对实现组织愿景的使命感,他自觉地接受愿景的号召,并为此而努力奋斗。

(三)学习型组织与组织学习

在认识学习型组织的时候,可以通过学习型组织的特点将其与传统型组织区别开来,并能勾画出一幅学习型组织的蓝图。在学习型组织的蓝图中,很容易看到,组织学习与学习型组织之间有着非常密切的关系。组织学习是组织由传统型组织向学习型组织跨越发展的重要手段,也是创建学习型组织的必要方式。这体现在以下几个方面:学习型组织最重要的特征——统一的心智模式和共同愿景,需要通过组织学习来形成;组织学习包含组织战略层面的学习,同时也包含组织成员知识和技能的学习;组织学习中丰富的学习手段、学习方法是学习型组织必不可少的组成部分。如果可以将学习型组织作为当前组织转型的标准和目标,那么组织学习就会是这一转型过程中的必然途径。这也就相当于从另外一个角度,说明了组织学习对于一个组织实现发展和变革所能起到的重要作用。

1.3.2 组织变革

组织变革是行为科学理论关于组织行为的一个重要概念。组织变革理论的中心问题是组织与环境间的关系问题,也就是说组织变革探讨的就是组织适应环境而产生变化的过程。具体来说,组织变革是当组织成长迟缓,内部不良问题产生,越来越无法适应经营环境的变化时,组织所做出的调整,即将组织结构、内部层级、工作流程、沟通方式及组织文化等方面,进行必要的调整与改善,及时改变领导者及员工的观念及行为方式,以促使组织顺利转型。

组织变革的目的是为了确保组织快速而有效地面对新的内外部环境(主要是外部环境),它包括战略变革、组织结构变革、技术变革、流程再造、组织文化变革等。组织变革是组织发展的重要手段,对维系组织生存,促进组织健全发展,体现组织本质特征具有重要意义。促使组织变革的因素有很多,如成本问题、市场竞争、外部政治环境、技术落后等因素。

（一）组织变革的障碍及策略

在变化的环境中,组织变革已经成为一种必然。但是在真正进行组织变革的时候,往往会面临着来自多方面的阻力与阻碍,这些被称之为组织变革障碍。概括起来,主要有以下三种组织变革障碍。

■ **组织学习不连贯**　一般发生在组织学习过于追求形式的情况下,组织中的学习活动流于形式而不是真正关注学习的内容。这样学习很难获得应有的效果,而效果也很难转化为工作的业绩。组织学习的不连贯还指,个人的学习与组织的目标不相符合或者不匹配。

■ **无可奈何的态度**　组织变革没有与组织成员紧密结合起来时,就会使组织成员在变革面前表现出被动而又无可奈何。这种态度,同样阻碍了组织成员对学习的关注。变革成了变革倡导者的独角戏,而组织成员从头至尾只是被动的听指挥。

■ **个人狭窄的视野**　组织成员仅仅局限于个人的发展、利益时,就会无视组织所面临的复杂形势。局限于个人视野的组织成员,要么盲目的支持变革,不考虑变革的根本目的与方向,只希望个人从中获益;要么就是抵制变革,维持现状,对变革要求的贯彻暗打折扣。

鉴于以上经常容易出现的三种变革障碍,在实施组织变革并争取组织变革成功时,需要考虑以下若干应对策略。[①]　第一,挑选合适的变革引领者。引领变革的人应该是组织中倡导变革、承诺实施变革并具有相关资源的领导者。第二,向所有组织成员阐明变革的必要性。组织变革必须与组织的理念相结合。员工需要知道组织变革的目的以及组织变革对他们和企业带来什么益处。第三,形成共同的愿景。组织变革引领者需要描绘出组织变革的蓝图,让员工知道组织变革预期呈现的结果。第四,形成变革联盟。辨别组织变革中的关键利益相关者,关键利益相关者是指那些必须参与到变革中的关键部门和关键人物。组织凝聚起关键利益相关者后,需要建立起支持变革的联盟,并获得核心人物的支持。第五,改变系统和结构。组织变革必然需要对组织结构、人员及相关制度进行调整,避免"换汤不换药"的表面变革,这就需要调动人力资源开发及管理部门的积极性。第六,监控变革进度。组织变革倡导者应当具有衡量变革是否成功的标准及体系,用以监控的变革,确保组织变革的正确方向。

（二）组织变革的步骤

组织变革的过程大致可以分为七大步骤,分别是变革准备、分析选择、发动全员参与、建立变革的目标、形成变革方案、实施变革、反思与评价。

■ **变革准备**　组织变革的直接原因来自于内外部的环境变化,因此组织变革

[①] 吉雷,梅楚尼奇.组织学习、绩效与变革:战略人力资源开发导论[M].康青译.北京:中国人民大学出版社,150.

前最重要的准备工作就是对内外部环境进行扫描和分析。其目的是发现组织变革的真正原因,并使得决策人与变革参与者明确变革的必要性。由于组织总是具有一定的惯性,拒绝改变,因而很容易忽视那些组织变革的先兆,比如,组织绩效下降、缺乏新产品与技术更新、决策迟缓、员工士气低落等。而当这些问题一再扩大,最终影响组织正常运转时,再进行变革已经困难重重了。因此,必须关注组织的这些征兆。此外,组织变革前,需识别有关变革的假设。考虑、预想变革过程中可能会遇到的问题、困难以及挫折,并预先做好预案。

■ **分析选择** 分析组织的选择包括研究决策制订过程、决策参与者、决策的原则以及结果,这种分析能够揭示决策过程的诸多因素,确保决策与变革结果保持一致。分析选择能够使组织更好地确定他们的决策是否能带来预期的变革。

■ **发动全员参与** 利用各种传播媒介,向组织成员宣传组织变革的目标与构想,告知成员组织面临的困难与威胁,使更多的成员了解变革背后的动因及将要带来的收获。同时,赋予成员变革和创新的权力,鼓励参与、引领变革。参与变革的成员必须做出真诚的、有奉献精神的承诺,这样才能使变革更持久、更稳定。

■ **建立变革的目标** 在建立变革目标的过程中,组织领导者必须拟定变革的预期目标,同时需要注意将焦点集中在有益于组织发展的长期目标上,而非短期的狭隘的目标。成功的变革必然是目标导向的过程。

■ **形成变革方案** 根据变革目标,提出多个变革方案,并根据组织特点,评估和筛选出最适合的变革方案。变革方案涵盖组织财力、人力资源的合理配置,组织重构、组织发展战略规划等。

■ **实施变革** 组织变革最关键的就是采取行动。实施变革需要考虑两个问题,即变革的时机与变革的范围。有些组织变革适宜立即进行,耽误的时间越少,组织变革成功的几率越大;而相反,有些组织变革却需要等待适当的时机。组织变革的范围,也并不是统一的,既可以是涉及全员的深入的变革,也可以是局限于某个部门、某项业务的局部变革。

■ **反思与评价** 个体与组织都应当在变革的过程中,进行反思与评价,增进个人及组织对变革的目的的认识,促进个人及组织对变革的意识,有助于组织真正了解变革过程,实施有效变革。批判性反思与评价主要有三种类型:对行动反思,行动后的反思以及对未来行动的反思。

(三) 组织学习与组织变革

从某种程度来说,组织学习理论缘起于组织变革。在组织学习看来,组织不是环境的被动适应者,而是可以按照自我意图发展的、有学习能力和自我改善、调整能力的机构。组织学习对组织变革具有两重意义。

■ **组织学习丰富了组织变革的内涵** 组织学习理论的出现,推动了组织变革理论的发展,丰富了组织变革的主题与内涵。近年来,随着信息社会的诸多挑战,组织学习与组织变革理论开始相互靠近,组织学习理论既涵盖组织对环境偶然性的刺激做出反应的过程,也包含组织主动认知,采取前瞻性的战略决策和调整的行为过程(即组织变革)。突破了以往组织变革中组织被动适应环境的局限,将组织视为可以主动应对环境、提前而非滞后的行为主体。其次,在组织学习视角下,组织变革的核心转向组织知识的连续变化过程,这一点正是知识社会组织变革的核心与本质。从这一角度出发,组织学习丰富了组织变革的内涵,也是组织变革领域的新发展。组织学习也日益成为组织主动应对环境变化、实现自我发展的一个手段,因此组织变革需要组织学习。

■ **组织学习是组织变革的重要手段** 面对日趋激烈的竞争,组织必须采取变革措施增强自身生存与发展的能力。而长期以来,组织变革中核心力量来自于中高层的领导,未涉及全体员工,往往致使变革实施障碍重重。而组织学习本质上是组织及内部成员间为达到分享学习知识技能而进行的交流活动,最终形成组织统一的心智模式。从这样一个角度而言,组织学习是组织变革的有力手段。如果说组织变革是每个组织必须面对的现实,那么组织学习将为变革实施者提供一个更有力的工具与视角。

1.3.3 组织知识创造

知识管理是指组织为了提高生存能力和竞争优势,建立技术和组织体系,对存在于组织内外部的个人、群组或团体内的有价值的知识,进行系统的定义、获取、创造、存储、分享、转移、利用和评估,以便组织能够便捷的利用这些知识来应对变化和进行创新。知识管理是组织对其占有的知识资源进行整合和优化的管理过程,其目的是在组织层面上实现知识的创新和共享,并将恰当的知识在恰当的时间传递给恰当的人,支持他们做出恰当的决策。

知识管理贯穿于组织学习的全过程,而组织学习本质上也是一种组织及其成员创造知识的过程。知识管理的核心是知识创造,本节将主要介绍竹内弘高和野中郁次郎(Takeuchi & Nonaka,2005)的知识创造相关的理论。

(一)组织中的知识

根据野中郁次郎(2005)的观点,组织中的知识是人际间个人信念朝"真实"的方向实现验证的动态过程。这个观点强调知识的相对性和动态性,认为知识并不是独立于学习者个体存在的。

知识与信息这两个概念经常会替换使用,但是他们之间有明显的区别,知识体现出三个方面的不同:

■ 知识与信念和投入密切相关,知识所反映的是一种特定的立场、视角或意图;

■ 知识是关于行动的概念,是为了某种目的而存在的;

■ 知识与信息均与含意(meaning)有关,但知识更具有情景化和关联性的特征。

波兰尼将知识分为形式知识(Explicit Knowledge)和暗默知识(Tacit Knowledge),形式知识是可以言明和表达的,而暗默知识是经验性的知识。"人的知识分为两类。通常被说成知识的东西,像用书面语言、图标或数学公式来表达的东西,只是一种知识;而另外一种形式的知识是非系统阐述的知识,例如我们对正在做某事所具有的知识。如果称第一种为形式知识,第二种为暗默知识,就可以说,我们总是暗默地知道我们在意知我们形式知识是正确的"。[①]

(二)知识转换模型

暗默知识与形式知识并不是截然分开的,而是互相补充的,并在创造性的活动中相互作用和转换。针对通过暗默知识与形式知识相互作用创造新知识的过程,野中郁次郎和竹内弘高提出了知识转换的 SECI 模型,包含四种知识转换的模式:共同化、表出化、联结化和内在化(如图 1-6 所示)。

	暗默知识 到	形式知识
暗默知识	共同化	表出化
从		
形式知识	内在化	联结化

图 1-6　知识转换的四种模式[②]

■ **共同化**(Socialization)　从暗默知识到暗默知识

在分享经验的过程中,组织成员通过交谈、观察、模仿、练习等方式直接获得暗默知识。获得暗默知识的关键是体验,否则在没有形成共同体验的情况下,个体很难置身于他人的思考过程之中。

■ **表出化**(Externalization)　从暗默知识到形式知识

采用比喻、类比、概念、假设或模型等方法将暗默知识明言化,使其转变为形式知识,这是知识创造过程最为重要的部分。通过集体对话和反思,可以演绎和归纳出概念;再采用比喻、类比、建模等方法将这些概念模型化,从而实现到形式知识的转变。

■ **联结化**(Combination)　从形式知识到形式知识

[①] 波兰尼. 波兰尼演讲集:见波兰尼. 科学·信仰与社会[M]. 王靖华译. 南京:南京大学出版社,2004:16.

[②] 竹内弘高,野中郁次郎. 知识创造的螺旋:知识管理理论与案例研究[M]. 李萌译. 北京:知识产权出版社,2005:53.

将不同的形式知识进行结合,形成综合了各种概念的知识体系。在对形式知识进行整理、添加、结合和分类的过程中,重新构造已有的各类信息,可以产生新的知识。大多数组织学习中的知识创造就是采用这个模式进行的。

■ **内在化**(Internalization)　从形式知识到暗默知识

形式知识内化为个体的暗默知识,并融入于个体的心智模型和行为方式。知识的文档化、故事分享的形式都有利于这种内在化。当某种心智模型被组织的大部分成员所共享时,暗默知识便成为组织文化的一部分。

(三) 组织的知识创造

组织的知识创造是一个暗默知识与形式知识不断相互作用的动态过程,并在个体、团队、组织、组织间的认识层级上不断地推进,呈现出螺旋式扩大和加强的特点。在此创造过程中,需要为组织成员提供利于个人知识创造与积累,以及促进团体活动的环境。下面是在组织层面上,需要为促进知识创造所提供的策略。

■ **组织意图**(Organizational Intention)　组织的意图通常是以战略的形式表现出来的,是信息和知识价值判断的基础。从知识管理的角度来看,组织战略的本质是发展那些能够获得、创造、积累及利用知识的组织能力,其关键是要将组织的愿景概念化和知识化,并纳入管理体系。

■ **自主管理**(Autonomy)　在个体层面,创造组织成员自主行动的机会,从而提高为组织引入意外知识的可能性,同时提高个人自我激励创新知识的可能性。个人自主性的知识创造首先在团队中传播,最后可能上升到组织层面的知识。从组织层面上看,通过将不同部门或背景的人组织在一起建立自主的团队,营造创造知识的氛围。通过这种方式,自主性团队可以将个人的视角放大,并提升到较高的层级。

■ **波动与创造性混沌**(Fluctuation and Creative Chaos)　波动是一种无重复的有序,可能瓦解组织成员已有的习惯和认知模式,从而重新审视已有的思维框架,有利于创造各种新的概念。创造性混沌是指在组织面对各类危机变化时,将组织成员的注意力集中在分辨问题及解决危机境遇上,通过唤起危机感而刻意的创造知识。这种策略的基础是组织成员具有很强的反思能力,并且组织对各种环境信号持开放的态度。

■ **冗余**(Redundancy)　这里的冗余是指组织成员在工作中并非马上需要的信息,体现在知识、业务活动、管理职责等方面的信息有目的的重叠。信息冗余能够促使组织成员沉浸在彼此的领域中,而且通过不同观点的碰撞产生新的观念和知识。分享冗余信息还能够帮助组织成员了解自身在组织中的位置,帮助组织掌握其成员思考和行动的方向。

■ **必要的多样性**(Requisite Variety)　创造与环境多样性和复杂性相匹配的组织内部多样性,可以采用开发扁平化的和灵活的组织机构,将不同单元彼此联系在一起,或者进行组织机构改革和人员调整的方式。这种多样性能够使组织迅速地处理突发的情况,并对信息进行综合,从而应对外部环境的变化。

组织的知识创造过程大致可以分为五个阶段,即:共享暗默知识、创造概念、验证概念、建造原型、迁移知识。知识创造开始于对存在于组织成员个体暗默知识的分享,并在团队或组织内将其放大。经过类似表出化的过程,团队所共享的暗默知识被概念化,并转变为形式知识。经过一系列的验证过程后,这些概念可以被组织转换成产品或软技术的原型(Prototype)。最后,将所创造的知识在不同层级的范围内进行传播,实现知识的转移。

(四)知识促进策略

在组织中,知识创造的过程可能会面临来自不同方面的抵制,例如:组织成员的思维和行为习惯、组织的文化和习惯、已形成的工作程序和流程等。因此,需要通过知识促进(Knowledge Enabling)积极地影响知识创造的整体活动。竹内弘高和野中郁次郎(2005)提出了五个重要的知识促进策略。

■ **灌输知识愿景** 强调组织战略向创造整体知识愿景方面过渡,使组织成员为实施知识愿景而行动。知识愿景有助于创造概念并建立原型,支持所创造的知识类型及内容,为组织内的团队成员提供了明确的方向;同时也能够激励组织在某些领域内探索知识,并聚集成支持组织未来发展的知识。知识愿景也表达出组织对知识创造的承诺。

■ **管理交谈** 协助与组织活动有关的交流,会对知识创造产生促进的作用,其方式包括:使用共通的语言、避免对谈话内容的误读、组织成员间进行积极的沟通、创造鼓励交流的情境等。管理交谈对暗默知识的共享和形式知识的创造都能够产生积极的影响。

■ **调动知识行动者** 知识行动者是能够为知识创造积极行动的人,是将组织内知识信息传播给每个成员的人。知识行动者可能发挥的作用包括:启动并聚焦知识创造过程;优化知识创造的时间和成本;充分调动组织内部知识创造的积极性;将知识创造与组织愿景相联系,为知识创造提供条件;为知识创造的参与者提供所需的支持。

■ **创造适当的情境** 组织需要具有适于知识创造和促进的组织结构和文化。与知识促进相适应的组织结构需要支持跨职能和跨业务单元的活动,如:以项目过程为基础的结构替代职能组织结构、跨越传统组织边界的虚拟组织、小型业务单元的结构等。知识促进的文化体现在组织不同层级成员对于知识创造的认识、观念、行为方式、习惯、意愿等方面。

■ **迁移知识** 组织所创造的知识需要在部门间、分支机构内进行迁移和应用,有的甚至可能被迁移至组织外部。通过对分布在组织中各个部门的知识进行整合并传播,组织所创造的知识越来越多地与具体的实际相结合,并被广泛应用,因而整个组织的竞争优势也会越来越强。

第2章
组织学习方法

2.1 相关的学习理论

组织学习是具有成人特征学习者的自我改变过程,因此在选择和使用组织学习方法的时候,需要充分地考虑到学习者的特征和学习风格,以及学习者的变化过程。关于学习的诸多理论,支撑了对组织学习方法的思考和应用。在这一节中,将主要介绍与学习者密切相关的理论,包括学习者的学习特征、学习风格和学习迁移三个方面的内容。

2.1.1 学习特征

组织学习中的学习者基本上都是属于成年人的范畴,因而在学习过程中就会表现出成人学习特征。成人学习是一个比较成熟的研究领域,许多学者从成人与儿童两者学习的差异出发,对成人学习特征进行研究。桑代克(Edward Thorndike)通过对"成人智力、学习能力是否随年龄增长而衰退"等一系列问题的实验研究,肯定了成人的学习潜力。[①] 对成人学习特征的了解,也就是对学习者学习特征的了解,将有助于根据这些特征来选择和运用组织学习方法,从而达到相应的组织学习效果。

（一）成人学习特征

与儿童相比,成人学习者具有更为丰富的人生经历和体验,并具有相对成熟的价值体系、思维模式和行为方式。因此,在学习方面就会表现出成人学习特征。根据对成人学习的相关研究,成人学习特征主要表现在以下八个方面。[②]

■ **有意愿才能学**　只有在有意愿学习的情况下,成人学习者才能去学习。学习者强烈的学习意愿是学习的最好动力,而在强迫的条件下,学习者的投入程度和抵触心理都会为学习效果带来不利的影响。因此,组织学习方法必须能够提升学习者的兴趣和动力,增强学习者的学习意愿。

■ **学习目的性强**　成人学习者学习具有很强的目的性,如果是迫切需要的,他们会乐意去学习,这是其学习的主要动力之一。尤其是对于现实联系密切的知识和技能更能引起成人学习者的注意,即学即用,能立即解决其实际工作中遇到的难题,有效性体现较快。成人学习者喜欢看到自己的工作成果,需要教师不断对自己学习的进步进行检测,提供反馈。

[①] 桑代克(Edward Thorndike 1874—1949)是美国早期的心理学家,也是心理学联结主义的建立者和教育心理学的创始人,代表作《教育心理学(三卷本)》(1903—1914)、《人类的学习》(1931)、《需要、兴趣和态度的心理学》(1935)等。

[②] 改编自马尔科姆·诺尔斯(Malcolm S. Knowles)的成人学习的六个特征和陈向明关于成人学习特征的观点。

■ **善于运用过去的经验**　成人学习者拥有丰富的经历和经验,喜欢用新的知识与旧的经验作比较。随着年龄的增长,成人学习者对新生事物、新观念的接受态度就越谨慎,这时抵抗学习的可能性就越大。同时,成人学习者所具有的这些经验有时是非常宝贵的,可能为其他学习者提供更多的启发。

■ **倾向于在做中学**[①]　成人学习者更倾向于在工作的实际环境中去学习,脱离实际环境的课堂并不是大多数人所喜欢的。在做中学的另外一个含义是,通过活动或是工具来进行学习。

■ **非物理环境**　成人学习者需要在一个安全的、被接纳的、具有支持力的环境中学习。他们过去所获得的经验需要被认可,并能够在学习过程中得以充分利用。成人学习者喜欢受到尊重和别人重视,比儿童的自尊心更强,在众人面前更喜欢听到积极和肯定的评价。如果在轻松、愉悦和友爱的环境下学习,成人学习者开放的程度会更高,更易于接受新的观点,学习效果也会更好。

■ **多种学习手段结合**　在学习过程中,成人学习者更喜欢多途径的信息传递方式,使感官得到多样化的刺激。这样能够使学习者对所学习的知识有更为全面的了解,也会加深印象。在组织学习中,综合运用案例、经历、游戏、录像、图片、演练等会使学习者得到更好的学习效果。

■ **较为固定的认知结构**　成人学习者的认知结构对自身的学习有很大的影响,这种认知结构主要来自于他们过去的经验和他们自己对获得经验的总结。成人学习者的学习效果依赖于他们对问题的理解和分析,而这种理解与分析又依赖于他们自己的生活经历、工作经历和已有的知识水平等构成的认知结构。

■ **更具有异质性**　成人学习者学习更具有异质性,个体的学习习惯和学习方式具有较大的差异。异质性所带来的影响会涉及学习进度、认可程度、满意度等方面,因此也很难期待参加组织学习的所有学习者都达到某一学习状态,或达到同一种共识。异质性的好处是能够带来多种观念的碰撞,形成一种多元化的局面,有利于思维的创新。认识到这种异质性的存在,就需要学习者能够倾听不同的声音。

（二）适合成人的组织学习原则

在开展组织学习活动时,只有充分地考虑学习者的情况,并将对成人学习特征的认识和理解应用于组织学习活动的设计和实施,才能够达到比较好的组织学习效果。具体而言,在组织学习实践中,应当注意到以下原则。[②]

■ 学习项目应该涉及学习者当前生活或工作中所面临的问题。

[①]　"做中学"(Learning by Doing)是由杜威(John Dewy,1859—1952)最早提出来的,并依据其教育理论的三个核心命题,即"教育即生活"、"教育即成长"、"教育即经验的改造"。这个观点的提出本是针对于儿童教育的,但从更大的范围来看,这是适合于所有年龄层次的个体。这里将"做中学"作为成人学习特征,是基于成人学习者的学习现状及其对学习更为强烈的意识和反思。

[②]　吉雷,梅楚尼奇. 组织学习、绩效与变革：战略人力资源开发导论. 康青译. 北京：中国人民大学出版社,2005：136-138.

- 让学习者知道能从学习中获益,包括个人成长、改善生活条件、未来职业提升等。
- 学习动力需要得到不断的加强。学习前期和学习过程中,需要激励学习者提升其参与的动力。
- 有效地评估学习者现有的知识及经验水平,并根据评估结果采取相应的对策。
- 学习中的案例及相关训练应当来自现实之中,与参与者的经历、背景具有高度的相关性。
- 学习过程中,应当给予学习者足够的反馈。这些反馈不仅仅是学习内容方面的,还应该包括工作和生活,以及精神层面的内容。
- 学习项目设计应当考虑成人不同的学习风格。项目组织者,应当了解参与者的不同的学习风格,并且将其作为一个重要的因素纳入到项目设计中。
- 学习项目设计中,应当包含学习成果转化的内容。鼓励或者提供机会,使参与者将学习应用于工作之中。
- 构造安全、舒适的学习环境。这里需要指出,安全和舒适不仅是指物理层面的学习环境,更重要的是指心理层面的学习氛围。
- 注重学习的参与性,采取学习促进措施。多鼓励群体互动、合作以及自我指导型学习,营造参与者主动学习的氛围,比单纯的讲座更加有效。
- 避免出现信息超负荷的情况。在太短的时间内出现了太多的学习材料,会出现学习者面对过多的信息而显得困惑和不知所措的局面。

2.1.2 学习风格

学习风格是学习者持续一贯的带有个性特征的学习方式,是学习策略和学习倾向的综合。但并非所有的学习方式都属于学习风格,只有那些持续一贯表现出来的、带有个性特征的、不随学习情境和学习内容而变化的、相对稳定的学习方式,才能称为学习风格。在对学习风格的众多研究中,这里主要介绍两个代表性理论,即科尔伯的学习风格理论和奇凯岑特米哈伊的人格学习风格理论。

(一) 科尔伯学习风格

戴维·科尔伯(David Kolb)[①]是著名的经验性学习领域的专家。他认为,学习过程并不是对所有的人都一样,而是由于学习过程本身的复杂性,应该允许出现个人差异和个人偏好。一种学习风格能够表明学习过程中学习者所做的个人选择如何影响其选择信息,也能够表明这种影响是如何发生的。一个人的学习风格基于他偏爱的经验性学习阶段,而学习阶段指的是学习过程之中,学习者个人对信息收集与处理的定位。

---

① 对于"Kolb"这个名字,在有些书籍中将其翻译成"柯布",而在实践领域也被翻译成"库博"。

经验性学习由经验、反思、思考和行动构成了一个学习环(如图2-1所示)。在理想的情况下可以表述为,直接和具体的经验引发了学习者的观察和反思,这些反思被理解或迁移而形成了抽象概念,而这些概念能够应用在行动中,并被学习者主动检验和验证,从而又产生了新的经验。经验性学习的四个阶段是:具体经验(Concrete Experience,CE),指学习者通过直接经验进行学习,更重视人际关系和感觉,而不是思考;反思观察(Reflective Observation,RO),指学习者通过反思性的观察,

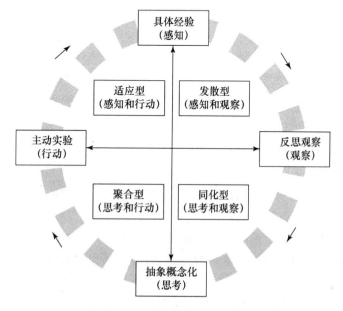

图 2-1 科尔伯学习风格①

检测不同的观念,并通过理解来进行学习;抽象概念化(Abstract Conceptualization,AC),指学习者将思考的内容抽象化成为概念,并形成了头脑中的概念图(concept map);主动实验(Active Experimentation,AE),指学习者通过实际行动来检验和验证学习,并且判断其正确性与价值。根据这四个经验性学习阶段,将其形成一个二维矩阵,则会对应出如下四种学习风格。

■ **发散型**(Diverging,CE/RO) 具体经验和反思性观察(感知和观察)的结合,强调想象、价值感和发现不同的行为途径的能力。

■ **同化型**(Assimilating,AC/RO) 抽象概念化和反思性观察(思考和观察)的结合,强调归纳推理,把不同的观察结果综合成一种解释和理论模式的创造。

■ **聚合型**(Converging,AC/AE) 抽象概念化和主动实验(思考和行动)的结合,注重问题的解决、方案的确定和观点的实际应用。

---

① Diagram of Kolb's learning styles. [EB/OL] http://www.businessballs.com/kolblearningstyles.htm. 2011-05-08.

■ **适应型**(Accomodating,CE/AE) 具体经验和主动实验(感知和行动)的结合,这种风格通常通过成就实施计划和投身新的经历来表现。

配合学习风格理论,科尔伯制作了学习风格量表(Learning Styles Instrument)的自陈式调查问卷,可用于检测组织中学习者不同的学习风格,也能帮助组织中的人力资源开发专家、管理者、雇员用以确定和鉴别不同人所适用的不同学习方法,从而设计并开发出更适于组织的学习项目。

大部分人在学习过程中发展出自己的学习风格,这些风格通常表达出他们擅长的学习方式,也暴露出可能不喜欢的学习方式。例如,一个繁忙的经理通常喜好主动实验,但是可能在反思观察上比较弱;一名修车工人可能更习惯通过具体经验进行学习,而不善于抽象概念化的学习方式。这些不同学习者之间的差别,在一个组织中不仅存在,而且也将长期存在。因此,组织学习过程需要关注不同学习者的学习风格,并针对不同的学习风格选择和实施组织学习方法。

(二)人格学习风格理论[①]

积极心理学家米哈伊·奇凯岑特米哈伊(Mihaly Csikszentmihalyi)曾请一些人简单描述使他们感到最快乐的活动,最后发现当人们非常投入地谈到自己正在做的事情时,没有任何事情可以打扰他们。经过长期研究,奇凯岑特米哈伊提出,人类最快乐的状态是专注地融入某件自己喜欢做的事情,并全力以赴和尽情发挥,从而完全忘记其他所有不相关事情的存在,内心会感到自然、轻松,这种体验被称为"心流"(flow)。

根据这种心理学的观点,学习的过程也应当产生学习者的心流体验,而学习者应该以人格类型为依据进行差异化的学习。与科尔伯学习风格不同,认为不同的学习风格是基于学习者不同的性格特征。与学习风格相关的四种类型的人格,分别是外倾型与内倾型、直觉型与感觉型(见表2-1)。

内倾型与外倾型的区别主要涉及学习动力问题。外倾型的人,更容易从行动、与他人的互动和外界获取能量;内倾型的人,更容易从反思、独处和内心世界获取能量。需要注意的是,这两种倾向与社交能力无关,与是否害羞无关,与是否善于反思无关,这是一种天生的倾向。感觉型与直觉型则主要涉及的是从何处收集信息的问题。感觉型首先关注"是什么",关注通过五官收集的信息;直觉型首先关注"可能是什么",关注从预感、联系或者想象。感觉型与直觉型描述的是一个人收集信息时倾向于从何处开始。感觉型的人从事实出发,界定事实;而直觉型的人从他们的预感、个人理解来收集信息。

---

① 凯斯.不同的人格,不同的教学[M].王文秀译.北京:中国轻工业出版社,2009:23-56.

表 2-1 四种类型的人格

外倾型的人更倾向于：	内倾型的人更倾向于：
○ 把事情说出来 ○ 变化和行动 ○ 从讨论中获得对事物的看法 ○ 关注外部世界 ○ 先行动后思考	○ 自己思考问题，得出结论 ○ 全神贯注、自我反思 ○ 有了自己的想法后才告诉他人 ○ 关注内心世界 ○ 先思考后行动
感觉型的人更倾向于：	直觉型的人更倾向于：
○ 准确性 ○ 以经验为导向 ○ 关注现实 ○ 采用证实有效的方法	○ 领悟 ○ 以想象为导向 ○ 全心投入 ○ 关注可能性 ○ 采用有创造性的方法和观念

上述两个维度、四种类型的人格互相交叉匹配，可以产生出四种学习风格，具体为内倾感觉型、内倾直觉型、外倾感觉型、外倾直觉型，而这四种类型的学习风格表现出不同的特征（见表 2-2）。在组织学习活动中，针对这四种学习风格，需要采取不同学习活动来激发学习者的学习热情（见表 2-3）。

表 2-2 四种类型的学习风格

内倾感觉型	内倾直觉型
让我知道要做什么	让我自己决定要做什么
○ 制定明确的期望和目标 ○ 举例子给我看 ○ 规定写作步骤 ○ 回答我的问题 ○ 给我思考的时间 ○ 让我学习并记忆事实性的知识 ○ 不要有太多意外 ○ 建立在我知道的内容基础上 ○ 如果我做对了，请告诉我 ○ 将学习内容与之前所学的知识和经验联系起来	○ 让我钻研我感兴趣的事务 ○ 不要给我布置背诵和程序性作业 ○ 让我自己探索应该怎么做 ○ 给我几个选择 ○ 听听我的想法 ○ 让我独自学习 ○ 让我从想象开始学习 ○ 帮我把想象的事情变成现实 ○ 不要束缚我的创造性和好奇心 ○ 给我提供些参考资料，让我自己构建自己的知识基础

(续表)

外倾感觉型	外倾直觉型
让我做些事情 ○ 从实践活动开始 ○ 帮我制定步骤 ○ 建立在我已有的知识基础上 ○ 告诉我学习那些内容的原因 ○ 给我机会说话、活动并进行小组合作 ○ 给我举例子 ○ 期望要明确 ○ 不要太强调理论 ○ 让我可以立刻练习	让我做学习的主导者 ○ 从宏观开始,而非细节 ○ 让我可以无拘无束地自由想象 ○ 让我找个新的解决办法 ○ 让我去尝试 ○ 给我几个选择 ○ 做事情不要一成不变 ○ 让我把所学的知识教给其他人 ○ 让我负责一些事情 ○ 让我在小组中学习或发言 ○ 让我提出自己的观点

表2-3 四种学习风格的激发策略

内倾感觉型	内倾直觉型
激发活动: ○ 实验 ○ 演示示范 ○ 阅读和思考 ○ 时间限制 ○ 实际操作 ○ 循序渐进的学习 ○ 计算机辅助学习 ○ 面对面教学 ○ 明确的书面作业 激发性言辞: 阅读、确定、列出、分类、命名、注意、观察、运用、分析、用图表表示、分析、操作、准备、做、组织、完成、回答、倾听	激发活动: ○ 阅读 ○ 研究 ○ 有想象空间或开放性的书面作业 ○ 由学习者自定进度的辅导 ○ 需要动脑经的难题 ○ 独立学习 ○ 独立完成的项目 激发性言辞: 阅读、思考、判断、设计、评价、推测、梦想、想象、解释、想办法、创造、描述、举例说明、写下、反思、考虑联系、对照、组成

(续表)

外倾感觉型	外倾直觉型
激发活动： ○ 看录像 ○ 小组合作项目 ○ 辩论 ○ 游戏 ○ 幽默故事 ○ 歌曲 ○ 运动 ○ 课堂汇报 ○ 实践操作 激发性言辞： 加强、表现、收集、区分、发现、制作、执行、证明、断定、触摸、设计、建议、解决、选择、绘制、分析、探索、讨论	激发活动 ○ 习题解答 ○ 即兴创作、戏剧、角色扮演 ○ 讨论与争辩 ○ 实验 ○ 小组项目 ○ 概念性作业 ○ 实地考察旅行 ○ 自学 ○ 开发模型 激发性言辞： 创造、发现、扮演、设计、开发、讨论、合作、发现新的、形成、想象、评价、结合、习题解答、实验、发明、推测

2.1.3 学习迁移

学习是一个连续的过程，成人学习者的学习是以已有知识与经验为基础的。因而，在学习者学习过程中，会呈现出两种相互交织的关系：即原有知识结构、经验、技能与态度与新知识两者之间的复杂关系。学习理论将新旧学习的互相影响称为学习迁移。原有的知识结构等影响着学习者对新知识的理解、吸收程度；而新知识的习得过程，会对已有的认知起到拓展、扩充或者重构的作用。

组织学习的目的是使学习者掌握、运用所学的内容，实现知识的内化和转化。而学习迁移是能力、态度、技能形成的最为重要的阶段，是习得经验得以概括化、系统化的有效途径。在组织学习理论与实践领域，需要更好地理解与利用"学习迁移"这一理论，从而使得组织学习最大化，使得学习成果更好地转化为组织能力和组织效益。

(一) 学习迁移的类型

按照迁移的效果来划分，学习迁移可分为正迁移、负迁移。一般情况下所说的迁移均指正迁移。"正迁移"是指一种经验的获得对另一种学习起到了促进作用，例如：学习者学习了数的运算，便可能促进其对代数式运算的理解；学习者学习了方程的知识，将有助于其学习不等式等。"负迁移"是指一种经验的获得对另一种学习起干扰或阻挠作用。

按迁移的方向可分为"垂直迁移"和"水平迁移"。"垂直迁移"也叫"纵向迁移",主要是指处于不同认知高度的各种学习之间的相互影响。从学习内容的逻辑关系来说,有的学习内容的抽象性和概括性较高,它形成的认知结构是一种"上位结构",而抽象性和概括性较低的内容在认知结构上处于"下位结构"。"水平迁移"也叫"横向迁移",它是指处于同一层次认知结构的学习之间的相互影响,学习内容间的逻辑关系是并列的。

(二)学习成果转化模型

组织学习作为一种学习活动,同样适用于学习迁移理论。基于这种考虑,一些学者提出了多种基于学习迁移的培训转化理论。和个人的学习迁移类似,培训转化也具有多种类型。按照效果,可划分为积极转化、零转化与消极转化。积极转化是指学习者将所学知识有效的应用于工作之中,工作绩效发生改善;零转化是指工作绩效并没有因为参加学习活动而获得提升;消极转化是指工作绩效因为参加学习活动而变差[①]。下面将介绍福克森(M. Foxon)培训迁移模型(如图2-2所示)和鲍德温与福特(T. Baldwin & K. Ford)培训迁移模型(如图2-3所示),用以理解组织学习成果的转化。

■ **福克森(M. Foxon)培训迁移模型**

这个模型的假设是认为,个体的行为是由作用在他身上的驱动力所引起的,这些驱动力包括正向的与反向的。正向驱动力促使工作行为发生变化,反向驱动力会阻碍变化使得个体维持原状。阻碍个体发生变化的主要因素有较差的组织氛围、缺乏实践机会、个体转化动机不足、没有上级支持;促使个体学习成果转化的因素有:较好的组织氛围、学习内容与工作相关、实践新技能、知识内化能力、充足的外部支持。

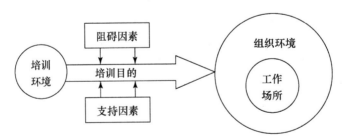

图2-2 福克森培训成果转化模型[②]

福克森认为,学习者从开始到实现理想的培训迁移,共要经历三个阶段:第一阶段是迁移启动阶段,在本阶段中,学习者首先要具备的意愿,同时开始进行培训迁移的行为;第二阶段称为可接受的迁移,即学习者对已学习的内容进行迁移,并

---

① 沃纳,德西蒙.人力资源开发(第4版)[M].徐芳,董恬斐等译.北京:中国人民大学出版社,2009.
② 陈胜军.培训与开发[M].北京:中国市场出版社,2010:56.

有意识的维持迁移。这一阶段,学习者需要从主观意识上保持迁移,防止退步;第三阶段则进入理想的迁移,通过长时期的有意识地迁移,最终使迁移成为学习者个人的无意识行为。

■ 鲍德温(Timonthly Baldwin)和福特(Kevin Ford)培训迁移模型

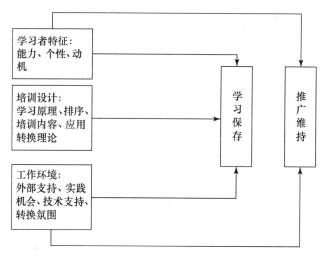

图 2-3　培训迁移模型①

在这个模型中,培训输入(包括学习者特征、培训设计和工作环境)都会影响培训效果的保存和转移。其中,学习者特征和工作环境将直接影响迁移效果。培训转化是指学习者在遇到与学习环境类似但又不完全一致的问题和情况时,将所学技能(语言知识、动作技能等)应用于工作的能力。维持是指长时间持续应用新获得能力的过程。

(三) 学习迁移与组织学习

无论个人学习或是组织学习,根本目的就是为了产生"迁移"。组织学习的倡导者乐于看到学习者将学到的知识、技能、态度应用于工作之中,为组织创新和改进作出贡献。如前所述,大致介绍了学习迁移的类型、原理,那么在组织学习中,影响学习迁移的要素又有什么呢?组织学习进行的过程中,有效利用这些原理,才能促进学习迁移,实现组织学习效果的最大化。

一般而言,影响学习迁移主要有两个因素:第一,学习任务情景与迁移情景之间是否具有共同要素;这里所谓共同要素是指相似程度,两种学习情景的共同要素越多,那么迁移的可能性就越大。从这一点来看,目前在组织学习领域提出的"工作场所学习"(Workplace Learning)之所以越来越受到关注,原因之一就是在工作

---

① T. TBaldwin and J. K. Ford. Transfer of Training:A Review and Direction for Future Research,Personnel Psychology 41(1998):63-103.

中学习使学习情景与迁移情景间的共同要素增多,极大地促进学习者的迁移。第二,学习者原有的经验深度和概括程度。总的来讲,学习者对知识经验理解得越深刻、加工得越深入,以后迁移的可能性就越大。此外,知识经验的概括水平越高,所适用的范围就越大,迁移的可能性就越大。

因此,组织学习中,在设计学习项目时,需要关注以上两点,创设有利于学习者发生迁移的学习情景,并注意学习者对学习内容的理解程度。做好这两方面工作,促进学习者由"学习"到"行动",最终达成"学以致用",为组织创造更多价值。

2.2 组织学习的经典方法

在组织学习的实践中,多种多样的学习形式和方法被广泛应用到学习者的学习活动中。摩根·麦考尔(Morgan McCall)与罗伯特·艾兴格(Robert W. Eichinger)经过研究提出"70/20/10学习与发展法则"。[①] 该法则的具体内容是:组织学习中,70%学习发生在日常工作与生活之中;20%的学习与发展是通过观察模范员工,与优秀员工共同合作而来;10%能力培养来自于常规的培训、研讨会等。这个观念已经得到了众多组织机构的认同,并作为组织成员发展的重要法则。事实上,组织学习的范畴并不是局限在能够被人们意识到的那些学习活动之中,而是作用于更为广泛的工作和生活空间。在这一节所介绍的组织学习方法,是与正式的组织学习活动相关的,而不涉及非正式的学习活动。这些经典的方法包括:课堂教学法、行动学习、教练法、工作轮换、学徒制等。而数字化学习相关的学习方法可以看做是这几种方法的其他形态,因此这里也不作介绍。

2.2.1 课堂教学法

在所有的组织学习方法中,课堂教学法是最传统和最经典的方法,也是在正式的组织学习活动中使用最多的方法。课堂教学法并不是一种学习方法,而是由多种学习方法所组成的一类学习方法。作为在课堂环境中能够使用的学习方法,课堂教学法包括讲授、小组讨论、案例分析、头脑风暴、艺术活动、角色扮演等多种方法。

(一)讲授

讲授是讲授者通过口头语言,向学习者传递学习内容相关信息的方法。这种方法由讲授者事先准备学习内容,然后在学习过程中主要依赖于讲授者的个人演

---

① "70/20/10模型"最早由摩根·麦考尔,罗伯特·艾兴格在创新领导力中心(the Center for Creative Leadership)提出,并在麦克·兰巴顿与罗伯特·艾兴格合写的《The Career Architect Development Planner (3rd edition)》中再次提出。

讲。长期以来,讲授法盛行不衰,主要是因为讲授法具有以下几方面的特点:传递信息的效率较高,由一个人在短时间内向多人同时传递信息;讲授者具有控制学习现场的主动权,因而学习过程相对容易控制;讲授者在课程内容的选择、组织和传播方式的选择过程中,有较大的权利;讲授者对于学习进度和话题范围具有很大的主动权。

在组织学习过程中,讲授法可能会显露出下面的一些弊端:讲授的过程是讲授者个人的独白,难以满足不同学习风格的学习者的需求与兴趣;由于交流、质询的机会较少,争论与讨论较少发生,很难培养其批判性思维;学习者缺乏直接实践的机会,不能得到及时的反馈,学习动机难以得到不断地强化。虽然可能会出现这些弊端,但是讲授法依然被广泛的应用,并且特别适用于一些特定的学习情境,如:介绍新知识、新技能;解释学习者困惑、问题;学习项目引入及学习情况总结;系统地向学习者表达的思想等。另外,在讲授的同时也可以混入一些其他的学习方法,达到比较好的效果。

尽管讲授法是非常普遍的一种组织学习方式,但是为了充分发挥讲授法的功用,促进学习者的学习效果,在使用讲授法时也需要注意以下六个方面。

■ 讲授时间控制在约二十分钟内。如果讲授者一厢情愿地希望能在短时间内向学习者尽量多地传递信息,那么学习者所接受的信息量会产生强烈的削减,难以确保学习效果。

■ 每次讲授内容需要控制在3—5个要点以内。需要精心选择那些核心的、最重要的学习内容作为要点;要点讲授完成后,使用促进学习者理解和掌握的策略,例如:要求学习者画出自己的思维导图、对所学内容进行模拟试验等。

■ 一般情况下,遵循由易到难,由不重要到重要的顺序组织内容;考虑到内容难易和重要程度的有机组合。为学习者提供学习指南等资料,帮助学习者了解课程的重点与内容。

■ 不断强化讲授的要点,及时地进行总结或学习者自我总结,以帮助学习者记住和理解学习内容。

■ 告知学习者,学习内容有多重解读方式,鼓励自我反思及自我探究式学习;这样有助于树立组织中反思性学习风气,将课堂学习引入更深层次。

■ 穿插与内容相关的活动或娱乐,吸引学习者注意力,同时强化学习者对学习内容的理解。这些活动需要能够促进学习者的参与,例如身体运动、头脑风暴、合作画图等。

(二)小组讨论

在组织学习活动中,将学习者分为若干个小组,就相关主题或问题进行讨论,这就是小组讨论。这是一种化整为零的学习方式,可以促进学习者之间的交流与探讨,具有协作学习的特性。通常情况下,学习组织者根据学习时间及内容的复杂程度来确定小组的规模和形式。有些时候,每组人数确定为4—6人,用以确保每个小组每个人都能充分地参与到讨论中；在学习时间比较长的情况下，每组的人数可达到十人左右。此外，还有一种称为"蜂音小组"的形式，蜂音小组的规模较小，一般每组2—4人，讨论时间短暂，小组成员流动性高，可以随时与旁边的人进行讨论，交换意见。

小组讨论是一种较为常见的学习方法，它可以增加学习者在学习过程中的参与程度，使每个学习者都有机会提出自己的观点，从而加深对学习内容的理解程度。在小组中，与他人充分地互动和交流，能够在对话中获得新知识，提高学习者合作能力；同时也能增进学习者之间的个人情感。通过交流讨论和互相熟识，参与者将不仅仅关注于自身的发展，同样也会关注小组其他成员的成长。另外，学习活动中的小组讨论能给予组织者一种放慢思考的时间，组织者可以利用这段时间，回顾和反思学习活动开展的状况，并及时调整接下来的学习活动。在小组讨论过程中，需要营造一种包容和平等的交流氛围，并对小组成员的学习进展和心态给予足够的关注。

一般说来，组织小组讨论大致可以分为以下五个步骤。

■ **人员分组**　进行人员分组有两种形式：人为分组和随机分组；人为分组又可分为同质分组、异质分组（见表2-4）。分组时可以采用一些游戏的方式来进行，这样分组活动也能起到学习热身活动的作用。

表2-4　小组讨论的分组方式

分组方法	做法	适用情况
同质分组	组织者人为地将具有相同或相似特征的学习者分配在同一个小组中，例如性别相同、社会地位相似、工作性质相似、来自同一地域等	强调讨论的深度或完成某项单一任务的情况
异质分组	组织者人为地将相同或相似特征的学习者分配在不同的小组中，并且是组织中的人员特征具有比较大的差异	新问题讨论、开放的讨论范围、鼓励不同的视角等情况
随机分组	在忽略学习者特征的情况下，按照随机组合的原则，对学习者进行分组。可以事先分配，也可以在现场通过游戏的方式进行分组，如报数、抽签、拼图等	不强调同质或异质的情况，通常具有异质分组的特征

■ **熟悉和了解**　在这个步骤中，需要通过开展活动使小组内的成员互相熟悉和了解，建立起交流和讨论的基础。例如，在活动中预留互相介绍的环节，为小组布置团队建设任务等。

■ **角色分工**　根据讨论任务的情况，小组需要有人员上的分工来完成讨论过程领导与执行、记录和汇报等方面的工作。例如，将小组的角色分为召集人、记录员、计时员、噪音控制员、汇报员、讨论者等，并通过这种分工，保证小组讨论有效开展。

■ **领导与执行**　小组讨论的组织者,应当时刻监测各小组动向及进度,可通过质问、问询的方式,引导小组进行深入的思考;掌握不同小组的进度,为进度较快的小组安排另外的活动;控制讨论时间,避免因拖沓冗长而影响整个小组讨论的氛围。在小组内部,则是由小组的领导者来负责小组讨论的领导与执行。

■ **总结与分享**　在小组讨论结束后,要求各小组将讨论结果的要点与其他小组进行分享,或是以书面的形式记录下来。小组总结和分享的时候,可以是小组代表来完成相应的汇报,也可以是集体进行汇报。在每个小组汇报后,可以根据内容由讲师或其他学习者进行相应的点评。提前告知学习者总结和分享的要求,有利于学习者更积极地参与到小组讨论中。

（三）案例分析

案例分析是对一个已经发生、正在发生或将来可能发生的事件或情境进行呈现、描述和分析的方法。案例分析法将真实的或模拟的情景加以典型化处理,形成讨论、分析的材料和依据,使学习者通过研究、讨论和交流,提升个人和团队分析问题和解决问题的能力。组织学习中选择案例时,应当考虑到与学习者和学习内容都具有的相关性。根据不同的角度,可应用于案例分析的案例具有多种类型,按照时间顺序可分为:已经结束的案例、正在发生的案例和未来可能发生的案例;按照学习者的参与程度可分为:自然主义的案例、参与的案例和设计的案例。①

运用案例分析的方法开展学习活动时,学习者可能面对的是规模比较庞大,持续时间比较长的案例,也有可能只是已发生案例的文字资料。通常情况下,课堂教学中的案例相对来说比较简单,主要包含下面几个环节。

■ **案例呈现**　将所要分析的案例通过各种媒体手段呈现在学习者的面前,有时也会在这个时候提出需要讨论的问题或主题。案例通常是使用文本或影像方式呈现的,也会使用到音频和图片等媒体手段。

■ **个人阅读与思考**　对于案例相关的资料,学习者需要一定的时间来阅读并了解情况。学习者的思维加工也需要一定的过程,因此应当给予适量的时间让学习者进行个人阅读和思考。

■ **小组讨论与汇报**　小组围绕着问题或主题对案例进行讨论和分析,并在讨论结束后进行分享和汇报。在复杂的案例分析中,可能还需要学习者去收集案例相关的各种数据,进行调查或参与案例的执行。

■ **反馈及总结**　学习者及其学习团队需要在学习的最后阶段共同分享对案例的分析结果,并进行补充、质疑、提升和总结。

案例分析能使学习者进入真实且具体情境中,有利于学习者学会在复杂、真实的场景下综合运用所学知识分析问题,并探寻解决问题的方案。通常情况下,案例

---

① Robert K. Yin. Case Study Research: Design and Methods, Third Edition, Applied Social Research Methods Series, Vol. 5[M]. London: Sage Publications, Inc. 2002.

分析的学习者参与度和开放度较高,并且焦点比较集中,每个学习者都有机会发表自己的观点。因为所有的学习者共同聚焦于同一个问题或主题,使得相互之间的交流具体而有针对性,并能够加深对学习要点的理解及应用。在案例与学习内容紧密结合的情况下,案例分析是学习者对学习内容的再认识。

课堂教学中的案例需要花费大量的时间与精力进行挑选,并且要与学习内容紧密结合,又要切合学习者的经验,因此要求学习的组织者在学习前做充分的准备工作。案例分析活动本身需要较长的时间,因为学习者熟悉案例并进行思考、交流和讨论都需要足够的时间。为保证课堂教学中案例分析的质量,需要注意以下几个方面的问题。

- 选题清楚、简洁并具有针对性,要点清晰并尽量减少其他干扰信息;
- 内容不能过长,避免出现阅读时间过多的情况;
- 尽可能选择真实事件作为案例,且该情境应是学习者熟悉的;
- 给学习者布置明确的任务,该任务与学习内容相关;
- 任务有趣且具有挑战性,但又要控制任务难度。

（四）头脑风暴

头脑风暴法(Brain Storming),又被称为"脑力激荡",是一种在参与者中快速共享看法并生成观点的方法,也是参与者思维碰撞和创新思维的一种方法。头脑风暴适合于讨论不熟悉的领域,以及复杂的或有争议的问题。和其他方法相比,头脑风暴在消除参与者之间的陌生感、避免出现对问题的价值判断、营造平等气氛、促进参与者创造性思维和想象力等方面都有很积极的作用。

通常情况下,使用头脑风暴法的时候,需要遵循以下原则。

- 尽可能让所有学习者参与到讨论当中,并强调互相间的平等地位;
- 清晰定义所讨论的问题,务必使所有参与者都明白问题的内容;
- 鼓励参与者畅所欲言,无所顾忌地表达个人看法,尤其鼓励创造性和开拓性的发言;
- 学习者的发言尽量简短,使用词语和短句,避免拖沓冗长;
- 及时记录参与者的发言,并展示给其他参与者;
- 速度要快,如果参与者趋向于沉默,则可以结束活动。

与头脑风暴法相似的学习方法,包括思维导图(Mind Mapping)与围圈说(Round Robin)。思维导图是指在确定讨论的问题后,让所有参与者围绕此问题提出相关问题,随着问题讨论的深入,会逐渐形成一个网状的问题结构图。参与者可以将结构图绘制出来,并理清问题之间的逻辑关系。"围圈说"是让参与者围坐成一个圈,并按照顺序每个参与者都要对问题进行发言。每人每次只说一个观点,并允许有人不作回答(此时需要说"过"或类似的语言替代);当所有参与者不再有新观点提出时,即可结束活动。这几种方法都以放射性思维模式为基础,可以运用在创意的联想和收敛、问题分析与解决、策划类的学习任务等方面。

（五）艺术活动

艺术活动方法是指通过具有艺术性的活动进行组织学习的方法。艺术活动不同于常规的讲授、小组讨论等方法，能够更有创造性地调动学习者利用肢体语言和形象思维，并能充分而有趣味性地参与到组织学习之中。这里将主要介绍三种方法：绘画、歌舞和行为艺术。

■ 绘画

组织学习中，可以利用绘画使学习者用直观的视觉图像表达自己的观点，同时图画还可以作为进一步讨论的素材。相比较而言，绘画能更直观形象地表达学习者的想法。绘画作为一种表达和沟通的方式，它所采用的符号不是人们常见的语言、文字，因而在运用绘画的方法时，需要注意以下几点。

- 绘画需要特定的工具与材料，因而需要提前做好准备；在特殊的情况下，也可以利用教室或环境中的特定物品作画。
- 针对绘画技能不高的学习者，应当给予肯定与鼓励。很多成年学习者并不习惯进行绘画，并对自己的绘画能力没有信心，这时就需要与他们进行交流，并给予学习者及时的鼓励。需要让学习者知道的是，在这种学习中绘画技术并不是关注的焦点，真正重要的是绘画所要表达的内容。
- 不要对绘画技巧做评论，应当将焦点放在绘画反应的内容上。
- 给予学习者阐释图画的时间，并给予反馈。绘画结束后，应当给予绘画者时间，使其能够阐释图画之中所蕴含的意义。

■ 歌舞

组织学习中的歌舞，一般是指组织学习参与者运用肢体语言和音乐元素进行的学习活动。运用歌舞作为组织学习的一个方法，有许多优点。首先，歌舞是一种直观的、生动的活动，能够极大程度地增加学习过程的趣味性与娱乐性，有助于提升学习者的积极性。学习活动之前，运用歌舞可以起到暖场的作用，并提升学习环境内的气氛；特别是在下午课程开始前，这样的活动有助于学习者精神振奋地投入学习。其次，歌舞作为一种学习方式和学习活动，主要通过肢体语言进行沟通和表达，能够表达文字、语言难以表达的含义（也是通常所说的隐性知识），舞蹈或歌曲能够表达学习者特定的观点与感受。第三，学习者将歌舞与学习内容结合有利于深化学习。利用歌舞这样的方式学习，打破学习者对学习固有的认知，并能够引导学习者创造性地和多方位地整合各种文化表达符号。

虽然运用歌舞方法具有许多优点，但是在应用的时候也需要注意这种方式存在的不足。在组织学习中，学习者具有不同的人格特征，而歌舞作为一种调动身体各个部位进行的活动，较为奔放，适合那些性格开朗、活泼的学习者；性格内向的学习者往往不易融入其中，并且有些学习者可能在歌舞方面确实不具备这样的特长。

■ 行为艺术

行为艺术（Performance Art）是近些年来活跃在人们社会生活中的一种艺术形

式,通常是在特定的时间和地点,通过个人或群体的行为来表达思想和审美。行为艺术具有四个要素:时间、地点、行为艺术者的身体、与观众的交流。在组织学习中使用行为艺术的方法,有利于激发学习者的灵感和创造力,往往能够达到意想不到的效果。

行为艺术往往与下列术语联系在一起:身体艺术(Body Art)、现场艺术(Live Art)、行动艺术(Action Art)、激浪艺术(Fluxus)、动作诗(Action Poetry)、介入品(Intervention)等。组织学习中的行为艺术,一种是参与的学习者比较多,具有社会性特征的行为;另一种是展现和表达个人或团队生活或工作状态的行为。

组织学习中,人体雕塑也可以被看做是一种行为艺术,是一种利用学习者身体姿态表达某些重要主题和人物之间关系的方式。学习者根据学习内容,形成小组,组员共同设计一个人体雕塑,并进行展示。展示的同时要求学习者阐释雕塑的含义,其他学习者需就此雕塑进行评议与讨论。

(六) 角色扮演

角色扮演(Roll Play)是指学习者根据学习的要求和自己的理解,扮演生活中的一个角色(如自己的同事、经理等),且需要把该角色的特征与典型行为表现出来。其主要目的是促使学习者从另外一个角度考虑问题,形成认知和情感的新体验,得到体验与提升。

角色扮演可以促使学习者进行换位思考,使学习者身临其境地感受角色的处境,易与角色产生共鸣,因此具有极大的实效性。在有些情况下,角色扮演可能会影响到学习者的态度和行为,并促使学习者将其他知识与技能综合运用于一个具体的问题中。角色扮演的场景来自于生活,扮演者必须调动所有的知识技能去解决现实问题。角色扮演中产生的情感,来自于学习者与角色之间的互动,来自于学习者与观众的互动,而不止是与讲师的单方面交流。在提高学习者自尊和自信方面,角色扮演也能发挥很大的作用,并使成功的经验强化学习者的动力。

使用角色扮演进行组织学习活动时,可以参考以下六个步骤开展活动。

- 介绍现实中的场景,提出角色扮演要求,如内容、人数等;
- 学习者分组,确定扮演的主题与角色,选择扮演者,并进行排练;
- 对学习者提出观察任务,如观察内容、角度与方法等;
- 各小组轮流进行角色扮演,其他人观察与记录;
- 在表演结束后,全体学习者对各组表现进行评议和讨论;
- 讲师或组织者协助学习者进行总结与反思。

运用角色扮演进行组织学习时,需要注意以下可能出现的问题:第一,角色扮演并不适于所有群体,对于有些学习者而言,角色扮演可能会是一个重大的挑战。第二,由于在角色扮演中,有可能会涉及反面的、敏感的话题(如出现反面角色、滑稽角色),对于在乎自己形象的学习者,很难调动其积极性投入到活动中。第三,角色扮演会使学习者感到内心被暴露,可能会产生不安全感。第四,角色扮演非常费时,不仅需要大量准备时间,也需要很多时间排练、表演及评议。基于这些可能出现的问题,在组织学习中使用角色扮演时,可以参考以下技巧。

- 活动开始之前,给予参与者足够的准备时间,特别是心理准备;
- 提醒参与者,活动的真正目的与意义,而不是一场公开演出;
- 提醒参与者与角色间保持一定距离,避免过分进入角色而引起强烈情绪反应;
- 为每位角色扮演者准备一张角色任务卡片,以使得参与者更明确自己的任务;
- 监控主题,如果偏离主题,需要及时进行干预。

另外,案例表演(Cases Show)和心理剧(Psychodrama)与角色扮演也有很多相似之处。案例表演是通过表演的形式来模拟案例,并用来作为案例分析的对象。心理剧是心理学用于团体心理治疗的一种心理疗法,让参与者扮演某种角色,并将心理冲突和情绪问题呈现出来,达到情绪宣泄、消除压力、增强适应能力等目的。这两种方法都被广泛应用于组织学习之中,并取得了比较好的效果。

2.2.2 行动学习

行动学习(Action Learning)[①]是基于"从做中学"的教育理念发展而来的,由雷纳德·瑞文斯(Reginald Revans)最早提出。目前,行动学习已经成为组织学习中管理能力、领导能力开发等方面的重要学习方式,并且被广泛地应用于各类组织之中。

行动学习是指通过实际的行动来进行学习,也就是让学习者承担起实际的工作任务解决现实问题,并通过这种实际任务的完成过程,发展和提升学习者相应的能力,最终为组织贡献力量。"行动学习是一种组织人力资源开发的方法,作为一种组织学习的媒介或载体。行动学习的基本信念是,没有行动就没有学习,没有学习就没有明智的行动"。[②] 行动学习有别于其他学习方式,主要表现在以下几个方面。

- 行动学习是一种将工作实践作为学习形式的方式;
- 以小组参与的形式,采取行动并解决问题,同时学习如何从行动中学习;
- 通常情况下,学习指导者与小组成员共同工作任务,并协助小组成员掌握如何在工作中进行学习的方法。

---

① 行动学习这一概念,与社会科学研究方法中的"行动研究"有着极大的相似。把"行动"和"研究"两者结合起来表述为"行动研究"是发生在1933年至1945年柯利尔担任美国印第安人事务局局长期间,他组织专业研究人员和非专业人士在一起研究改善印第安人和非印第安人关系的方案。但意识到专业人士的研究成果还需要实际工作者的执行和评价,他得到启发,开始尝试让实际工作者根据自身的需要,对工作进行研究,并称之为行动研究。行动研究对实际问题解决的强大作用使它得到快速的发展。

② 麦吉尔,贝蒂.行动学习法[M].中国高级人事管理官员培训中心译.北京:华夏出版社,2002:202-205.

(一) 行动学习的构成要素

行动学习是一个有力的问题解决工具,而在解决问题的过程中,使得项目设计者成为学习和变革的推动者,又能成功地塑造领导者、团队和组织。行动学习使学习者在进行有效学习的同时,能够应对实际工作中难以对付的情形,并将组织转变成为一个学习型环境。行动学习主要由问题、团队、质询、行动、学习、教练六个要素构成(如图2-4所示)。在组织中想开发出优质的、适于组织需求的行动学习,必须关注这六个方面的要素。

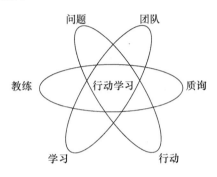

图2-4 行动学习构成要素[①]

■ **问题** 指重要和紧急的问题。在工作中的行动学习意味着工作、学习同时同步发生,因此参与者的注意力需要集中在一个与工作有关的问题或项目上,比如个人发展、团队建设、管理员工、管理变革等。行动学习需要聚焦于那些对组织而言十分重要并迫在眉睫需要解决的问题。这些问题对于行动学习非常关键,需要具有足够的挑战性,并且在组织当前情况下没有现成的解决方案,而是需要组织成员运用创新的方式来解决。经理与主管作为该行动学习的发起人,应当与参与者分享其对问题的看法,并对行动学习小组给予鼓励,提供支持。

■ **团队** 通常由4到8名不同背景的成员构成。行动学习团队一般是由具有不同学科背景、来自于不同部门的成员组成,这些团队成员看待问题的角度、行为方式、个人能力应当互有差异。在行动学习期间,团队应当经常召开会议,采取切实的行动以促进问题的解决,并要求每名成员都必须参加小组会议。团队成员应当轮流承担不同的角色,如轮流担当小组会议的召集人等。行动学习中,团队成员之间的互相学习能促进小组成员间的理解、沟通,从而间接地影响组织中其他成员,最终能为组织文化、结构、系统和流程带来不同程度的变化。另外还需要注意,在行动学习小组会议后,需要留给团队成员充足的时间用以质询、理解消化内容以及反馈。

■ **质询/反馈** 提问应当具有深度,是基于倾听的反馈。这一要素要求小组成

---

① Michael J. Marquardt. Optimizing the Power of Action Learning[M]. Davies-black Publishing, 2004: 2.

员的陈述必须建立在回答问题的基础上,也就是说有问题,才有回答。杜绝滔滔不绝,长篇大论的陈述。行动学习过程有助于重构问题框架,促进个人反思,建立分享机制,创设一个有利于革新的学习环境。提出一个好的问题,对于新想法、新思路的产生至关重要。

■ **行动**　就问题展开行动。行动通常面临各方的挑战,因而必须具备足够的技巧、知识及能力,也要给予团队成员展示小组成就的机会。行动的过程也是锻炼、提升领导力的过程。行动学习中最关键的一环无疑就是行动本身。任何形式的组织学习目的都是为了改进行动,而学习过程经过行动的验证,才能证明是否有效。

■ **学习**　承诺学习。团队中的每个人都承诺成为一个学习者,愿意通过学习改进不足、发展自我、发展团队。这一对学习的承诺是组织通过行动和学习改进学习者自我的基础。

■ **教练**　配备行动学习教练。为每个行动学习小组配备教练,通常由来自小组外部的专家承担这一角色。教练需要参加小组的每一次会议,并在会议中选择时间段进行干预,例如:会议刚开始的时候、会议结束前最后 10 分钟。教练可以在任何时候询问关键问题,小组成员回答完教练的问题后会议才能继续召开。教练的角色异常重要,他能为小组提供反馈,促进小组成员反思,对行动学习的开展具有很强的影响力。

(二) 行动学习的设计原则

行动学习要素能够帮助理解行动学习,也是行动学习项目设计的认识基础。在组织学习活动中开展行动学习项目,进行项目方案设计时还需要关注以下原则:

■ 参与者掌握自己的学习过程。参与者必须具有高度的自我管理能力,在项目进行过程中和项目完成之后,都要对自己的学习负责。

■ 需要提供团队成员之间的交流机会或社交活动。团队成员在这里可以交换信息、互相讨论、通力合作,这种建立在沟通基础上的共同合作对于行动学习极为重要。

■ 需要提供给参与者用于反思的空间,以便他们及时地将经验整合,并进行学习。这样一个用于反思的房间,也可以作为小组顾问定期召开工作坊(workshop)进行学习的场所,使参与者集中在一起对个人和团队过去的行为或经验进行反思。

■ 参与者需要将行动学习与自身发展相结合。这要求学习者首先在观念上对行动学习价值产生认同,其次是在行动学习和自身发展之间展开广泛的联系,并实现知识的转移和转化。

■ 参与者需要能够感受到真正的学习在发生。这就要求在项目整个过程中,需要及时跟踪调查,并给予参与者及时的反馈和启发。

■ 学习活动应当得到参与者的认同,这样有利于学习目标的最终实现。这就要求项目经理、参与者以及教练之间应当就如何开展该行动学习项目进行探讨,并达成共识。

（三）行动学习的步骤

开展行动学习的具体步骤,依赖于组织和参与人员的状况,还有行动学习项目的定位、性质、对象、目标、实践等诸多因素。虽然行动学习在具体执行的过程中,不同的行动学习项目会出现比较大的差异,但是从整个行动学习开展的过程来看,主要包括以下四个步骤。

■ **发现问题和组建学习团队**

开始行动学习前,首先需要明确行动学习要解决的核心问题。核心问题主要是指组织为了实现发展目标而遇到的各种困难。如果不能清晰定义所要解决的问题,行动学习也就无从谈起。提出问题对于组建学习团队也非常重要。学习团队应该由具备解决问题所需要的各种知识的组织成员组成,并根据需要解决的问题,判断谁具备相关知识,然后组建由这些人构成的学习团队。

■ **提出解决问题的方案**

当学习团队具备了解决问题所需要的大部分知识,参与者经过深入的沟通,并对分散在每个人头脑中的知识进行整合,然后开始着手提出解决问题的方案。在这一环节,具体又包括三个细节,即：观察反思—转换定势—制订计划。观察反思是在头脑中审视自己做过的事,并尽可能客观地描述过去的做法、思路和效果,以及观察别人的经历和做法。每个人的想法和行动总是来自于已经形成的特定理论,这就是心智模式或思维定式。而转换定势阶段关键是形成一种新的"理论",让参与者能够以全新的视角关注、接受和理解事物,从而形成更具效能的新的思路与对策。在此基础上参与者提出并完成解决问题的方案。

■ **制订行动计划并执行**

学习团队所形成的问题解决方案,经有关领导批准,便可以在组织内进行小范围的实施,以检验其效果和反思方案的有效性。尝试应用的关键是组织的执行力。此外,学习团队在尝试应用过程中不能解散,而是要继续跟踪尝试应用中发现的问题,并提出改进措施。行动学习教练可通过远程方式与学习者保持联系,起到支持和监督的作用。

■ **进行评估、改进、推广和激励**

相关人员对行动学习项目的开展并对所取得的成效进行评估,如果尝试应用的解决方案获得成功,就可以在组织范围内加以推广。对于发明解决方案的学习团队,需要进行激励。对于没有获得成功的方案,或方案中存在不足,则组要重新调整并进入下一个行动学习循环,或是该终止行动学习项目。

另外一种关于行动学习步骤的观点认为,行动学习建立在由九个互相联系的步骤共同组成的螺旋结构基础上,以下是这九个步骤。①

■ **从行动到学习** 从最初的行动过渡到学习,是经过学习者对以前生活经历的思考;

■ **识别问题** 伴随着对问题或危机作出反应,学习者的学习才能真正的发生;

■ **积累学习经验** 通过负责而有计划的学习,学习者能够积累丰富的学习经验;

■ **创建学习系统** 开发有个体或小群体组成的学习支持系统,用以促进学习的习得和转换;

■ **逐渐建立关系** 在沟通中,学习者与其他小组成员建立起良好的关系,并合作解决难题或危机;

■ **解决冲突** 适应群体的不同阶段,缓解紧张状态并解决冲突,以使学习效果达到最大化;

■ **培养一致性** 通过群体的团结合作,创造一种学习的一致性;

■ **进行过渡** 学习者在最后汇报学习项目的时候,能够巩固学习效果;

■ **未来准备** 为以后的行动和学习作准备,制订未来的学习计划以满足行动学习未来发展的需要。

在进行行动学习时,还需要注意行动学习项目从开始到最后结束,不仅只是发生在行动学习项目小组层面,同时组织学习的管理部门等行动学习的干系人(Stakeholder),也在行动学习中扮演重要的角色。组织学习管理部门在行动学习中主要有项目申报与筛选、团队选择、项目启动、项目评估与反馈等这几部分的工作。

2.2.3 教练法

教练法(coaching),是通过人与人之间的互动过程,帮助个体或组织订立目标,更好地决策和开展行动,并且充分发挥个体和组织的潜力,实现持续发展并产生积极的成果。教练法的实施过程发生在教练与被指导的小组或个人之间。需要特别注意的是,专业的、正式的教练法应当是一名具有教练资质的人来开展的。在组织学习过程中使用教练法,其目的非常明确,就是推动个人或团队获得卓越的绩效。教练法是一种有针对性的互动干预过程,在很多情况下是采用"一对一"的方式开展的。因而,教练法的开展会使得教练与学习者间建立较为密切的人际关系,也可能会涉及隐私和伦理相关的问题。与课堂教学和学徒制不同,教练法侧重于改变学习者的心理状态,从精神上给予学习者鼓励,促进学习者自身的反思。教练法是组织学习的一个重要方法和手段,可以帮助组织保留最好的人才,使得组织间的沟通变得简单、便捷。通

---

① 吉雷,梅楚尼奇. 组织学习、绩效与变革:战略人力资源开发导论[M]. 康青译. 北京:中国人民大学出版社,2005:119.

过教练法进行组织学习,可以使年轻的组织成员紧密接触经验、知识丰富的员工,并帮助其树立组织内的榜样和清楚的个人学习目标。

（一）教练法的内涵

在对教练法的认识方面,很容易自然而然地将其与体育教育领域的训练和教练产生联想,把教练法看做一个训练的过程。与体育训练相同,教练法同样也注重学习者行为的持久变化,根本目的不在于教练法实施过程中的效果,而是在于学习者在未来实际环境中的改变。与训练不同的地方是,训练更强调训练的程序和这种程序的执行,因此训练常常与"严格"、"刻苦"之类的话语联系在一起,然而,教练法强调的是双方一种相对平等的、民主的对话关系。因此,上述这两方面就构成了教练法的重要内涵如下:[1]

■ 教练法作为一种组织学习的方法,其目的是实现学习者行为的持久变化。传统的许多培训方法侧重在信息与知识的传达,而学习者的行为是否能在培训后获得变化,很大程度上取决于学习者自身。教练法包含对学习者行为的持续观察及反馈,并将学习融入于学习者日常工作之中,因而这种学习方式有助于改变学习者不适合的思维和行为,促进其形成新的、与个人和组织发展相适应的行为。

■ 教练法是一个民主的合作与互动过程。第一,教练法的具体实施方式具有民主化的特征;教练法中常使用的方法包括沟通、交谈、倾听、询问、反思等手段,而不是以讲师或领导为中心的讲授、训话等,而这些方法都有利于关注学习者本身的经验。通过结果导向的沟通,教练帮助学习者发现自身的问题,鼓励并支持学习者去面对并解决这些问题。在问题解决的过程中,学习者与教练之间是并肩作战的战友,而不是孤立与割裂的关系。第二,教练法尊重每个参与者的智慧,特别是学习者的智慧。教练法的一个基本假设是,承担教练角色的人并不比学习者更有智慧。因而,在教练法的实施过程中,教练虽然具有丰富的经验,但是并不是解决方案的提供者[2],而真正的核心是使学习者自己反思并发现解决问题的办法。

（二）教练法的步骤

教练法已经成功地被运用到许多组织学习的实践中,并为组织带来诸多益处,如:纠正员工的绩效问题、开发员工技能、提高生产率、提高员工稳定性、培育积极的企业文化等。对于员工而言,教练法可以激发其对工作的热情、克服绩效问题、提高个人能力并充分发挥个人潜能。在这些教练法的成功应用中,通常可以将教练法分成四个实施步骤,即:准备、讨论、积极教练、后续跟进。

---

[1] 哈佛商学院出版公司.训练与辅导[M].方东葵,邹良斌译.北京:商务印书馆,2007:15-30.
[2] 这一点在一些教练法的工作手册上已经得到体现,教练尽可能以提问的方式来启发学习者,虽然答案就在教练的嘴边,但是却不能说出来。然而在许多使用教练法开展组织学习的实践中,很多教练并没有意识到这种民主对话和启发的重要性,而是用框架和答案限制了学习者的思维,把教练法变成了一种训练或单向的辅导。

■ **准备** 教练法与其他学习方法一样，需要提前进行充分的准备。这些准备工作主要包括：充分观察和了解学习者、评估改进的可能性、告知学习者并使其做好准备。观察是有效开展教练法的第一步。观察的主要内容是了解学习者的问题所在、行为习惯、技能和行为、工作目的等方面。深入的观察有助于教练全面和理性地认识学习者。观察方法主要分为非正式观察和正式观察两种类型，目前使用比较多的是正式观察，非正式观察可能带来更多有价值的、真实的信息。由于观察仅仅是个体外在行为的偶然捕捉，仅凭一两次观察很难获得对学习者的全面认知，应避免过早对其下结论。另外，可以通过与学习者其他同事进行访谈和交流，来获得对学习者的认识。评估学习者改进的可能性，需要从学习者自身行为的两个因素来进行评价（如图2-5所示），即问题行为发生的频率和问题的深度（行为改变的可能程度）。

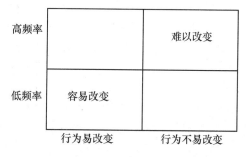

图 2-5　问题行为可改变程度[①]

■ **讨论** 讨论是教练将观察到的问题和情况与学习者本人进行沟通交流的过程。这一阶段，是正式开展教练的预热阶段。通过讨论可以使教练与学习者个人之间形成共同关注的问题焦点，同时也赋予学习者表达自我观点的话语权。在这一过程中，还可丰富教练此前的观察，使教练对学习者有更加全面的认识。这一步骤与准备过程是有很多交叉进行的情况的，准备和讨论这两个步骤之间并没有严格的界限。

■ **积极教练** 有了充分的准备，并进行了富有成效的沟通讨论后，教练与学习者便可以开始进入正式的教练程序。积极教练这一步骤中，包含了四个子过程。

○ 双方达成共同的目标　关于教练目标或学习目标的讨论，应该在进入积极教练之前的讨论阶段就已经涉及了。这里需要做的是重现讨论中关于教练目标的部分，并要求学习者本人对该目标发表见解与个人意见，最后双方达成共识。

○ 制订行动计划　在目标确立之后，教练和学习者双方应该共同协作，制订出行为改善的行动计划。通常情况下，行动计划包含以下几个部分：行动计划目标、衡量或评估标准、甘特图（Gantt Chart）。制订行动计划，有助于明确双方的责任义务。双方将讨论转化为文字的过程，能够再次强化教练和学习者对教练目标、

---

① James Waldroop, Timothy Butler. The Executive As Coach[J]. Harvard Business Review, 1996(11-12):113.

方式、内容的认识和共同理解。很多人建议由学习者亲自撰写行动计划,认为这样能够使得学习者对行动方案更认真和负责的考虑和理解。行动计划的撰写方式有很多种可以采用的形式,也可以使用表格的形式(参见表2-5)。

○ **开始教练** 正如前些章节提到过的学习风格一样,不同的学习者具有不同的沟通和交流方式,也有不同的信息接受方式。有的学习者仅需要语言告知即可;有的学习者习惯通过案例学习;有的学习者更倾向于教练手把手的传授。因而,在开始教练后,教练应当根据学习者的特征进行沟通和交流。特别注意的是教练过程中如何能够营造一个积极的、平等的氛围。

○ **反馈** 教练过程中的反馈包括两种类型,一种是积极的反馈,一种是消极的反馈。积极的反馈不仅仅是简单的称赞与表扬,而是需要指出行为改善的具体方面和问题,同时语气是理性的而非情绪化的。消极反馈并不等同于批评,而是需要陈述行为未得到改善的具体表现方面,例如幻灯片演示得不好、哪些问题依然没有去解决等;或者列举出学习者行为产生不良效果的原因,例如演示效果不佳可能是版面设计、配色等原因。

表 2-5　行动计划样本

问题:员工在会议中经常打断别人		
目标:在会议中注重合作的方式探讨问题,允许别人发表见解		
时限:		
拟采取的行动 ○ 该员工应在会议上克服自己原来的习惯,不打断他人发言 ○ 应该尽量倾听别人的意见,并根据回答提问,避免长篇大论 ○ 教练在每次会议之后给予员工反馈	评价标准 ○ 观察到员工连续两次在会议中都没有打断别人 ○ 没有别的员工投诉 ○ 根据问题提问的次数	检查时间 2月15日 教练与员工第三次会面时

■ **后续跟进** 后续跟进有两个目的,一方面是评估学习者在教练过程中其学习目标达成的情况。有效的教练过程必须辅以追踪与跟进措施,这样才能监控学习者行为的改善程度,了解教练项目进展及推进的真实情况。及时跟进还可以巩固学习者的学习成果,不断地提升其个人绩效。在跟进的过程中,还需要为学习者提供积极的反馈和支持,并对学习者所取得的进步给予真诚的表扬和鼓励,这样有助于增强学习者继续改善行为的意愿和动力。另一方面是需要掌握学习者的发展状况,并根据这些状况调整行动计划,并为学习者提供进一步的支持。在跟进的过程中,教练还需要对许多问题保持足够的敏感程度,考虑并评估学习者是否还需要继续接受教练,教练项目是否还适合员工目前的发展水平等。后续跟进的过程中,可以使用的方法包括:事先列出后续跟进的时间表、参照目标检查学习者的完成

情况、与学习者探讨其执行行动计划的具体过程等。

2.2.4 工作轮换

工作轮换(Job Rotation)也就是通常所说的"轮岗制",是指安排员工在不同的工作岗位进行轮换,丰富员工经历并提升个人能力,促进组织活力和知识流通。工作轮换的过程还可以使得员工认识更多的组织成员,拓展个人人脉关系。工作轮换与工作调动有着本质的区别。工作轮换是组织学习的一个重要手段,是培养优秀员工的活动;而工作调动是一种常见的人员配置方式,是人力资源管理的一种手段。根据学习者在工作轮换中的参与程度,工作轮换可以看做具有两种形式,即:学习者轮换到其他部门但不介入该部门的主要工作或核心工作;以及学习者介入其他部门的主要工作或核心工作。

(一)工作轮换的应用

工作轮换在人力资源开发及组织学习方面有着广泛的应用,下面将列举一些常见的应用实例:

■ 有些组织将工作轮换应用于新员工培训,一方面有过多种岗位任职经验的员工,对组织的认识也较为全面,熟悉工作要求,因而能理性选择适合自己发挥潜力的工作岗位;另外,通过工作轮换,员工积累了一定人脉资源,熟悉今后打交道的部门和人员,便于今后工作中与同事间的沟通和协调。

■ 工作轮换还经常用于企业各级管理人员的培训,有助于员工开阔视野、丰富工作经验,同时熟悉各部门架构及人员,能够有效地促进沟通与管理效率,以及组织内的知识流通。

■ 很多组织中的管理培训生(Management Trainee,MT)项目就是采用工作轮换的方法来培养组织的未来领导者。

■ 在一些大型的传统组织机构中,会有"基层挂职"之类的制度,也属于工作轮换的一种形式。

(二)工作轮换的好处

组织学习中使用工作轮换的方法,有利于增强学习者对组织不同部门的了解,从而对整个组织的运营形成更为完整的认识;有利于提高学习者的解决问题能力和决策能力,帮助他们选择更合适的工作;有利于增进部门之间的了解和合作。工作轮换的好处是显而易见的,一般来说,以下四个方面是工作轮换所带来的好处。

■ **激发组织的活力** 卡兹(Katz)认为,在一个人在组织中工作1年半的时间区间内,虽然工作充满了新鲜感,但由于员工需要熟悉组织的工作环境和工作气氛,尚难敞开心扉应付自如,难以达到较高的工作效率;在1年半至5年的期间里,信息交流水平达到最高的水平,组织的工作成果数量也是最多的;当组织寿命超过5年以后,员工对于工作已经非常熟悉,工作的挑战性明显下降,工作本身已经不能激励员工,而组织也因沟通减少,反应迟钝而老化,会出现疲顿倾向。因此,适时的工作轮换,带动企业内部的人员流动,可以延长组织的寿命,激发组织的活力。

■ **储备多样化人才** 通过工作轮换,使员工具有组织内不同的工作经历,同时也获得了多种技能,同时,组织中的各个部门也会因此发现到与工作职位相适应的人才或备选人才。另外,组织未来的领导者应当具有对各种业务工作的全面了解和对全局性问题的分析判断能力。为了培养组织成员这些能力,只在某一部门内做自下而上的纵向晋升是远远不够的,必须使干部在不同部门间横向移动,开阔眼界,扩大知识面,并且与组织内各部门的同事有更广泛的交往和接触。

■ **增强部门间协作** 工作轮换有助于打破部门之间的界限,增进企业或团队内部的沟通与交流。工作轮换将有助于员工认识本职工作与其他部门工作的关联,从而理解本职工作的意义。同时,在进行工作轮换期间,组织成员也可以将自己和自己部门的文化、风格、观念、方法等带到其他部门。另外,组织长期坚持工作轮换制度,组织成员就会从不同的角度加强对公司业务和企业文化的理解,提高整个公司的效率,并形成非常强的凝聚力。

■ **促进组织知识迁移** 在组织的整个知识体系中,每个部门都会拥有一个亚知识体系,其知识类型也可以分为暗默知识和形式知识。部门的亚知识体系都会具有能够区别于其他部门的特点,这些区别可能正是其他部门所需要了解的。工作轮换中,有三种知识迁移方式。一种是部门整体在工作实践中,将知识迁移给轮换过来的学习者,再由学习者在工作轮换后迁移至原部门;另一种是通过学习者将其原来所在部门的知识迁移至新的部门;最后一种是在工作轮换期间学习者与部门共同创造出新的知识,将会被迁移至学习者现在所在的部门和原部门。

(三) 工作轮换的挑战

从长远的眼光来看,工作轮换能更有效激发员工的工作热情,提高员工的工作生活质量;既能为员工的职业成长提供另一种思路,也能为企业适应外界环境的多变性做好准备。作为组织学习的一个方法,工作轮换在实施过程中却可能会面临一些挑战。

■ 由于工作轮换的员工在每个部门和岗位停留时间较短,很难深入了解该部门,甚至有时会干扰该部门的正常工作。

■ 在这种工作轮换方式下,一个学习者可能会熟悉多个岗位的业务,但是也存在着每种岗位业务都不精通的现象。

■ 工作轮换可能会在一定程度上影响两个部门的工作效率,因为学习者到新的工作岗位都有一个熟练的过程,在这个过程中,工作效率可能会被降低,同时原来的部门也需要有人接替学习者的工作。

■ 从整体上增加了培训成本,一方面是需要对轮换人员投入的成本,另一方面是原部门所损失的机会成本。

因此,实施工作轮换的时候,需要着眼于组织长期发展的利益,根据组织及其部门的实际情况,注重工作轮换的流程设计,制定完备的绩效考核体系,面对开展工作轮换所带来的各种挑战。

2.2.5 学徒制

学徒制,也被称为学徒培训,是最为传统,历史最悠久的一种组织学习及培训方式。通常学徒制的学习方式会被应用于操作性较强的职业领域中,应用学徒制来培养新员工,如机械师、面包师等。学徒制对时间的要求一般较长,短则需要1~2年的时间,长的有可能会达7~8年的时间;而学习的人数上也有所限制,一名有资质的员工也不能带过多的学习者。学徒制形式和程序有些是比较随意的,而有些则有着非常严格的程序和要求,学徒制的程序如图2-6所示。

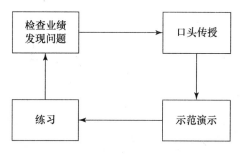

图 2-6　学徒制程序①

学徒制方法主要有三个方面的优点:第一,师傅传授的技能知识与具体工作有密切的关系,师傅具有的丰富的经验与阅历能帮助新员工尽快适应工作,引导员工把握工作的重点与要点,具有极强的针对性。师傅通常直接对徒弟的工作进行指导,因而徒弟的进步迅速,成果易见。第二,学徒制有助于形成良好的同事关系,由于师傅与学徒经常在一起工作交流,他们之间常会形成密切的人际关系,有助于新员工快速融入组织。第三,涉及组织内部暗默知识(Tacit Knowledge)转化的问题。在有经验的组织成员所具有的知识中,不仅仅是那些能够表述出来的形式知识(Explicit Knowledge),还有更为重要的没有被表出和形式化的暗默知识。虽然通过组织内部的知识管理或知识创造,可以将一部分暗默知识表述出来,但这些被表述出来的知识可能在这个知识结构中只占有非常少的比重。因此,学徒制的最大一个好处就是,那些不能够明言的或是表述出来的知识,会在师傅与学徒朝夕相处的工作生活中得以传递。

由于组织对学徒制的理解角度和程度不同,在将学徒制应用于组织学习的时候,经常会暴露出一些问题。例如,有些师傅传授的内容过于具体,覆盖面较窄,容易出现学习者视野狭窄或局限的问题;有的时候师傅们会拘泥于已经成型的思维模式和工作方法,而工作岗位对员工的要求是需要不断创新、不断变化的;由于师

---

① 许丽娟. 员工培训与开发[M]. 上海:华东理工大学出版社,2008:192.

傅和徒弟同时在一个类似的岗位上，从事同一种工作，因而彼此之间会存在竞争，这就可能致使有些师傅保留那些最有价值的知识技能，只传授给徒弟一些次要的知识。

　　学徒制虽然是一种相对古老的方法，但是对于组织学习却是有着非常实用的价值。组织学习活动中，需要采用一些措施保证学徒制的效果，从组织管理方面出台相应的规定，例如对优秀的师傅进行奖励与表彰、定期检查学徒制的开展效果、评估员工的绩效、及时督促双方朝向双赢的合作关系迈进。

第3章
人力资源开发

3.1 人力资源开发概述

随着经济社会发展,虽然土地、材料、能源等物质作为生产要素仍旧是推动经济发展的重要资源,但是人们对于人力资源作为战略意义上第一资源的认识已经开始逐步深化。人力资源,不仅要进行管理,还要进行开发,只有不断开发人力资源,才能最大限度的发挥人力资源的潜能。人类社会的发展过程一直以来都离不开对人力资源的开发,尤其是进入后工业时代的知识社会后,人力资源开发被越来越多的关注和强调。组织学习与人力资源开发有着密切的联系,因而要理解组织学习,就需要了解人力资源开发的相关问题。

3.1.1 人力资源的含义

经济学上把可以投入到生产中创造财富的生产条件称为资源。因此资源可以分为很多种类,比如信息资源、技术资源、人力资源、财力资源、物力资源等。在所有资源中,人力资源被称为第一资源。在世界银行对各个国家资源存量的统计报告中显示,目前全世界物质资源、自然资源和人力资源的构成比例约为16:20:64,人力资源在所有资源中占着最大的比例。联合国开发计划署《人力资源开发年度报告》中也曾经指出"没有经济增长,人力资源不可能持久;没有人力资源开发,经济增长也难以持续。国家之间的竞争,是知识和技术的竞争,实质上是人才的竞争。在21世纪必将是一个高新科技发展的世纪,一个人力资本积累的世纪,一个人力资源培训开发的世纪。"

人力资源(Human Resources),又称劳动力资源或劳动力,是指一定范围内的人口总体所具有劳动能力的总和,或者说是指能够推动社会和经济发展的具有智力和体力劳动能力的人口的总称。人力资源这个概念有以下五个基本要点。[①]

■ 人力包括体力、智力、知识和技能四个部分;
■ 人的体力和智力是人力资源的基础内容;
■ 人力资源所具有的劳动能力存在人体之中,是人力资本的存量,劳动时才能发挥出来;
■ 人力资源是一定范围的人口总体,它涵盖工商企业、公共管理部门和农村的人口;
■ 人力资源的载体是人,既有自然性,也有社会性;既有经济性,也有政治性。

人力资源是一个涵盖面很广的理论概括,既包含于人口资源中,同时又涵盖劳动力资源和人才资源的范围(如图3-1所示)。从覆盖范围来进行区分,这四个概

---

① 陈远敦,陈全明. 人力资源开发与管理[M]. 北京:中国统计出版社. 2001:4.

念的区别在于：人口资源是在一定空间范围内有一定数量、质量和结构的人口总体，是人力资源和劳动力资源的自然基础；人力资源是处于劳动年龄、未到劳动年龄和超过劳动年龄同时也具有劳动能力的人口之和；劳动力资源是在一定空间范围内具有劳动能力并且在劳动年龄之内的人口总和；人才资源则是劳动力资源中素质层次较高的那一部分人，所强调的是人力资源的质量。

图 3-1　人口资源、人力资源、劳动力资源、人才资源四者关系

3.1.2　人力资源开发

人力资源开发（Human Resources Development，HRD）的概念，最早是由美国乔治·华盛顿大学的里纳德勒（Nadler）教授提出来的，这一学术术语后来在 20 世纪 80 年代被广泛接受。从纳德勒提出"人力资源开发"到现在虽然只有三十多年的时间，但是人们对这一领域边界或是范围还没有取得相对一致的认识。在这些不同的认识之中，似乎可以从三个不同层次来理解人力资源开发。

■ 社会层面的人力资源开发，如一个国家或地区人力资源数量和质量的维持与发展；

■ 组织层面的人力资源开发，如一个组织或企业人力资源的维持与发展；

■ 个人层面的人力资源开发，如组织成员个人才能、潜力的发挥及其职业生涯的发展。

社会层面的人力资源开发主要是指一个国家或地区对所辖范围内的全社会人员进行优生优育、卫生保健、正规教育、职业教育、迁移流动、启智服务、调配、使用、投资、核算、保护等一系列全面、系统、综合性的行为活动过程。其目的是旨在提高全社会人员的整体素质和知识技能水平。社会层面人力资源开发的重点是开发全社会人员的智力和能力，积累人力资本存量，提高人力资源质量。

组织层面的人力资源开发主要是指企业、政府等组织通过对人力资源的选择、投资、培养、配置、激励、保护等环节和方式，提高本组织人力资源的生产力，挖掘人力资源的潜力，提高和保护组织成员的劳动能力，并对本组织人力资源劳动能力、劳动态度、劳动创造性和积极性等能够创造社会财富的有用能力和价值进行挖掘与发挥（或发展）的行为活动过程。组织层面人力资源开发的基本任务是促进组织中的劳动者满足组织发展的需要,不仅有能力满足当前职业需求,有效完成本职工作,而且能够为未来工作做好准备,更好地适应新技术、新环境以及顾客和市场的新变化,保障未来的职业发展需求。组织层面的人力资源开发主要通过三种途径来实现:教育与培训、劳动力结构优化、职业生涯规划。

个人层面的人力资源开发,是微观层面上的人力资源开发,是指对劳动者个人的教育与培训和职业生涯的规划和实施。

许多研究人员及学者对人力资源开发这个概念进行定义(见表 3-1),这些定义对于了解和理解人力资源开发的概念及人力资源开发的发展都是有所帮助的。在这些定义当中,可以发现纳德勒对人力资源开发概念的理解也是随着时间的推移发生改变的,这也体现出人力资源开发的发展和变化,这个概念本身也处在一种不断地完善过程之中。理解纳德勒对人力资源开发的定义,"人力资源开发是指在特定时期进行的组织经验学习,其目的是创造绩效提升和员工成长的可能性",需要把握以下三个方面的重点。

表 3-1　人力资源开发定义概览[①]

作者	定义	核心成分	理论基础
纳德勒(Nadler,1970)	人力资源开发,是在一段特定时期内开展的一系列以促成劳动者行为改变为目的的有组织的活动	行为改变;劳动者学习	心理学理论
克雷格(Craig,1976)	人力资源开发的主要目标是通过终身学习的各种形式来发展人员的潜能	劳动者绩效	哲学与心理学理论
琼斯(Jones,1981)	人力资源开发是立足于组织和个人目标的实现而对劳动者的各种工作能力的系统性拓展	绩效;组织和个人的目标	哲学及系统理论;心理学及经济学理论
麦克拉根(McLagan,1983)	人力资源开发是通过识别、评估、特别是有计划的学习,帮助个人发展为胜任现在和未来工作所需能力的过程	培训和发展	心理学理论
查勒夫斯基和林肯(Chalofsky & Lincoln,1983)	人力资源开发是研究组织中的个体和群体如何通过学习而发生变化的多学科性领域	成年人学习	心理学理论

[①] 理查德·斯旺森,埃尔伍德·霍尔顿. 人力资源开发[M]. 北京:清华大学出版社,2008-6-1.

(续表)

作者	定义	核心成分	理论基础
纳德勒和维格斯（Nadler & Wiggs,1986）	人力资源开发是一个以释放组织中的个人潜能为目的的综合性学习体系；使组织得以生存的经验体系，包括间接（课堂的、媒介的、模拟的）学习经验和直接（在职工作的）经验两方面	正式的和非正式的成年人学习；绩效	系统理论；经济学及心理学理论
斯旺森（Swanson,1987）	人力资源开发是一个提升组织绩效及组织成员能力的过程，它涉及岗位设计、能力倾向、技术专长和工作动机等多方面的活动	组织绩效	经济学和心理学理论；哲学和系统理论
斯格布斯（Jacobs,1988）	员工绩效的开发就是对绩效提升系统的完善和对绩效结果系统的管理，它通过系统性方法来达成个人和组织的目标	组织和个人绩效	系统理论
史密斯（R. Smith,1988）	人力资源开发是由各种项目和活动所组成的，这些项目和活动直接或间接地通过教学方法或者个人之间的知识传递积极影响个人发展以及组织生产效率与利润	培训和发展；组织绩效	经济学理论；系统理论；心理学理论
梅克拉根（McLagan,1989）	人力资源开发是包括培训与发展、职业开发和组织发展在内的一个整体，其目的是提升个人、群体和组织的绩效	培训与发展；职业开发；组织发展	心理学理论；系统理论；经济学理论
沃特金斯（Warkins,1989）	人力资源开发既是一个学术领域，又是一个实践领域；它的宗旨是在个体、群体和组织层面上培养长期的、与工作相关的学习能力。因此，它涵盖但不局限于培训、职业开发和组织发展	学习能力训练；职业开发；组织发展	心理学理论；系统理论；经济学理论；绩效理论
吉雷和英格兰（Gilley & England,1989）	人力资源开发是在组织范围内实施的有计划的、以促进绩效和个人成长为目标的学习活动。它的最终目的是达成个人和组织工作绩效的提升	学习活动；绩效改进	心理学理论；系统理论；经济学理论；绩效理论
纳德勒（Nadler,1989）	人力资源开发是指在特定时期进行的组织经验学习，其目的是创造绩效提升和员工成长的可能性	学习；绩效提升	绩效理论；心理学理论

(续表)

作者	定义	核心成分	理论基础
史密斯 (D. Smith,1990)	人力资源开发是选用组织内部人力资源得以发展与改善的合理方法、系统地提升员工的工作绩效和劳动生产率的过程；这一过程是通过培训、教育、发展以及协调组织和个人之间的目标而实现的	绩效提升	绩效系统理论；心理学；经济学理论
查勒夫斯基 (Chalofsky,1992)	人力资源开发既是一门学科又是一个实践领域，它致力于通过发展和运用基于学习的干预方法来增强个体、群体和组织的学习能力，从而达到优化人员和组织的成长并提升组织的有效性的目的	学习能力；绩效提升	系统理论；心理学理论；绩效理论
马奎尔特和恩格尔(Marquardt & Engel,1993)	人力资源开发包括建立学习氛围、设计培训项目、传递信息、交流经验、评估结果、提供职业咨询、引发组织变革和开发学习材料等	学习氛围；绩效提升	心理学理论；工作绩效理论
马斯克和沃金斯 (Marsick & Watkins,1994)	人力资源开发是培训与开发、职业开发和组织发展的综合体；它提供了构建学习型组织的理论和方法基础，但它同时需要在拥有战略地位的前提下，在组织范围内发挥作用	培训和发展；职业开发；组织发展；学习型组织	劳动者效率理论；组织绩效理论；系统理论；经济学和心理学理论
斯旺森 (Swanson,1995)	人力资源开发是一个以提升绩效为目的，通过组织发展和员工的培训与开发来提高人员的专业技能的过程	培训与开发和组织发展；组织的绩效改进；工作流程；个人水平	制度学；心理学；经济学
美国培训与发展协会(ASTD)	人力资源开发是综合利用培训与开发、职业生涯开发、组织开发等手段来改进个人的、群体的和组织的绩效	培训与开发；职业生涯；绩效	心理学；经济学；系统理论

■ **由雇主提供的有组织的学习体验** 其中"学习体验"，这是人力资源开发与其他人力资源活动不同的地方，这也是人力资源开发对组织做出特殊贡献的地方。同时，这个词也显示了人力资源开发专业人员是在"学习"这一领域为组织贡献竞争力的。"有组织的"，这就将人力资源开发与发生在组织之外的"学习"区别开来了。在一些狭隘的传统观念中，有组织的学习仿佛只发生在学校之中，但是随着社

会竞争的日趋激烈,组织越来越多地提出了学习的需要。学习对象是已经参加了工作的成年人,与传统的在学校学习的学生有很大的不同,他们需要不同的理论和方法来指导他们的学习。"由雇主提供的",说明学习需求很大程度上是由组织提出的,而不是由雇员自己发起的。

■ **在一段特定的时间内**　说明组织中的学习是一个持续的过程。也就是说,如果组织希望通过人力资源开发来提高组织和个人的竞争力,就需要投入时间资源来进行专门的学习。

■ **其目的是增加雇员提高自己在职位上的绩效和发展个人的可能性**[①]　这句话阐明了人力资源开发的目的。在这里,需要特别说明的是,人力资源开发对于提高绩效和发展机会只是有这个"可能性",而不是能够产生必然的结果。这种可能性源自两个层面。

○ 人力资源开发并不能保证可以改变人的行为。人力资源开发只是提供了学习机会,但是这种学习机会是否能被转化为行为的改变,从而提高绩效,还需要雇员在工作场景中结合实际情况运用学习获得的知识和技能才可能得以实现;

○ 员工的这种变化可能只是一种个人的成长,而这种个人的成长并不一定能立刻提升组织绩效。正是因为这种"可能性",使得人力资源开发到现在所面临的一个永远的难题就是效果评估,特别是量化的效果评估。

无论从众多的人力资源开发定义中,还是纳德勒对于人力资源开发不断完善的解释,都能够感觉到,定义人力资源开发的边界是一件非常不容易的事情。首先,人力资源开发的职能是随着组织管理外部环境的变化而在不断改变的;其次,不同规模和不同类型的组织其人力资源开发活动存在非常大的差异;最后,理论研究和实践人员在使用的术语方面也有比较大的差异。基于这几方面的原因,使得定义人力资源开发的工作较为困难,而人力资源开发的概念仍然在不断发展过程中。

3.1.3　人力资源开发与管理

人力资源开发和人力资源管理覆盖了人力资源经济活动的总过程,二者既有区别又有联系。在人力资源开发的诸多定义中可以看出,人力资源开发(Human Resources Development,HRD)的基本内容是提高人的素质,包括社会层面、组织层面、个人层面的正规教育、智力开发、职业开发,以及社会性的启智服务,如教育、调配、培训、核算、周转等全过程。而人力资源管理(Human Resources Management,HRM)则聚焦于组织人力资源的全过程管理,帮助组织在招录周期的各个阶段——挑选前、挑选中和挑选后——有效的安排人员,如在挑选前进行人力资源规

---

① Nadler, L., and Nadler, Z., Developing Human Resource[M], Jossey-Bass, 1989.

划和工作分析，组织必须明确存在何种工作空缺以及该空缺需要什么样的从业资格；在挑选中，进行招聘、评估，并最终挑选出被认为最合格的人；在挑选后有效地管理那些已经进入组织的人员，为达到组织绩效目标，为他们提供所需要的知识和技能，并创造激励、指导等条件或环境，从而使其工作绩效和满意度达到最佳水平。因此，从上述的概念中可以了解到，人力资源开发是组织战略性人力资源管理中的一个模块。

但是，随着人力资源开发的不断发展，人力资源开发开始走向相对独立的领域。在一些组织中，人力资源开发已经脱离了人力资源部门，并以一个独立的部门存在，在组织中发挥着重要的影响。在这样的组织中，人力资源开发比人力资源管理更关注变革和绩效改善。人力资源开发研究的视角，从传统的单纯地提供培训，转向更广泛地支持组织发展和提高组织绩效，以期望取得核心竞争优势。

在研究人力资源开发与人力资源管理各项职能的关系中，人力资源开发的发起人纳德勒（Nadler）竭力主张人力资源开发的独立地位，他对人力资源开发作为一个独立的管理职能和职业进行了深入的思考。他首先思考的是人力资源开发工作中存在的角色，然后对完成这些角色的任务需要的知识、技能和能力进行了开创性的研究。他还深入地思考了人力资源管理这一职能的各个方面的关系，从而描述了一幅作为独立职能和职业的人力资源开发的概貌。

纳德勒用"车轮"来对人力资源管理各个方面的关系进行了分析，绘制了著名的人力资源车轮。[①] 人力资源开发既可以是单独的职能，也可以是人力资源管理部门中的一项主要职能。由美国培训与发展协会（American Society of Training and Development，ASTD）资助的一项帕特·麦克拉根（Pat McLagan）进行的研究试图确定有效的人力资源开发职能所需要的任务和能力。[②] 这项研究记录了从更加传统的培训和开发主题到包括职业开发和组织发展在内的一个职能的转变。该研究把人力资源管理和人力资源开发职能之间的关系描绘成"人力资源车轮"。麦克拉根在纳德勒研究的基础上，对人力资源管理的各个子项职能之间关系的进一步研究和发展，以车轮图（如图 3-2 所示）的形式展示并区分了人力资源的管理职能和开发职能。

---

① 谢晋宇. 人力资源开发概论[M]. 北京：清华大学出版社，2005.
② McLagan, P. A. (1989). Models for HRD practice[J]. Training and Development Journal, 41(9), 49-59.

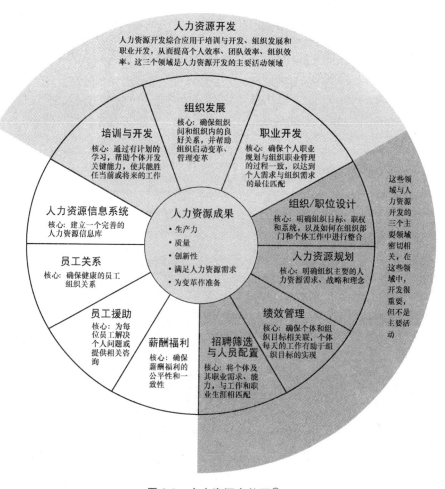

图 3-2 人力资源车轮图①

在这个人力资源车轮图中能够清晰地看到,培训与开发、组织发展和职业开发是人力资源开发的核心职能,这恰恰是应该从人力资源管理工作中独立出来的部分。而组织与职位设计、人力资源规划、绩效管理、招聘筛选与人员配置这几部分职能也是与人力资源开发密切联系的部分,但是在这些领域,人力资源开发并不是最重要的方面。而人力资源信息系统、员工关系、员工援助和薪酬福利这四个方面的职能与人力资源开发就没有密切的联系了。在接下来对人力资源开发职能的讨论中,将会详细地介绍以培训与开发、组织发展和职业开发为核心的人力资源开发具体内容。

---

① P. A. Mclagan (1989), Models for HRD Practice[M], T&D Journey, 41:53.

3.1.4 人力资源开发的职能

在著名的人力资源车轮图中,不仅区分了人力资源管理和人力资源开发的职能,而且明确了人力资源开发的三项主要职能(如图3-3所示):培训与开发(Training & Development)、组织发展(Organization Development)、职业开发(Career Development),接下来就从这三个方面来讨论人力资源开发的职能。

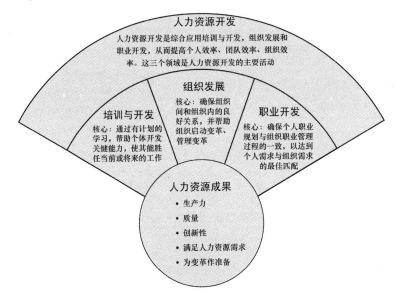

图3-3 人力资源车轮图——人力资源开发部分[①]

(一)培训与开发

培训与开发是指组织为了使员工获得或改进与工作有关的知识、技能、态度和行为所施行的、有计划的、系统性的各种努力,通过这些努力提高员工的工作绩效,从而使员工对组织绩效作出贡献,最终达成组织的战略目标。

组织学习关注改变或提高组织中员工的知识、技能和态度,以提升组织绩效。虽然培训也尝试转变员工的态度,比如建立主人翁意识的培训,但培训主要包括向员工传授完成某项任务或工作所需的知识和技能。相比之下,开发活动则拥有一个更长期的目标,既提高员工完成当前工作的能力,同时也注重为未来工作做准备。

培训与开发活动从新员工一进入组织就开始了。通常是以员工上岗引导培训(Orientation),也叫入职培训的形式展开。入职培训通常是由人力资源开发人员和新员工的直接主管共同负责进行的,目的是让新员工熟悉工作环境和职务责任、

---

① P. A. Mclagan (1989), Models for HRD Practice[M], T&D Journey, 41:53.

建立工作关系、克服陌生感、接受组织价值观和文化、学习完成职务工作所需要的基本知识、技能与能力,等等。新员工在其岗位上比较熟练后,培训开发活动则主要围绕岗位所需要的知识、技能、能力、态度来进行,旨在提高员工在其工作岗位上的工作效率,从而促进组织的盈利能力。另外,培训还可以解决员工面临的一些生活问题,例如,压力管理、戒烟、营养、瘦身等方面的问题,虽然这些问题表面上看与组织绩效没有关系,但是这些问题的解决实际上是通过提升员工的工作生活质量来帮助组织创造更高的利润。除此以外,培训还常常被用于针对全体员工的带有强制性的学习内容的学习,如企业规章制度、安全健康、国家法律法规等。近些年,组织除了提供培训机会以外,也开始重视多元化的发展机会。在前面的章节提到过的"70/20/10学习与发展法则"中,只有十分之一的开发活动来自于正式的培训,更多的学习机会来自于在工作中的学习,以及对自我的认知,如测评、反馈、辅导等。

组织鼓励组织成员对其行为负责,并在实现组织目标的过程中,与个人目标结合在一起。在这样的活动中,组织成员被看做是组织的一个合伙人,培训与开发活动帮助员工既达到为组织营利的目的,又实现组织成员自我发展的目标,从而实现组织与组织成员个人的双赢。

(二)组织发展

组织发展是指通过运用行为科学的理论和有计划的干预来提高组织的有效性并提升其成员福利的一系列过程[①],包括改变他们的知识、技能、能力、态度和积极性的活动。组织发展既强调宏观的组织变革,同时也强调微观的组织变革。在微观变革层面,通过个人、小群体和团队对变革采取一种客观的或者是欢迎的态度,达到宏观层面整个组织作为一个整体所发生的变化。

人力资源开发专业人员通常在组织发展中扮演的是变革代理人(change agent)的角色来推动变革。组织发展所依赖的开发手段有相对的独特性,被称为行为干预。这对人力资源开发人员是比较陌生的工作,也需要其进行更加深入和专业的学习。组织开发工作是最能体现人力资源开发战略性的工作,要求人力资源开发专业人员在能够影响所需变革的战略方面与高层管理者和中层管理者共同探讨,并为其提供意见和建议。人力资源开发专业人员也可以直接参与实施战略,例如为计划和实施变革召开员工会议等。

组织发展具有以下四个方面的显著特点。

■ 组织发展具有长期性,也就是说,组织发展不应仅仅是解决短期面临的业绩问题;

---

① Beckhard, R. (1969). Organization development: Strategies and models. Reading, MA: Addison-Wesley; Alderfer, C. P. (1977). Organization development. Annual Review of Psychology, 28, 197-223; Beer, M. & Walton, E. (1990). Developing the competitive organization: Interventions and strategies. American Psychologist, 45, 154-161.

- 组织发展需要得到组织高层管理人员的支持；
- 组织发展主要通过培训开发来实现变革；
- 组织发展包含一系列环节，包括鼓励员工参与并发现问题，寻找解决问题的方法，选择合适的方案，确认变革的对象，贯彻执行有计划的变革方案和评估结果等。

尽管组织发展是人力资源开发中的三个核心活动之一，但这两者之间还是有一定差异的。首先，其理论基础不同，人力资源开发是以学习理论和教育学为基础的，而组织发展更多的是以组织行为理论为基础的。其次，这两个领域在组织中可能是分离的。在一些大型组织中，会设立专门的组织发展部门。当然，组织发展工作被归于人力资源开发部门的情形也比较常见。

（三）职业开发

人力资源开发的一个基本假设就是，组织有义务最大限度地发挥员工的能力，使员工充分挖掘其个人潜力，同时为每一位员工提供不断成长的机会，并帮助员工获得职业成功。这种理念在现代组织中不断被强化，越来越多的组织开始重视职业开发。

职业开发是"一个持续的过程，通过此过程，个体可以在一系列的阶段中获得发展，而每个阶段又都具有独立的一系列的主题、问题和任务"。[1]也就是说，职业生涯是一个进入工作场所的个体所经历的不同工作所构成的职业发展轨迹。在这个过程中，个人需要经历一系列的阶段，在这些不同的阶段中，他所面临的问题、需要完成的任务、可能遇到的障碍以及可能获得的支持等都有一定的共性。职业开发既可以从个人的角度进行，也可以从组织的角度进行。严格地说，从组织角度进行的职业开发活动才是构成组织人力资源开发的职业开发。组织希望通过职业开发活动让员工获得更大的职业满足感，使员工的职业发展获得组织的支持，从而帮助员工为组织作出更大的贡献。因为未来的不确定性，职业生涯规划也需要确立适当的变通性；既然是规划，也就意味着并不是一成不变的。对于大多数人来说，职业规划也是其个体人生规划的主要部分。

职业开发包含两个不同的过程：职业规划和职业管理。

- **职业规划** 是一个人对其职业的预期和计划，包括学习与成长目标，以及对一项职业和组织的生产性贡献和成就期望。个体的职业规划并不是一个单纯的概念，除了包含个体的技术和能力，还与个体所处的家庭以及社会有着密切的联系，因此应该根据实际情况建立比较现实的职业规划。

- **职业管理** 是根据职业目标，通过采取有效的步骤实现职业规划的全过程管理。为了有效地进行职业管理，组织需要激发个人的职业动力，并且更加关注组织为员工的职业发展能够提供什么样的支持。

---

[1] Greenhaus, J. H. Career management. Hinsdale, IL: Dryden Press. 1987:9.

职业开发是比较复杂的活动,与培训开发活动之间有着密切的联系。很多职业开发是通过组织的培训活动实现的。

人力资源开发的三个核心领域各有侧重,培训与开发主要是确保个人具备能够完成当前或未来工作的核心专长和技能;组织发展主要关注的是团队和组织,倡导在团队内部和各团队之间进行变革和创新,从而达到提升组织绩效的目的;而职业开发则是确保个人的发展规划、目标与组织的目标相匹配,从而使个人和组织共同获得发展。

3.1.5 人力资源开发的作用

根据人力资源开发的职能,培训与开发是人力资源开发的三个主要职能之一(如图3-4所示)。从组织运作的实际情况来看,培训与开发也是当前组织学习部门所承担的最主要职能。

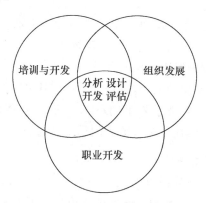

图 3-4　人力资源开发的三个主要职能

一个组织能否在激烈的市场竞争中取得长远的发展,不在于它是否拥有独特的人才,或是稀缺的资源,而在于这个组织是否拥有卓越的学习能力。正如克里斯·阿吉里斯在《组织学习》(*On Organization Learning*)一书中说到的"在市场中的成功越来越取决于学习"。因此,组织学习(或者更具体的来说是培训与开发),在现在的社会发展中,对组织、组织中的管理者和组织成员都显得非常重要并具有非同寻常的意义。

(一)对组织的作用

■ **吸引和留住优秀员工,提高组织竞争力**

许多调查显示,在员工选择一个组织工作的时候,"较多的培训机会"是仅次于"薪酬"的考虑因素。根据马斯洛(Maslow)需求理论,员工在基本需求满足之后,需要不断提高自己的工作能力和综合素质,体现自身价值,获得成就感。要留住优秀员工,只提供优厚的薪酬待遇是不够的,要满足员工不断进步的需要,并在工作中让其体会到挑战的乐趣和自我价值的实现,这是现代组织留住员工的重要手段。这样,员工成为学习型员工,组织成为学习型组织,也将给组织带来更强的竞争力。

■ **增强组织的凝聚力,解决组织面对的问题**

通过培训开发,还可以把组织的发展战略、经营理念、管理模式、价值取向、文化氛围等传递给员工,培养组织的团队精神,对员工产生吸引力和凝聚力。另外,对于组织不断出现的各种问题,培训开发有时是直接、快速、经济的管理解决方式,例如,研究发现,组织中发生的事故中有80%是员工不懂安全知识和违规操作造成的,员工通过培训开发,可以学习安全知识、掌握操作规程,自然就会减少事故的发生。

(二)对组织管理者的作用

■ **改善员工工作质量,提高员工整体素质**

员工参加培训,往往能够掌握正确的工作方法,纠正错误和不良的工作习惯,其直接结果必然是促进工作质量的提高。同时,通过培训开发,员工素质整体水平会不断提高,提高工作效率,从而提升组织绩效。

■ **促进创新能力,提升管理水平**

培训开发提高员工素质的同时,也培养了他们的创新能力,刺激员工不断开发与研制新产品来满足市场需要。除了创新能力的提升,通过培训开发还可以促进员工提升管理方面的技能,使更多有能力的员工参与到组织管理中来。

(三)对组织成员的作用

■ **增强就业能力,获得较高收入**

现代社会职业的流动性使员工越来越认识到学习和提升自我的重要性,而培训开发是员工增长自身知识、技能的一条重要途径。因此,很多员工要求组织能够提供足够的培训开发机会,这也成为一些人择业中考虑的一个重要方面。另外,员工的收入与其在工作中表现出来的工作效率和工作质量直接相关,为了追求更高的收入,员工就要提高自己的工作技能。而培训开发能够提升员工的工作技能,因此培训开发与员工的收入水平也有着密切的联系。

■ **增强职业的稳定性,提升个人职业竞争力**

组织为了保留绩效较好的员工,尤其是那些具有特殊技能的员工,往往提供了优越的条件。所以在一般情况下组织不会随便解雇这些员工,为防止他们的离去给组织带来的损失,总会千方百计留住他们。从员工来看,他们把参加培训、外出学习等当作是组织对自己的一种奖励。员工经过培训,素质和能力得到提高后,在工作中表现得更为突出,就更有可能受到组织的重用或晋升,员工因此也更愿意留在组织中继续服务。与此同时,未来职场上的竞争越来越激烈,随着人才需求的不断变化,每年都有大量新的人才加入到职场中,这使得员工每时每刻都面对竞争和被淘汰的挑战。面对这种挑战,通过不断学习可以更好地提升个人的竞争力。

3.2 人力资源开发的发展

3.2.1 人力资源开发的发展阶段

虽然人力资源开发是一个新兴的领域,人力资源开发这种概念的使用也只有很短的时间,但是有关人力资源开发的实践却很早就出现在人类社会发展的历程之中了。那么,人力资源开发到底是如何发展而来的呢?一种比较普遍的观点认为,如果回顾人力资源开发的发展历史,最早可以追溯到 18 世纪。下面简要介绍人力资源开发的几个重要发展阶段。

(一)早期的学徒培训

人力资源开发的起源可以追溯到 18 世纪的学徒培训(apprenticeship training)。当时,由熟练的技术工人经营的小店铺主要生产家庭用品,比如家具,衣服和鞋子等。为了满足顾客对商品的不断需求,店主不得不额外雇佣工人。由于当时还没有专业的职业技术学校,店主们只能自己教授和培训他们招来的工人。这些学徒从师傅那里学习手艺,他们通常在店铺里工作几年,直到成为熟练工为止。在这期间,工人们只能获取很少的工资,甚至根本没有工资。后来,许多其他行业,如内科医生、教师、律师等行业,也开始纷纷采用这种学徒培训模式。[1]

在这段时期内进行的人力资源开发活动,大部分是一对一的师傅带徒弟式的培训。因此,早期的学徒培训成为一种最为普遍的培训模式。

(二)早期的职业教育

1809 年,德威特·克林顿(DeWitt Clinton)在纽约建立了第一所公认的私人职业学校,也是一所手工技能培训学校。[2]建立这所学校的目的是想给失业或有犯罪记录的、没有熟练技术的年轻人提供职业培训的机会。手工技能培训学校在当时的美国非常流行,尤其中西部各州,因为它为那些一时失足的年轻人提供了机会,解决了一个严重的社会问题。无论出于什么目的,这种早期职业培训是职业教育的雏形。

1917 年,美国国会通过了《史密斯—休斯法案》(*Smith-Hughes Act*)。该法案认可了职业教育的价值,并同意建立基金(开始是每年 700 万美元),用于农业贸易、本国经济发展、工业和教学等领域的培训项目。[3]现在,职业教育已经成为世界

---

[1] Steinmetz, C. S. The history of training. In R. L. Craig (Ed.), Training and development handbook (1976) (pp.1-14). New York: McGraw-Hill.

[2] Nadler, L., & Nadler, Z. (1989). Developing human resources. San Francisco: JosseyBass.

[3] Steinmetz, C. S. The history of training. In R. L. Craig (Ed.), Training and development handbook (1976) (pp.1-14). New York: McGraw-Hill.

各国公共教育系统中非常重要的一部分。事实上,由于当前科技的迅速发展,技术人员短缺现象非常严重,特别是对于专门技术存在着很大的人才需求,职业教育已经变得越来越重要。

(三) 早期的工厂学校

进入 19 世纪末工业革命时期,机器开始逐渐取代技术工人的手工劳动,会使用机器的半熟练工人能比小工艺店铺的熟练工人生产出更多的产品。工厂通过利用机器和半熟练工人提高了生产效率,但同时也需要大量的工程师、机械师和熟练的机修师来设计、制造并修理机器。而当时的情况是,一方面大量新工人不具备操作新机器的知识和技能,而另一方面,经验丰富的老员工也需要参加培训。这时,过去的学徒制培训已经开始不能适应当时的需求了。并且由于工厂数量的迅速增加,职业培训学校培养出的毕业生数量也无法满足工厂对于熟练技术工人的需求。在这种情况下,工厂开始尝试自行建立被称作"工厂学校"的机修和机械培训项目。[1]

1872 年,第一个有文字记载的工厂学校在美国的厚和公司(Hoe and Company,一个纽约的印刷机制造商)成立。随后在 1888 年,威斯汀豪斯(Westinghouse)、1901 年通用电气(General Electric)和包德文机车(Baldwin Locomotive)、1907 年国际收割机(International Harvester),以及后来的福特、西部电力、固特异(Goodyear)和国家现金出纳机(National Cash Register)等公司都建立了自己的工厂学校。[2] 工厂学校与早期的学徒培训有所不同,它更倾向于要求工人在短期内掌握完成某项特定的工作所需要的技能。

学徒培训和工厂学校都为熟练工人提供了培训,但当时几乎没有公司为半熟练和不熟练工人提供培训。有两个重要历史事件改变了这一状况。一个事件是,1913 年福特公司引进了 T 型汽车。这是历史上第一种使用装配线大规模生产的汽车,装配线的生产只需要半熟练工人完成少量任务。新的装配线大大降低了生产成本,从而使福特公司降低了汽车价格,这也使得更多人能买得起 T 型汽车。随着人们对 T 型汽车需求的不断增长,福特公司扩大了生产线,这样就需要更多的生产线工人,从而也就提供了更多的培训机会。同时,其他汽车制造商也开始使用装配线流程提高生产效率,这就使得半熟练工人培训得以迅速发展。

另一个重大历史事件是,19 世纪 20 年代末期爆发的第一次世界大战。为了满足对军用产品的巨大需求,许多生产非军用产品的工厂不得不重新装配机器并重新培训工人,这其中就包括了对半熟练工人的培训。例如,美国海运委员会(American Marine Committee)负责对造船工人进行建造战船的培训。为了获得更好

---

[1] Pace, R. W., Smith, P. C., & Mills, G. E. (1991). Human resource development. Englewood Cliffs, NJ: Prentice Hall.

[2] Pace, R. W., Smith, P. C., & Mills, G. E. (1991). Human resource development. Englewood Cliffs, NJ: Prentice Hall.

的培训效果,主管查尔斯·艾伦创建了四步骤指导方法:"演示—讲解—操作—检验。"①这一方法后来被称为工作指导培训(Job Instruction Training,JIT),至今仍被应用于某些员工在职培训项目。

(四)培训职业的创建与培训专业人员的产生

20世纪30年代,随着第二次世界大战的爆发,人们又开始依赖工厂生产军需产品。同第一次世界大战时一样,需要在大型组织和工会中建立新型的培训计划。美国联邦政府为此建立了行业内部培训服务机构(Training Within Industry,TWI)来组织和协调这些培训计划,这些培训项目涉及与国防领域相关的各个工业领域。TWI同时还培养组织内部的专业培训人员如何在各自的工厂里进行培训。到第二次世界大战结束的时候,TWI已经培训了两万三千多名专业培训人员,并对一万六千余家的工厂、工会、培训服务机构的二百多万名主管经理进行了培训资格认证。②

许多组织利用受过TWI培训的专业培训人员建立了自己的培训开发部门。这些部门设计、开发、组织并协调组织内部的各项培训。1942年成立的美国培训与指导协会(American Society for Training Directors,ASTD)为这个正在兴起的行业确立了一些标准。③在当时的情况下,要成为ASTD的全职会员要求具有大学学位及两年以上的培训或相关领域的工作经验,或者具有五年及以上的培训经验,并且在培训职能部门工作或正在学院学习的人才有资格获得准会员身份。

(五)人力资源开发的出现及其发展

20世纪60年代至70年代,专业培训人员认识到他们的职责已经开始延伸到培训教室以外,同时在许多组织中员工民主参与的呼声越来越高,因此,培训开发(Training & Development,T&D)的内容也开始扩展到人际关系技巧,比如员工辅导、咨询、解决问题等能力。在这样的背景下,开始越来越强调员工发展的需求,这也促使ASTD更名为美国培训与发展协会(American Society for Training and Development,ASTD)。

20世纪80年代,组织变革促使培训和开发领域发生了更为巨大的变化。ASTD召开的几次国家级会议讨论的聚焦点,就是这一快速蓬勃发展的行业,并且,ASTD对人力资源开发这一术语的确定,进一步促进了该领域的发展和变化。伦纳德(Leonard)和泽西·纳德勒(Zeace Nadler)等人在20世纪80年代末到90年代初出版了一些有影响的专著,这也帮助明晰和确立了人力资源开发领域。④ 20

---

① Miller (1987), supra note 7.
② 同上.
③ Nadler, L., & Nadler, Z. (1989). Developing human resources. San Francisco: JosseyBass.
④ The handbook of human resource development (2nd ed.). New York: Wiley.

世纪 90 年代，ASTD 开始强调人力资源开发的战略角色，即人力资源开发如何与组织目标相联系，又如何支持组织目标。①在 ASTD 内部和一些其他地方还强调把绩效提升作为大多数培训项目及人力资源开发项目的直接目标，并强调把组织建成高绩效工作系统（High Performance Work System，HPWS）。②截至 2004 年，ASTD 在全球一百多个国家拥有约七万名会员，是人力资源开发领域最有权威的专业组织。③

从以上人力资源开发的发展历史可以看出，人力资源开发随着人本管理思想的出现，行为科学研究的深入和人力资本理论的不断发展，在现代组织中逐渐成为日益重要的专业领域。

3.2.2 人力资源开发面临的挑战

在讨论人力资源开发所面临的挑战之前，先了解一下由美国培训与发展协会（ASTD）资助的一项研究中所提出的八条影响人力资源开发的趋势。④

■ **骤变的时代，激励的措施**　不确定的经济条件迫使组织重新考虑如何才能不断获得更多的利润；

■ **模糊的界限**　新的组织结构改变了员工和人力资源开发专业人员的工作特质；

■ **"缩小"的世界**　各种沟通技术的出现和发展改变了人们联系和交流的方式；

■ **新的面孔，新的期待**　工作场所越来越多元化；

■ **快速变化的工作**　越来越快的变革需要适应能力更强的员工和反应更加灵敏的组织；

■ **安全危机**　对社会安全和政府保护能力的担忧增加了世界各地人们的焦虑心情；

■ **电子化的生活和工作**　科技，尤其是互联网技术，正在改变人们工作和生活的方式；

---

① Gilley, J. W., & Maycunich, A. (1998). Strategically integrated HRD: Partnering to maximize organizational performance. Reading, MA: Perseus Books; Grieves, J. (2003). Strategic human resource development. Thousand Oaks, CA: Sage; Yorks, L. (2005). Strategic human resource development. Mason, OH: South-Western.

② Parry, S. B. (2000). Training for results: Key tools and techniques to sharpen trainers' kills. Alexandria, VA: The American Society for Training and Development; Van Buren, M. E., & Werner, J. M. (1996). High performance work systems. Business & Economic Review, 43-1, 15-23; Willmore, J. (2004). The future of performance. T&D, 58 (8), 26-31.

③ The American Society for Training and Development (2004). About ASTD. Retrieved September 4, 2004, from http://www.astd.org/ASTD/About_ASTD.

④ Bernthal et al. (2004), supra note 24; Colteryahn, K., & Davis, P. (2004). Eight trends you need to know. T&D, 58(1), 28-36.

■ **日渐松弛的道德壁垒**　大型组织高层的道德衰退动摇了雇员对组织的忠诚度、信任感和安全感。

迈克尔·希特(Michael Hitt)和他的同事们把不断加速的全球化和技术创新(特别是互联网技术)作为形成新的竞争环节的两个主要因素。[①] 他们提出了为处理外部环境的不确定性和组织混乱应该采取的一些行为。这些行为包括开发员工技能、有效使用新技术、开发新的组织架构以及建立学习和创新型文化。显而易见的,这些都与人力资源开发有关,从某种意义上说,也是人力资源开发领域所面临的挑战。

（一）全球化挑战

世界经济全球化对于人力资源开发领域的核心价值、理论及方法都提出了挑战,因此应该重视全球化的经济观与系统观。

首先,全球化及其带来的变化都是由经济理论所推动的,而经济力量所带来的变化又把人力资源开发纳入到了全球化的趋势之中。

其次,全球化要求人力资源开发相关人员做出系统、全面的回应。许多人力资源开发的专业人员只是停留在"我们需要理解你们的文化"这一表面上,但全球化所要求的观念远不止如此。除此以外,人力资源开发人员还应该帮助员工学会在不同的文化中与其他国家的人员进行交流,以及在商业活动中具有文化敏锐性。近十年中,组织在文化方面所面临的最主要的挑战是如何把管理者培养成全球性的领导者。

（二）技术挑战

随着技术发展越来越快,人力资源开发在享受着技术带来的各种便利的同时,也面临着挑战。厄普约翰(Upjohn)就业研究学院报告显示,即使在世界上各方面都比较发达的美国,25%—40%的小时工都有着某种技术上的缺陷。[②]而这种技术差距对组织有着很大的影响,例如,如果员工不能阅读和理解信息化的操作手册,他们就不能很好地学习操作新的仪器;如果员工不了解基本的信息技术相关的知识,他们就很难学习操作由电脑控制的机器。

在美国,商业组织已经开始推动教育改革,比如洛杉矶公共学校正在为雇主们提供保证,即如果发现任何一个毕业生缺乏基础技能,比如计算机和写作能力,那么学校将使其重新参加培训而不需要雇主支付额外的费用。

其他发达国家为了填补技术差距也开始进行改革。例如,日本和德国已经建立和改善了新的教育系统,使其能够更好地教授学生学习雇主所需要的基础技能。

---

① Hitt, M. A., Keats, B. W., & DeMarie, S. M. (1998). Navigating in the new competitive landscape: building strategic flexible and competitive advantage in the 21st century. Academy of Management Executive, 12, 22-42.

② Sorohan, E. G. (1995). High performance skill survey. Training & Development, 49(5), 9-10.

除此以外,德国还非常重视职业教育和"从学校到工作"的过渡性的教育项目,这样,学生在校就能够接受学徒式的培训,并将这种培训作为他们的正规教育。

3.2.3 人力资源开发的职业化

人力资源开发作为一个独立的概念只有三十年左右的历史,因此,人力资源开发作为一种职业的时间并不长,其发展主要经历了四个阶段,以下将主要介绍人力资源开发职业化的发展历程。

- 第一阶段是任务集中化阶段,即某个职位的工作任务开始出现集中化的倾向;
- 第二阶段是差异化阶段,通常在这一阶段之后可以确定该职业的边界,这一阶段常常会伴随该职业的基础教育开始发展,从而为这一职业的独立储备所需要的人才;
- 第三阶段是职务标准化阶段,在这一阶段,该职务的工作开始标准化,人们开始比较清楚地认识到承担该职务工作需要的技能和能力以及该职务的工作会产生什么样的结果;
- 第四阶段是发展阶段,该职务作为新的职业正式出现,并迅速发展。

人力资源开发作为一个独立学科和独立部门的地位已经得到确立,其中重要的标志之一就是完成了对人力资源开发角色的分析。目前,就人力资源开发这份职业而言,已经经历了工作任务集中化阶段和差异化阶段,很多国家已经开设了各种课程来培养人力资源开发领域的人才,人们对人力资源开发职业的范围总体上已有所了解。在 20 世纪末期,有些国家和地区的人力资源开发职业已经进入标准化和迅速发展阶段。

人力资源开发职业要进入标准化阶段必须建立职业规范。20 世纪 80 年代初,很多组织、学术机构和人力资源开发实践部门开始这方面的研究。这些研究确认了在人力资源开发部门中存在着哪些角色,以及承担这些角色的工作需要什么样的技能和能力。1979 年,美国人事管理学会(American Society for Personnel Administration,ASPA)进行的一次调查结果显示,有 42% 的组织是由人事管理部门来负责人力资源开发工作,在 8% 的组织中人力资源开发还没有成为独立的职能,在 50% 的组织中人力资源开发部门已经成为了独立机构。1986 年,美国内务部的一项调查则显示,大约有 60% 的组织有了独立的人力资源开发部门。这两项调查表明,在美国,很多组织早在 20 世纪 70 年代末人力资源开发已经作为一个独立部门在组织中存在。1989 年,美国培训与发展协会(ASTD)提出的人力资源开发角色研究的 ASTD 模型是该领域最重要的研究成果之一,对后来这一领域的进一步研究和发展产生了重要的指导作用。该模型规范了组织中人力资源开发的行为,极大地推动了美国人力资源开发领域的发展,甚至可以说为美国经济在 20 世纪 90 年代的腾飞做出了一定贡献。之后,欧洲、亚洲很多国家的研究人员也成功地运用 ASTD 模型对本国的人力资源开发现状进行研究和探索,继而促进了人力资源开发职业的进一步发展。

人力资源开发并不是一个单一的角色,而是由多个角色共同形成的一个工作角色集合,其中既要有培训方面的角色,又有开发方面的角色;既有研究型角色,也有行政型角色和技术型角色。随着人力资源开发的不断发展,例如,数字化学习(e-Learning)的出现和发展,这些角色也在不断地拓展,并增加了许多新的角色。以下列出了目前人力资源开发职业中常见的角色。

- **研究人员**　发现、开发、试验一些新的理论、概念、技术或模型等,并对其进行解释,应用于提高组织和个人绩效的项目;
- **市场营销人员**　将人力资源开发的观点或服务作为一种产品,进行市场开拓或销售;
- **组织变革顾问**　组织变革顾问用于促进、支持和推动组织变革;
- **需求分析人员**　通过发现理想工作绩效与实际工作绩效之间的差距,找出两者不一致的原因,确定人力资源开发需求;
- **课程设计开发人员**　根据组织学习需求,设计、开发学习项目或学习课程;
- **指导教师/辅助者**　根据组织或个人需求,提供信息、推广经验、组织讨论等;
- **职业开发顾问**　帮助员工评估个人能力、确立个人目标,从而实现其职业生涯规划的设计与实施。

第4章

组织中的学习部门

4.1 学习部门的职能与设置

学习是组织积极面对外部环境变化和实现自身发展需要的重要途径,也是促使其自身由从传统型组织向开发型组织转变的重要环节。学习的过程会促进组织不断改善绩效,因此只有不断地学习,个人和组织才会有不断的成长和发展。目前,许多组织中正式的学习都是由一个专门的部门负责的,而这个部门多数以培训与发展部、学习中心,以及企业大学的形式出现,可以将这些部门称之为学习部门。

4.1.1 组织学习部门的职能

组织中学习部门最基本的职能是负责组织正式学习或培训工作相关的事务,但是随着知识社会对组织发展的影响越来越大,学习部门的任务、角色和地位都面临着新的机遇与挑战。

(一)学习部门的主要职能

组织中学习部门的主要职能就是促进组织实现人才发展的需求,包括提升组织成员知识和技能,改善组织成员工作态度,使组织成员的素质水平满足组织发展的需求。下面列举了组织学习部门的一些基本职能,通常情况下组织学习部门通常会承担以上这些基本职能,但不仅限于此。

- 协助制订组织发展计划,如人力资源规划等
- 根据组织需求,制定相应的培训方向和策略
- 制定培训规章制度,及培训流程等
- 进行培训需求分析,向管理层提出培训建议,并确定培训项目
- 设计、开发培训方案
- 选定培训对象
- 组织安排培训工作
- 进行培训预算及培训费用管理
- 跟进培训后相关工作的开展
- 评估培训效果
- 安排新员工上岗前的教育培训计划
- 管理各种培训设施
- 同其他教育机构、有关的政府部门、专业协会建立联系

现代组织中已经不再使用单一的财务指标来评价组织绩效,取而代之的是用被认为更科学的平衡计分卡(Balanced Score Card),这是一种以使组织的"策略"能够转变为"行动"而发展出来的全新的组织绩效管理方法。在定义组织中学习部门的职责时,管理层已经不仅仅满足于组织学习部门完成了哪些具体工作任务,而更

看重的是这个部门存在的意义和价值。也就是说,组织判断学习部门功能发挥的情况是根据学习部门是否可以为组织创造价值来进行评判的。这里的"创造价值"是指以可衡量的手段来评估组织学习及其培训开发为实现组织战略所作出的贡献。这就需要组织学习部门通过开展一系列的学习活动来实现组织战略所要求的行为,进而创造价值。

目前,已经有一些组织在培训开发部门开始应用平衡计分卡,并将其称之为培训开发计分卡(Training & Development Scorecard)。组织中的管理者可以使用培训开发计分卡来评测学习部门在促进组织成员行为方面所作的贡献,进而达到组织战略目标方面的效果和效率。下面是某公司的培训开发计分卡,以此为例来说明如何把组织学习部门的职责分解到客户、财务、内部流程和学习和成长这四个方面(见表4-1)。

表4-1 某公司的培训开发计分卡样例

客户	财务
■ 提供支持并引导有关组织文化的培训解决方案 ■ 为内部客户提供满意的以客户为中心的培训及咨询服务 ■ 培育高质量的销售队伍并提供销售人员发展指南 ■ 加强经理的管理能力并提供领导力和管理能力的发展指南 ■ 提供高质量的 E-learning 和混合式培训	■ 提高培训与发展运营效率 ■ 确保能有效控制全公司的培训成本 ■ 辅助各部门和大区制定人员培训与发展的预算
内部流程	学习和成长

■ 建立在线培训管理系统和信息管理
■ 建立在线学习顾问系统
■ 完善培训与发展的内部流程
  i. 培训与发展的内部流程
  ii. 培训规划与年度培训计划流程
  iii. 培训解决方案设计流程
■ 课程开发与培训项目管理流程
■ 建立培训与发展手册
■ 建立学员学习手册
	■ 建立培训开发人员的能力发展模型和路线图
	■ 建立并执行培训开发人员的培训与发展计划

在组织管理体系中,培训开发计分卡是一种简练的管理体系。组织通过评估培训开发活动、在这些活动中所发生的行为和这些行为所导致的与组织战略相关的产出或结果,从而评估组织学习部门对组织的价值和贡献。培训开发计分卡简明并全面地强调了培训开发活动、组织战略产出与绩效之间的因果关系。

(二)组织学习部门的挑战

随着学习部门在组织中的出现和不断发展,学习部门在组织中所承担的职能越来越清晰。与此同时,学习部门在组织中的地位和职能也在不断发生着变化,这种变化所带来的既是挑战又是机遇。

■ 组织学习开发任务越来越重

有关数据表明,从 20 世纪 90 年代末开始,知识型工人已占劳动力的三分之一,超过了产业工人的数量,并发展成为最大的工作群体。由此,在更多的人员转入知识型工人队伍时,需要受到更多、更复杂的组织学习开发。根据一些相关机构的预测,今后各个组织将会在更大程度上投资组织学习和职业训练,组织学习部门的任务会日益加重。另外社会发展呈现了知识社会的某些特征,组织及其成员需要经常的更新所具备的知识以适应社会和市场发展带来的变化。在这种时代背景下,组织学习开发的任务只会越来越重。

■ 组织学习开发角色不断拓展

随着组织经营战略的变化,组织学习部门的角色和职责范围也在不断拓展。比如,在环境变化缓慢的时期,组织能够预测员工掌握的知识和技能,组织学习开发部门的角色主要是组织学习和训练活动,向员工传授特定的知识和技能。然而,当面对环境中快速的变化和竞争挑战时,组织很难预测未来遇到的问题。这时,组织学习要密切关注环境和组织战略变化,预测由此而产生的组织学习需求变化,并将组织学习活动与业务需要结合起来。这时,组织学习开发部门更多地扮演着观察者、预测者和连接者的角色。

另外,随着工业经济向知识经济的转变,人们越来越相信获得竞争优势的关键在于开发和利用智力资本。然而,智力资本的开发与利用不仅在于传授知识和技能,其更深层次的价值在于培养组织内员工的系统性思维和创新能力。也就是说,要使员工了解组织的整个生产和服务过程以及各部门之间的关系,激励员工提供高质量的创新产品和服务。为了达到这一目标,组织中的组织学习部门必须建立一种能够促进知识创造和知识共享的机制,对智力资本进行管理。在这样的趋势下,许多组织中出现一批头衔为"知识主管"、"学习主管"、"智力资本主管"等组织学习管理人员,主要负责使组织智力资本升值的职能。他们收集、挑选有价值的知识并将其传递给员工。组织通过内部的知识交流,不断地将员工的智力资本转化为组织的共享资产,使组织成为一个能够适应环境变化、不断提高竞争力的学习型组织,组织学习部门的工作和职能也因此越来越受到重视。

■ 组织学习开发部门的战略地位不断提高

在未来的社会发展中,组织将面临越来越多的变化与挑战,同时组织的经营目标和经营策略必须不断地进行战略性调整。由于组织经营战略在很大程度上影响着组织学习需求、组织学习类型、组织学习数量以及组织学习所需的资源配置,因此组织学习职能也必然会受到组织经营环境和经营战略变化的强烈影响。为了适应组织的战略变化,帮助组织赢得竞争优势,并实现组织的经营目标,组织学习开发部门从职能构建、工作方式和工作内容上,必须形成以组织经营战略为中心的管理模式。比如,组织学习部门参与管理层战略的制定,将组织学习计划纳入到组织发展战略规划之中,根据战略变化来调整组织学习开发策略和活动等。通过这样的方式,组织学习开发部门在组织中的战略地位不断提升,从而成为组织的战略合作伙伴。

4.1.2 组织学习部门的设置

根据管理学的基本原理,组织功能决定组织结构,组织结构支持组织功能,而组织发展战略目标的实现取决于组织结构的有效设置。因此,组织学习部门职能的完成依赖于一个有效的组织学习部门的组织结构。由于所在行业、组织规模、发展阶段、经营理念、组织战略和内在管理机制的不同,组织中组织学习部门所采用的组织结构也存在着较大的差异。[①]

一般来说,影响学习部门在组织中设置的主要因素包括以下四个方面。

■ **组织类型** 不同的组织类型,由于其经营理念、组织战略和内在管理机制不同,因此与之相对应的组织学习部门在组织中的结构设置也会不同。组织类型影响着组织学习文化,决定着组织及其成员如何通过学习来改变现状的程度。

■ **组织规模** 组织规模的大小决定了组织中人力资源的数量,而组织学习部门的设置通常是与组织中员工数量相匹配的。在组织规模庞大的时候,学习部门的人员及其结构就会显得比较丰富;而在组织规模很小的时候,从事组织学习相关工作的人员可能不会成为单独的一个部门,甚至由其他部门的人兼职完成相应的工作。

■ **所在行业** 组织所在的不同行业,由于其行业特点的特殊性,决定了组织学习部门设置的不同。比如制造业与IT行业,对员工的素质和技能要求有较大的差异,这就对组织学习开发的需求不同。另外,行业的发展形态要求组织为适应外部环境变化而进行改变的频度和程度,这种行业差异也会影响着组织学习开发部门在组织中的结构设置。

■ **人力资源管理的地位和作用** 即使在相同的行业和类似的组织规模中,由于组织对于人力资源管理的重视度不同,在该组织中组织学习部门的设置也会有较大差异。在重视人力资源管理的组织中可能会在组织学习部门投入比较多,而在另一种情况下,组织可能只是象征性地做一些组织学习相关的工作。

在组织的不同发展阶段以及组织各自不同的实际情况下,组织中所设置的学习部门也分不同的层次,主要可以将其分为以下四种类型。

■ **非正式的组织学习部门** 从事组织学习相关工作的人员未形成组织学习工作团队,或者分散在其他部门中;

■ **学习部门在人力资源部门之内** 从事组织学习相关工作的人员或学习部门

---

① M. London, Managing the Training Enterprise. San Francisco: Jossey-Bass, 1994.

隶属于人力资源部门；

■ **学习部门与人力资源部门平行** 在人力资源部门之外，单独设置的组织学习部门，通常情况下与人力资源部门在组织中级别相当；

■ **培训学院或企业大学** 将组织学习部门提升到组织发展战略部门的高度，独立设置的组织学习机构。

在目前国内外组织发展的现状中不难发现，无论是在何种组织规模或所在行业，越来越多的组织都已经或开始意识到组织学习开发对于提升组织竞争里的重要作用，从而对组织学习部门的设置、建立和发展也越来越重视。在很多组织里，所讨论的焦点已经不再是"需不需要组织学习部门"的问题，而是如何提升组织学习部门在组织中的地位并发挥其作用。

组织学习部门的组建也存在着不同的模式，可以将其总结为五种常见的组建模式，包括客户模式、学院模式、矩阵模式、企业大学模式和虚拟模式。它们都有各自的优点和缺点，也就是说，并没有一种完美的组建模式，组织应该根据自身的特点和发展阶段，采用最适合组织自身情况的方式。

（一）客户模式

客户模式（Client Model）是指根据客户或者职能部门的设置组建组织学习部门，这种模式可以很好地满足客户或组织内部职能部门的学习需求。① 在客户模式中，组织学习部门内通常会设立子部门，例如，组织学习 I 部负责 A 客户的组织学习开发工作，组织学习 II 部负责 B 客户的组织学习开发工作，并以此类推；或者按照职能部门划分，下设技术、财务、生产、营销等部门，组织学习 I 部、II 部、III 部、IV 部等分别负责技术部门、财务部门、生产部门或营销部门等职能部门的组织学习开发工作（如图 4-1 所示）。

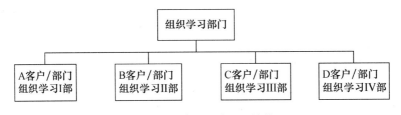

图 4-1 客户模式的组织结构

相对于其他几种组织学习部门的组建模式，客户模式下的组织学习开发人员更贴近客户，因此组织学习开发更能够使组织学习服务与业务部门的特定需求相一致。与此同时，在该模式下对组织学习开发人员也提出了要求，要求他们必须了解自己所负责的客户或职能部门的业务需求，并且根据客户或部门的变化来不断地更新组织学习课程和内容。有些情况下，如果组织内部的组织学习部门所提供

---

① 指组织学习部门所服务的对象。

的服务满足不了客户或部门的学习需求,那么组织还需要借助外部的力量或利用外部资源。

客户模式的优点:

■ 针对性强,能较好地把握客户或组织内业务部门的组织学习需求;

■ 每个组织学习子部门负责一个客户或部门,能够比较系统全面地规划其组织学习开发,灵活应对各种新情况,迅速做出调整;

■ 组织学习开发人员可能通过了解某一特定经营职能而获得专门的知识。

客户模式的缺点:

■ 组织学习开发人员在组织学习前需要用较多的时间来了解和研究客户或职能部门的学习需求;

■ 容易造成组织学习相关人员重复设置,比如两个组织学习子部门都设有财务组织学习人员;

■ 有时候客户会自己开发一些专业性质的组织学习课程,而这些专业内容是组织学习开发部门的人员所不熟悉、不胜任的,因此组织学习人员很难保证组织学习的有效性。

(二)学院模式

学院模式(Academic Model),就像是在一所大学内设置学院一样,按照专业、课程或领域的不同组建组织学习部门。例如,有的部门负责管理培训,有的部门负责销售培训,有的部门负责技术培训,有的负责领导力学习项目等(如图4-2所示)。组织学习部门的所有培训和学习活动都是由一名主管和对特定专业领域具有专业知识的专家来共同领导的,这些专家负责设计、开发、管理和修订学习项目。

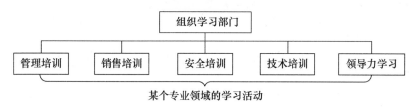

图4-2 学院模式的组织结构

专业模式的优点:

■ 组织学习活动或培训开发人员具有较高的专业性,通常是其所负责的学习领域内的专家;

■ 学习活动计划或培训计划以及相关后勤支持工作一般由专人统一负责,组织学习开发人员可以根据个人的专业水平及时间安排来决定学习项目的内容和进度。相对来说时间上的自由度较大,可以把更多的精力放在提高培训水平方面。

专业模式的缺点:

■ 组织学习开发人员更多关注的是他们的专业和领域,可能对组织的需求并

不熟悉;

■ 组织学习管理人员需要经常对组织内的学习者进行调研,了解其学习需求,以确保所其所参加学习活动的有效性。

(三) 矩阵模式

矩阵模式(Matrix Model)是客户模式与学院模式的综合,是按照客户(或职能部门)和专业领域两个维度来组建组织学习部门的一种模式(如图4-3所示)。在这种模式情况下,组织学习开发人员既要对组织学习部门的经理负责,又要对相关职能部门的经理负责。在这种双维度的组织结构中,要求组织学习开发人员具有组织学习专家和职能专家两方面的职责。也就是说,组织学习开发人员既要熟悉自己的专业领域,同时又要了解职能部门。一般情况下,专业维度是相对长期而稳定的,客户维度是相对短期和暂时的,通常会经常随着组织的变化而不断变化。

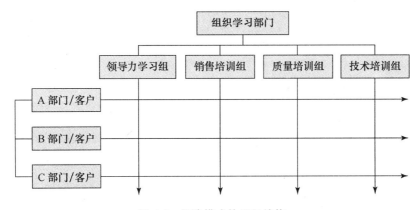

图4-3 矩阵模式的组织结构

矩阵模式的优点:

■ 有助于将组织学习与实际业务联系起来,既考虑到了客户或职能部门的需求,又考虑到了学习领域的专业性;

■ 能够充分利用学习资源,某个专业领域的组织学习开发人员可以向多个客户或职能部门提供服务;

■ 较好地解决了组织学习部门组织结构相对稳定与培训开发任务复杂多变之间的矛盾,降低了一些临时性和跨部门组织学习项目开发任务的难度。

矩阵模式的缺点:

■ 组织学习开发人员受多重领导,接受多方指令,他们需要向两个主管汇报——组织学习部门的主管和职能部门的主管。如果两个主管的指令有矛盾或差异,会让组织学习开发人员感到无所适从,容易产生矛盾或冲突;

■ 组织学习开发人员可能不太容易获得组织归属感,很难清楚的界定自己到底属于哪个部门——学习部门还是职能部门。

（四）企业大学模式

企业大学模式(Corporate University Model)，就是组织以组建学院或大学的形式进行组织学习开发的模式。与其他组建模式不同的是，在企业大学模式下，它的客户群不仅仅限于本组织内部的员工，还包括组织外部的利益相关者，如客户、社区大学、普通学校等。另外，根据企业大学模式组建的组织学习部门趋向于提供范围更广和内容更为丰富的组织学习项目和课程（如图4-4所示）。

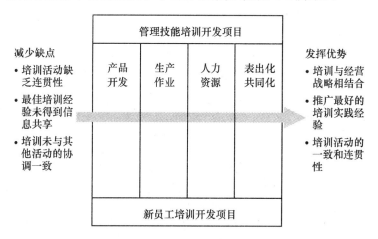

图4-4 企业大学模式的组织结构

企业大学模式是近些年刚刚兴起的组织学习部门的组建模式。一般认为，通用电气公司(General Electric Company, GE)在1956年建立的克劳顿(Crotonville)培训中心，也就是现在的韦尔奇(Jack Welch)领导力发展中心，标志着企业大学的诞生。在美国，1988年至1998年十年期间，企业大学的数量猛增至1600家。财富500强的大部分企业都建立了自己的企业大学，如通用电气克劳顿学院、摩托罗拉大学、西门子管理学院、惠普商学院、麦当劳大学等。而目前，中国各企业也开始纷纷创办自己的企业大学，如海尔大学、春兰学院、华为大学、康佳学院、平安大学、青岛啤酒管理学院等。据统计，到2010年，全球企业大学的数量已经达到3700家，而国内企业大学也已经超过百所。

企业大学绝不仅仅是一种流行的形式。通过企业大学本质上可以将组织学习提升到组织发展的战略层面。企业大学以企业文化和企业战略为核心，通过企业大学可以向内部员工或外部相关人员宣传组织的价值观、理念以及行为规范等，从而提高人力资源开发的有效性。除此以外，还可以通过企业大学将组织目标与社会责任相结合，最终成为实现组织战略规划的重要力量。

企业大学模式的优点：

■ 更加重视组织的战略目标，注重整体绩效和核心能力的提升，满足组织整体经营战略上的需求；

- 重视组织中重要的文化和价值观,协助组织统一组织文化和改革流程,推动组织创新和变革;
- 保证在组织中某一部门内部开展的有价值的学习活动可以在整个组织进行复制或传播,从而推广最好的组织学习实践经验,促进组织内部的知识管理;
- 通过组织外人员在企业大学参加学习,可以起到营销组织品牌的作用,并向组织外部输出组织文化和价值观。

企业大学模式的缺点:

- 建设及运营费用高昂,相对于传统的组织学习部门企业大学需要更多的资源支持;
- 企业大学很容易被误读为能够解决企业发展所有问题的机构(见表4-2)。

表4-2 传统的培训与开发部门、企业大学和传统大学之间的比较①

	传统的培训与开发部门	企业大学	传统大学
学习需求	工作需要	商业需要	一般教育需要
教育导向	反应式:现在的,以解决问题为导向	预发式:未来的,以改善和更新为导向	反应式/预发式:以过去、现在和未来为导向
学习方式	片段化的学习事件(课程/项目)	完整统一的持续行动学习/教学过程(加强绩效)	以教师为主导、以知识体系为框架的过程(证书/文凭/学位)
课程长度	短期课程(少于2年)	中等长度课程(2~5年)	长期课程(4~10年)
效果影响	影响有限,效果可知	一些因素产生重大的影响	重大的影响是不可知的
学习对象	个体、内部员工	整个团队、外部学习者	单个学生
学习内容	个人专业知识	组织核心技能	通识知识和专业知识
办学机构	人力资源开发部门	商业组织	学术机构

(五)虚拟模式

虚拟模式(Virtual Training Organization)是通过远程网络、信息共享等信息技术组建的虚拟组织学习部门进行组织学习项目开发的一种模式。现在有许多组织正在组建虚拟组织学习部门以使其自身能够对客户需要迅速做出反应,从而并提供高质量服务。

传统的组织学习部门趋向于由固定地履行某一特定职能的人员来运营,如指导设计的培训者和管理者来运营,而虚拟模式中的组织学习开发人员的数量则依据产品和服务需求的不同而变化。在虚拟模式下的组织学习部门,所需要的组织

---

① 埃尔克莱斯,菲利普斯. 首席学习官:在组织变革中通过学习与发展驱动价值[M]. 吴峰译. 北京:教育科学出版社,2010:29.

学习开发人员不仅需要具有专业能力(如指导学习设计的能力),而且能够作为内部咨询专家提供更完善的服务(如组织学习需求评估、组织学习项目设计、学习内容开发、学习效果评估等)。

虚拟组织学习部门的这种模式在组织中运作时,需要遵循以下三个原则:

- 组织成员对学习活动负主要责任,而不是由组织或者其主管负责。虚拟组织学习部门相信组织成员会对自己的成长负责,学习是个人发展的机会而不是一项任务;
- 最有效的学习是在工作中发生的,而不是在培训课堂上发生的;
- 为了实现学习效果的转化,直线经理(Line Manager)对学习者的支持非常重要,直线经理要促使学习者承担起在实际工作中应用组织学习成果的责任,并帮助他们排除在工作环境中应用学习成果的障碍。[①]

虚拟模式的组织学习部门,一方面可以借助组织学习部门的专业性提高组织学习的质量;另一方面,组织不必花费过多的精力和财力去建立内容繁多的组织学习体系,从而降低组织的学习开发成本。同时,虚拟模式的组织学习部门注重以客户为中心,提供满足客户需要的组织学习解决方案,并不断地加以改进。另外,虚拟组织学习部门通过运用现代信息技术手段缩小了地域的界线,创造了跨国界、跨文化的学习环境,营造了合作学习的氛围,从而能使不同国界、不同年龄的人共同协作学习。对于组织学习自身而言,组织学习随着知识经济的发展在不断更新变化,虚拟模式能使最新的组织学习知识、理念、技能得到即时共享。

虚拟模式的组织学习部门具有五个方面的特点:战略导向、产品设计、结构多样化、产品传送、责任承担。虚拟组织学习部门与若干年前的传统组织学习部门在这五个方面存在着一些不同的地方(见表 4-3)。

表 4-3 虚拟学习部门与传统学习部门的不同点[②]

特点	传统组织学习部门	虚拟组织学习部门
战略导向	○ 没有明确目标或目标模糊 ○ 将培训内容限制在事先准备好的课程 ○ 继续提供过时课程 ○ 试图强制进行培训 ○ 按课程组织培训 ○ 假定课堂参加者是其唯一顾客	○ 阐明并宣传明确的使命 ○ 明确顾客是分不同类型的 ○ 提供满足客户需要的解决方案 ○ 理解产品生命周期 ○ 按能力组织培训 ○ 争取内部顾客

[①] 直线经理是指财务、生产、销售等职能部门的经理,具有完成部门目标和对部门进行管理的职责。
[②] S. S. McIntosh. Envisioning Virtual Training Organization. Training & Development. 1995:47.

(续表)

特点	传统组织学习部门	虚拟组织学习部门
产品设计	○ 采用僵化的设计方案 ○ 将供应商仅仅看做是原材料库	○ 应用基准化和创造性的设计,以迅速开发产品为战略 ○ 战略性的将供应商作为培训对象
结构多样化	○ 雇用培训人员作为指导者和课程教师 ○ 由固定数量的人员来运作 ○ 仅仅依靠培训人员来决定部门提供的培训	○ 雇用产品经理和内部咨询顾问等专业人员 ○ 从多个领域平衡资源 ○ 让直线经理参与决定培训导向和内容
产品提供	○ 发放课程表 ○ 在固定地点按固定课表提供培训课程	○ 提供可选择的课程目录 ○ 在工作岗位上提供现场培训
责任承担	○ 由组织管理员工学习 ○ 课程结束即培训结束 ○ 认为教师是支持培训的关键人物 ○ 将对课程的评论作为主要反馈来源 ○ 对培训结果的描述非常模糊	○ 员工对其个人学习成长负责 ○ 在工作中提供后续培训以确保学习的进行 ○ 认为管理者是支持学习的关键人物 ○ 评价培训的战略效果和最重要的结果 ○ 确保培训能提高工作绩效

虚拟模式的优点:

■ 不受时间和空间的限制,能够运用现代信息技术手段创造跨国界、跨文化的学习环境;

■ 可能会降低组织学习开发成本,组织可以不必花费较多的人力和物力去建立整套的组织学习体系。

虚拟模式的缺点:

■ 缺少面对面的人性化交流;

■ 存在组织松散的可能性,可能会引起组织学习活动执行方面的障碍。

4.1.3　组织学习部门岗位与架构

根据各个组织自身的情况和特点,组织学习部门的岗位和架构也会有所不同。通常情况下,组织学习部门的岗位可以分为培训总监、培训经理/主管、课程设计开发人员、培训讲师、培训专员/助理等岗位类型。[1] 组织学习部门的架构大致可以分为按培训对象划分、按培训专业划分和按培训项目划分的岗位架构三种类型。下面将主要介绍这几种组织学习岗位和架构,在最后还会简单介绍近些年组织学

---

[1] 在多数的组织中,学习部门使用比较多的是带有"培训"字样的话语,因此为了便于读者理解采用"培训"的说法。但需要注意的是,这里的培训是广义的培训,包含导师制、行动学习等学习活动。

习领域提出的一个新的岗位概念——首席学习官(Chief Learning Officer,CLO)。

(一)组织学习部门中的常见岗位

在组织学习部门最常见的五种组建模式中,即客户模式、学院模式、矩阵模式、企业大学模式、虚拟模式,常见岗位通常都会包括：培训总监、培训经理/主管、课程设计开发人员、培训讲师、培训专员/助理等。每个岗位都有不同的岗位职责,下面会针对这几种岗位分别列出一些常见的具体岗位职责。需要说明的是,即使是相同的岗位名称,在不同的组织中或是不同的组织学习部门架构下,其具体的岗位职责也会有所不同。

■ **培训总监** 培训总监通常是负责组织学习部门或培训开发部门的整体工作,其岗位职责包括：依据组织的战略发展目标,编制并实施人力资源学习规划,协调组织各部门、各类人员的培训工作和学习项目,为组织的战略管理和人力资源管理提供保障。培训总监岗位的具体岗位职责包括以下内容：

○ 制订组织人力资源中、长期战略学习(培训)规划；

○ 组织建立并完善培训政策、培训管理制度、培训体系及相关流程；

○ 制订组织中支持各级员工发展的培训课程体系规划,并组织课程开发工作；

○ 负责年度培训和学习项目经费的预算编制工作；

○ 负责组建组织内部的培训讲师队伍；

○ 对外部培训机构进行挑选和管理,与外部专业培训机构等业务合作方建立良好的合作关系；

○ 在组织中建设学习文化,为员工营造良好的学习氛围和学习环境；

○ 指导并管理下属部门及员工的日常工作。

■ **培训经理/主管** 培训经理/主管通常对培训总监负责,其岗位职责包括：以组织人力资源发展规划为指引,参与建立并完善组织学习体系或培训体系,负责人力资源培训计划的组织实施工作,以达成组织人力资源学习目标。以下列举一些培训经理/主管岗位的具体岗位职责：

○ 负责编制组织年度培训计划,并根据组织的战略变化及时做出调整；

○ 协助制定与完善组织中的培训政策、培训管理制度,并监督实施；

○ 协助编制组织年度培训经费预算,并在培训项目开展过程中进行监控；

○ 组织开展培训需求调研,分析调研结果,并根据调研结果制订培训计划；

○ 负责培训项目的实施和跟进工作,在各项培训项目结束后进行培训效果评估；

○ 定期总结培训工作,撰写培训工作报告,并向培训总监汇报、审核；

○ 挖掘组织内部培训讲师人才,为内部培训师队伍的建设提供合适的候选人；

○ 评估外部培训机构及外部培训讲师；

○ 建立员工培训档案，协助员工职业生涯规划和发展；

○ 指导、管理学习部门所属成员的日常工作；

○ 协助进行电子化人力资源平台（e-HR）的搭建；

○ 在企业学习文化的建设工作方面，提出建议并实施。

■ **课程设计开发人员**　课程设计开发人员的主要职责是负责组织中培训课程的规划、设计、开发与管理等工作。课程设计开发人员的具体岗位职责有：

○ 在组织内部建立能够满足组织发展和员工发展需求的各级培训课程体系；

○ 分析、挖掘组织及员工的需求，推动组织中培训课程的不断完善和新课程的设计开发；

○ 协助并参与组织各类员工的培训需求调研，了解员工培训需求；

○ 根据不同岗位的培训需求，收集、评估相关课程和学习资料，进行培训课程的设计、开发工作；

○ 建立培训课程设计开发流程，并确保相关人员熟悉并在该流程下开展工作；

○ 根据培训需求提出课程设计创意，并与相关人员进行课程的设计与开发制作；

○ 模拟客户使用过程，对课程产品进行改进并提出修改意见；

○ 负责向外部专业培训机构采购组织所需要的培训课程，并对课程供应商进行评估及合同谈判等；

○ 建立组织培训课程的采购渠道和相关采购工作流程，并对部门相关人员进行培训。

■ **培训讲师**　培训讲师的岗位职责包括：负责培训课程讲授，向其他员工传授知识和技能，通过组织内部知识的共享和传播，提高组织中员工的整体素质水平。培训讲师的具体岗位职责主要包括如下内容：

○ 根据组织培训课程设计的要求，负责所属模块的培训授课工作；

○ 根据岗位具体特征，辅导学员制订培训后的工作改进计划；

○ 协助并参与培训效果调查，并提供培训质量分析报告；

○ 对培训教材、教案进行及时的整理和归档；

○ 开发并建立培训课程教案库；

○ 协助建立、完善员工岗位培训课程体系。

■ **培训专员/助理**　培训专业/助理通常是支持培训经理、课程设计开发人员和培训讲师的工作，主要负责员工培训的具体执行工作，保证组织人力资源培训计划的顺利实施。培训专员/助理岗位的具体岗位职责主要包括以下内容：

○ 协助培训经理开展培训需求调查，撰写培训需求调查报告，为制订员工培训计划提供依据；
- 协助培训讲师完成内部培训课程的开发和讲授工作；
- 根据培训计划和课程安排，组织员工按时参加培训，并做好培训的前期准备工作；
- 负责与组织外部培训机构及培训讲师的联系工作，并安排培训日程；
- 及时开展对培训效果的调查评估工作，撰写培训效果评估报告；
- 搜集和整理各种培训教材和资料，并及时归档；
- 管理并维护员工培训档案；
- 按时完成主管下达的各种临时性的培训任务。

以上几种组织学习部门岗位的岗位职责，通常是以岗位描述书（Job Description，JD）的形式展现的。在岗位描述书中，通常会包含岗位基本信息、岗位主要职责、任职资格以及该岗位在组织架构中的位置等几个主要部分。下面以培训总监的职位举例说明组织学习部门岗位的岗位描述书的主要内容，如表 4-4 所示。

表 4-4 组织学习部门岗位（培训总监）描述书样例

部门名称	培训部	岗位级别	XX	岗位编号	XX
职位名称	培训总监	下属人员配备	5	汇报对象	人力资源总裁
岗位定义：					
依据组织的战略发展目标，编制并实施人力资源培训规划，协调组织各部门、各类人员的培训工作，为组织的战略管理和人力资源管理提供保障					
职责描述：					
1. 战略目标及组织管理 　■ 依据公司战略和人力资源规划，建立健全适合公司发展的培训体系与组织架构； 　■ 整体规划培训体系，包括培训政策、运营体系、评估体系等； 　■ 在组织内部建设学习文化 2. 确保培训有效性 　■ 领导力与管理：制订领导力与管理培训规划，并建立相应的培训构架；负责进行领导培训项目的策划、设计、开发、讲师筛选和组织实施及评估反馈；落实人力资源发展规划，建立管理人员职业生涯发展规划与实施；建立储备干部培养体系，负责储备干部培训规划的建立、实施、监督。 　■ 通用技能：拟订通用技能和企业文化培训规划和开展计划。 　■ 专业技能：开发各部门所需要的专业技能培养方案，如销售、市场、财务等 3. 业务部门培训支持 　■ 分析各业务部门各阶段的培训计划、实施与预算使用，提出相应的改善意见和方案； 　■ 审核和完善各业务部门开发或引进的课程 4. 培训团队人员管理 　■ 制定培训部人员发展路线及培养方案、讲师体系，包括：认证、培养、管理、激励等； 　■ 确保培训部人员的绩效 　■ 对各业务模块专兼职讲师队伍的建立提供支持。					

(续表)

任职资格
1. 本科以上学历,教育、人力资源、心理学专业优先 2. 10年以上培训工作经历,其中至少有5年以上培训管理经验 3. 对培训体系有丰富的搭建经验,具备独立课程开发能力和独立策划培训项目能力 4. 要有较高的战略思维和全局掌控能力,较强的资源整合力和对事件的推动力
组织结构图

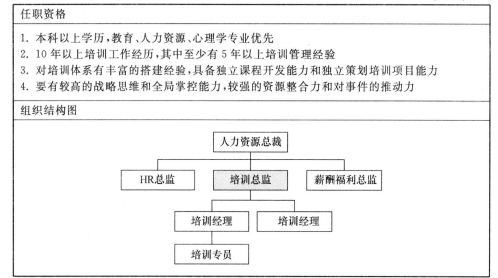

(二)组织学习部门常见岗位架构

虽然组织学习部门中常见的岗位类型比较相似或是相近,但是根据组织学习部门的不同组建模式,组织学习部门的架构以及各岗位相互之间的汇报关系也会有所不同。通常情况下,主要有以下三种岗位架构设置模式:按培训对象划分的岗位架构、按培训专业划分的岗位架构和按培训项目划分的岗位架构。

■ **按培训对象划分的岗位架构**

在这种岗位设置结构中,通常是由培训总监管理整个培训开发部门,而培训经理管理一个培训子部门,负责各个职能或客户的培训,并向培训总监汇报。这个子部门里通常会配备相应的培训开发专业人员,如课程设计开发人员和培训讲师、培训专员、培训助理等(如图4-5所示)。在这种岗位设置结构中,各个子部门之间的培训开发人员是相对独立的。

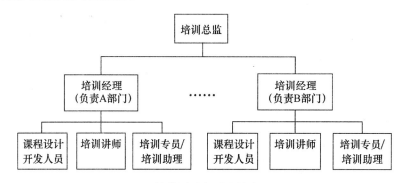

图4-5 按培训对象划分的岗位架构

■ **按培训专业划分的岗位架构**

在这种岗位设置结构中,通常会根据培训开发的功能进行分组,培训总监管理整个培训开发部门,在培训总监的岗位下,会划分为课程开发组、培训讲师组、培训支持组等。课程设计开发根据特定的专业领域再细分成课程设计开发1组(比如销售培训组)、课程设计开发2组(比如领导力培训组)等等(如图4-6所示)。

在这种岗位设置结构中,各个小组间工作的开展是需要协同合作的,而且需要共同遵守一定的工作流程。课程设计开发组负责设计开发培训课程,然后由培训讲师组负责讲授这些课程,而培训实施运营工作则通过培训支持组来完成。

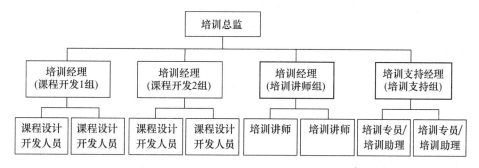

图4-6 按培训专业划分的岗位架构

■ **按培训项目划分的岗位架构**

在以培训项目为主的组织中,组织学习部门通常会根据培训项目的运营来进行岗位架构的设置(如图4-7所示)。培训总监负责整个组织学习部门或培训部门的运作,培训项目经理(在有的组织中也会以培训经理的岗位名称来设置)管理各个培训项目(学习项目),培训专业人员(例如课程设计开发人员、培训讲师、培训专员/助理等)是根据培训项目的需求交叉工作在多个培训项目中的。

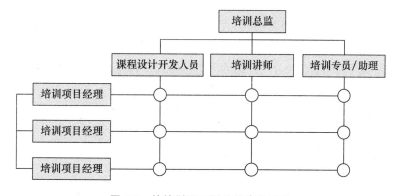

图4-7 按培训项目划分的岗位架构

(三)首席学习官

首席学习官(Chief Learning Officer,CLO)这个概念是近年来提出的一个新的岗位概念,虽然它是在培训总监的岗位基础上演变而来的,但是这个岗位却并不是基于组织部门功能,而是基于组织发展战略而产生的。首席学习官更强调学习的战略作用,是知识经济时代支持组织战略发展的一个重要岗位。它集经理人、分析者、设计者、开发者、实施者、评估者、变革者于一体,统领组织的学习绩效,是为组织带来改变和创造价值的催化剂。

从目前的实际情况来看,很多培训开发部门的负责人是培训总监或培训经理(在一些较小的组织中),也就是说,首席学习官并不是设置培训开发部门就会有的,而是随着培训部门的战略地位不断提升才会出现的。传统的培训总监是基于培训业务为组织提供支持服务的,而随着组织不断发展,培训部门不再局限于一个支持服务性的部门。当培训部门或是组织学习部门上升到参与、协助或实现组织战略的层面,"首席学习官"的名称也就应运而生了(见表4-5)。

首席学习官致力于运用策略从各个层面将组织和个人学习整合在一起。同时,首席学习官还是策略的领导者,帮助高层管理者在实现商业战略的道路上提供学习方面的支持。从某种意义上来说,首席学习官在组织中承担的角色是商业伙伴、系统思考者、教育专家、联盟建立者、企业文化推动者等。在这样一种新的形势下,首席学习官所需要具备的技能也发生了改变。在组织所在的环境和所面对的挑战中,首席学习官肩负着七个方面的责任(Rothwell et al.,2004)。[①]

■ **商业知识** 保持工作方向与组织的战略一致,了解行业趋势和组织业绩的最新情况,并确保学习迁移促进个人和组织的绩效提升。

■ **沟通能力** 在整个组织中进行有效的沟通,并变成代表组织、个体和团体的支持者。

■ **开阔的视野** 能够将领域内外的经验和知识融入学习方法中,展示开放的思想;将组织成员作为最有价值的资产,并使其形成与组织情感上的共鸣和组织文化上的认同。

■ **评估技能** 测量取得的成绩,评估组织和个人的需求,帮助个体和组织找出学习需求,预测、分析和识别组织绩效方面的问题。

■ **开展学习** 对课堂学习、网络学习、混合式学习等学习活动进行评估,主持设计并开展有效的组织学习活动。

■ **变革能力** 在组织学习设计和开发领域注重变革,同时更加注重将新的学习干预应用到组织业务发展中,为变革塑造有利的价值观和开放性。

■ **驱动力** 具有对组织学习计划、项目、倡议的热情,建立超越组织学习障碍的桥梁。

---

① 埃尔克莱斯,菲利普斯. 首席学习官:在组织变革中通过学习与发展驱动价值[M]. 吴峰译. 北京:教育科学出版社,2010:2-3.

表 4-5　首席学习官面临的商业挑战[①]

金融挑战	全球化挑战
○ 了解公司产品 ○ 了解公司的商业问题 ○ 促进商业模式变革	○ 了解企业文化
招聘挑战	客户挑战
○ 提升组织成员学习，为组织吸引新型人才 ○ 设计招聘会日程，并对此团体开展相关的组织学习活动	○ 与客户进行定期咨询 ○ 使客户保持在计划性学习的最前沿
技术与网络挑战	企业知识挑战
○ 预测技术发展趋势 ○ 顺应趋势变革组织 ○ 让组织与趋势同步	○ 管理企业环境的变革 ○ 创建一种不断学习的环境 ○ 提供指导

从发展的现状开看，首席学习官的职责是与其价值紧密联系在一起的。根据邦焦尔诺(Bongiorno)等人的访谈调查，关于首席学习官职责或是创造价值方面，至少有十种共识[②]。

■ 无论对于在哪种层级上的员工，当他们把个人的利益与绩效目标联系起来的时候，需要在各方面，尤其是资金方面，给予其实现绩效目标的支持。

■ 成为组织高层管理者（特别是首席执行官及其管理团队）的合作伙伴。即使是在他们不想把首席学习官作为合作伙伴的时候，也要通过努力的工作并且预见性地发展与其具有建设性的合作关系。

■ 确保组织处在一个相互协作的状态。首席学习官有时会被赋予确保组织成员具有基本的相互协作，这种协作方面的学习活动也会成为组织学习预算的重要组成部分。

■ 将组织学习事业发展壮大，使组织学习项目服务的目标人群由传统的组织成员扩展到顾客（客户）、厂商、公众等人群。

■ 加强对学习者的服务。组织学习活动未能达到预期的效果，原因往往是学习者的能力、技能、观念、态度等关键因素。

■ 建立起组织学习与业务经营更加亲密的联系。组织学习的功能也正在由传统的运营支持功能扩展到为组织带来增值的主流活动。

■ 通过对组织的评估和绩效提升延伸出利于组织发展的建议，并将其应用于促进组织发展。

■ 在人力资源管理方面，从吸引和选拔逐渐转变为发展和维持，对组织中的人

---

① 埃尔克莱斯,菲利普斯. 首席学习官：在组织变革中通过学习与发展驱动价值[M]. 吴峰译. 北京：教育科学出版社,2010:2-3.

② 同上书,8-9.

才进行管理。
- 在确保团队一体化的前提下,支持合并与收购所带来的人员学习需求,并为新员工提供适合的入职培训等工作。
- 通过一系列有效的、基于绩效的在职或脱产的组织学习活动来培养组织内部的领导者。

4.2 培训开发人员

组织学习部门是由不同类型的岗位角色构成的,其中培训开发人员是组织学习工作中最为核心和重要的岗位角色。针对培训开发人员会涉及相应的认证和素质模型。培训开发人员也会面对种种未来发展的挑战和机遇,为应对这些挑战、提高工作绩效,都需要学习部门加强对培训开发人员的培养。

4.2.1 培训开发人员认证与素质模型

在美国进行的一项针对一千五百多名培训专业人员的调查结果显示,大约60%的人明确希望得到某种形式的认证。就像被社会认可的律师、医生有相应的"执照"一样,培训专业人员也希望有被行业普遍认可的专业资格认证。然而,由于培训开发专业领域的发展时间并不长,而且培训开发长期被认为是整个人力资源系统的一部分,因此,目前社会上还没有被普遍认可的专门针对培训开发人员的专业资格认证,而多数是统一采用人力资源专业人员的资格证书。

从另外一方面来看,由于培训开发人员在组织学习部门中承担的具体角色不同,所从事的具体工作也会有所不同,比如培训项目设计、培训行政支持、培训需求分析等等,因此每种工作都有其特定的角色或职责。例如,需求分析专家扮演的角色之一是通过访谈、观察或调研来汇总收集到的数据,了解某一特定工作是否真的有培训需求,因此,需求分析专家必须懂得统计学及相关的研究方法才能知道收集什么样的数据,并了解怎样汇总、分析这些数据来判断培训的必要性。这就要求组织学习部门从业人员具有一定的专业素质能力来完成其岗位角色的工作任务,因而越来越多的人开始关注培训开发人员的素质模型。

在这一节中将主要介绍培训开发人员的相关认证以及其素质模型。

(一) 培训开发人员的资格认证

关于培训开发人员的资格认证,目前可以分为社会统一资格认证和组织内部资格认证两种类型。在社会统一资格认证中,国际上比较著名的有美国认证协会注册人力资源师认证和国际人力资源管理职业资格认证,国内认可度比较高的是人力资源国家职业资格。除了社会统一资格认证外,一些组织内部也推出了组织内部资格认证,组织内部的资格认证更有针对性地认可了学习部门中从业人员的培训专业资格。

■ 美国认证协会注册人力资源师认证

注册人力资源师(Professional in Human Resources,PHR)认证是美国认证协会(American Certification Institute,ACI)面向全球推出的一项专业认证,是目前国际上人力资源领域中最热门的认证之一。美国认证协会作为美国乃至全球著名的职业认证机构之一,其所有的职业认证在全球范围内都得到承认,目前该协会推出人力资源师(Professional in Human Resources,PHR)和高级人力资源师(Senior Professional in Human Resources,SPHR)两个级别的人力资源专业认证。要获得 ACI 的资格认证,除了需要有 2 年的人力资源管理实践经验外,还需要通过由该协会认证的考试,在认证考试中有 11%—12% 的内容涵盖了培训开发的专业知识。

■ 国际人力资源管理职业资格认证

国际人力资源管理职业资格认证体系是由美国国际人力资源管理研究院(International Human Resource Institute,IHRI)开发和推行的系列职业资格证书体系。IHRI 是一个非盈利专业研究机构,主要从事人力资源管理开发、研究、国际人力资源管理比较,以及职业资格培训认证。IHRI 的宗旨是促进国际人力资源管理理念相互融合,推动人力资源管理理论与实践创新发展。IHRI 的《国际人力资源管理职业资格证书》认证体系吸收了国际人力资源管理的最新研究和实践的成果。

■ 人力资源国家职业资格

人力资源国家职业资格是由中国劳动和社会保障部在 2003 年推出的人力资源资格认证,目前是国内认可度最高的人力资源资格证书。该职业资格共设四个等级:人力资源管理员(国家职业资格四级),助理人力资源管理师(国家职业资格三级),人力资源管理师(国家职业资格二级),高级人力资源管理师(国家职业资格一级)。

■ 组织内部资格认证体系

除了上述社会性的资格认证之外,许多组织在其内部也建立了培训开发人员的资格认证体系。例如,一些组织根据培训开发人员的知识和技能水平的高低,将其划分为初级、中级、高级等级别;或是针对每一级别建立任职资格体系,其内容包括所需要的知识、技能和行为标准。组织通过内部认证的方式来确定各个培训开发人员实际所达到的级别。在组织内部资格认证体系中,认证结果往往与培训开发人员的待遇、职业生涯发展等相关联。培训开发人员在组织内部工作过程中,知识和能力得到不断提升,可以申请向上一个等级晋升,从而获得职业生涯的发展。这种组织内部的认证体系,对于培训开发人员的激励和素质提升都有着非常重要的作用。

(二)培训开发人员的素质模型

培训开发人员在组织学习部门中特定的角色或职责,决定了每个组织中不同的培训开发人员的素质模型。在这方面,有两个培训开发人员素质模型最具有代表性,一个是美国培训与开发协会的素质模型,另一个是英国培训专家罗杰·贝尔特的素质模型。下面就简要介绍这两个素质模型的具体内容。

■ **美国培训与开发协会的素质模型。**

美国培训与发展协会(American Society for Training and Development,ASTD)曾经对培训开发专业人员进行了专项研究,总结出培训开发专业人员的五大关键角色,以及成功扮演每一种角色所必备的能力素质要求(见表4-6和表4-7)。

表4-6　ASTD培训开发专业人员的角色和素质要求

角色	素质要求
分析/评估角色 研究者 需求分析者 评估者	○ 对行业了解 ○ 计算机应用能力 ○ 数据分析能力 ○ 研究能力
开发角色 项目设计者 培训教材开发者 评价者	○ 了解成人学习的特点 ○ 具有信息反馈、协作的能力 ○ 应用电子系统和设定目标的能力
战略角色 管理者 市场营销人员 变革顾问 职业咨询师	○ 精通职业生涯设计与发展理论 ○ 精通培训与开发理论 ○ 管理能力 ○ 具有一定的经营理念 ○ 计算机应用能力
指导老师/辅助者角色	○ 了解成人教育原则 ○ 具有一定的讲授、指导、反馈的能力 ○ 应用电子设备和组织团队的能力
行政管理者角色	○ 计算机应用能力 ○ 选择和确定所需设备的能力 ○ 进行成本——收益分析的能力 ○ 项目管理能力 ○ 档案管理的能力

■ **罗杰·贝尔特的五种角色模型**

英国培训专家罗杰·贝尔特经过研究认为,培训开发人员主要承担五种重要角色,即:培训者、设计者、创新者、顾问和管理者。具体而言,各角色的含义如下。

○ "培训者"角色　这是培训开发专业人员最直接、最现实的职能。该角色包括进行直接的课堂教学,监督培训执行的情况,监控其他直接影响学习过程的所有活动,为受训者提供帮助等。因此,在这种角色的要求下,培训开发人员必须是学习专家,要对学习规律进行客观研究,运用各种激励手段和监督措施,选择和使用合适的学习方法,并保证学习者完成学习计划。

○ "设计者"角色　这种角色的活动主要集中于规划培训和学习项目,用以维持和实施培训和学习计划。"设计者"要能够及时把握组织和学习者的学习需求,并根据这种需求确定学习目标,设计相应的学习课程或活动。具体包括:培训需求分析、目标设定、课程设计、培训方法的选择、培训课程和活动的检验,帮助"培训者"实施培训。

○ "顾问"角色　这种角色的活动主要包括分析组织存在的问题,提出培训需求,寻找并评价解决问题的途径;发现管理者存在的问题,提出可行并合适的培训方法建议;与"培训者"和"设计者"一起设计培训项目;向培训管理者提出培训目标和培训策略方面的建议,确保培训结果得以评估和应用。因此,"顾问"必须是培训方面的权威,他们要能够发现并解决组织发展中涉及的培训问题,从某种意义上来说,"顾问"是管理者的参谋。

○ "创新者"角色　这种角色的活动主要在于帮助高层管理者应对环境变化,提出相应的策略;帮助发展员工的新思想、新方式。这就要求"创新者"始终保持对市场和外在环境的高灵敏度,能够预见组织未来的发展趋势,并保持常新的思维状态。

○ "管理者"角色　这种角色的活动主要集中于对培训和开发活动进行计划、组织、控制和改进,保证培训目标的实现,同时还要尽可能的管理控制费用,从而实现费用的最优化。"管理者"必须与其他部门和高层管理者建立广泛而密切的联系,以保证培训活动得以设计、提高、实施和被评估;必须在组织学习部门建立有效的领导方向和流畅的信息交流渠道,获取和发展培训资源;建立和完善培训专业人员队伍;监督和控制整个培训活动的质量标准及其开展。

罗杰·贝尔特把上述五个角色分成了三类。第一类是培训者和设计者,这两个角色处于"维持"既定绩效的层面,也就是可以维持组织的现状或当前绩效。第二类是创新者和顾问,这两个角色则处于"变化"层面,侧重于解决问题,也就是这两个角色可以提升组织的现状或绩效。第三类是管理者,处于核心位置,这个角色属于两个层面的交界处,并在一定程度上协调、整合前四种角色——培训者、设计者、创新者和顾问——的相关行动和作用。整体来看,可以把"管理者"角色看做组织学习管理者,而其他四种角色则属于组织学习实施者(如图4-8所示)。

除了上述五种角色以外,罗杰·贝尔特认为培训开发专业人员还担负着以下的重要职能,这些角色职能可以作为培训开发人员自我评价的依据。

○ 培训政策的制定者
○ 培训需求的分析者
○ 培训创造性思想的缔造者
○ 培训目标的制定者
○ 研究者和培训课程的设计者

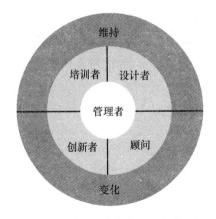

图 4-8 培训开发人员的五种角色模型

- 培训内容的设计者和开发者
- 培训管理者和组织者
- 培训市场推广者
- 培训负责人、组织发展的代理人、教练、导师
- 培训顾问、建设者
- 学以致用的代理人
- 培训资源的管理者
- 建立联系的负责人
- 培训质量评估人
- 培训结果评估人

表 4-7 素质模型参考样例[①]

能力	能力定义
行动方向	制定目标并达成目标,克服困难,承担责任,建立标准和责任制,创建一个以结果为导向的环境,并付诸实践
沟通能力	能够很好地进行语言和文字交流,能与人有效地传达、分享信息和思想。善于倾听并且能够理解不同观点,能够清楚、简明地表达自己的想法,并能够从已有的信息中理解出其他相关细节
创造力/创新能力	有新颖的想法,能够改进现有系统,开发新系统,挑战权威,敢于冒险并且喜欢创新
判断力	具有判断是非和提出解决方案的能力,工作值得信赖,总能做对的事情
对学习者的态度	倾听学习者建议,为学习者树立信心,增加学习者满意度,能够兑现承诺,设立适当的学习者期望值,并且积极满足学习者需求

---

① 埃尔克莱斯,菲利普斯. 首席学习官:在组织变革中通过学习与发展驱动价值[M]. 吴峰译. 北京:教育科学出版社,2010:214-215.

(续表)

能力	能力定义
交际能力	能够高效且富有成果地与人交流,并且彼此间建立信任、依赖和信心
领导力	能够激发、授权、鼓舞他人并善于与人合作,能够营造一种主人翁式的文化氛围以持续改进组织学习绩效。在适当的时候建立舆论效力,能够集中力量攻关
团队合作能力	知道如何吸引、发展、鼓励和利用团队的力量去使结果最优化。在创建高效团队的过程中能够以实际行动建立信任,调动大家的积极性,鼓励他人,并且能够解决矛盾,促进团结
专家	在组织学习领域有较强的知识和技能,在组织学习开展的过程中,能够展现出自己对组织学习深度的理解和较强的技能

4.2.2 培训开发人员的挑战

在前面人力资源开发的章节中,曾经提到人力资源开发面临的挑战主要是全球化挑战和技术挑战。这些挑战因素也必然对组织学习部门中从业人员的职能定位、专业知识、技能和能力提出了更高的或更新的要求,因此培训开发专业人员将会面临来自不同方面的挑战。培训开发人员积极面对这些挑战,并带动组织学习的发展,需要学习部门注重对培训开发人员长时间的培养。

(一)培训开发人员面临的挑战

变化和发展是组织的一种属性,也就是说没有不产生变化或发展的组织,因此培训开发人员不仅仅需要去面对这种变化,更要积极地拥抱这种变化。培训开发人员所面对的挑战来自于社会变化和组织自身的发展,主要包括以下八个方面。

■ **培训工作外包对培训开发专业人员的挑战**

培训工作外包,是指将本来由组织内部培训开发职能部门行使的部分或者全部工作,以委托或代理的形式交给组织外部的培训专业机构来完成的一种模式。培训工作外包是现在组织人力资源开发管理的一个重要发展趋势,它可以帮助组织内部人员得以精简,同时也对组织内部培训开发专业人员提出了挑战和要求,包括:

○ 掌握外包的技术和方法,比如,外包价格谈判、签订外包合同、对外包效果进行评估,在外包过程中监控质量等。

○ 熟悉外部专业培训机构的情况,包括:各专业培训机构的培训内容、课程体系、课程特点、培训质量、品牌声誉等。

○ 能够有效筛选外部专业培训服务,在对内部培训需求进行系统分析的基础上,结合外部专业机构的特点,确保组织能够以最低成本获取最能够满足组织需要的培训服务。

■ **全球化对培训开发专业人员的挑战**

经济全球化和组织国际化要求组织具有参与国际竞争的能力,员工具备符合国际水准要求的行为和能力,这就对培训开发专业人员提出了挑战,包括:

○ 掌握国际先进的培训理念、技术和方法,建立与国际接轨的培训开发体系,使组织能够培养出具有国际竞争力的业务人员和管理人员,从而提升组织在国际市场上的竞争优势。

○ 掌握跨文化培训的理论、技术和方法,培养出熟悉国际惯例和文化的高级跨国管理者,为组织全球化工作的开展提供人力资源方面的储备和支持。

■ **信息技术对培训开发专业人员的挑战**

信息技术对现代培训开发工作产生了十分重要的影响,比如计算机辅助学习(Computer Based Training,CBT)、虚拟学习(Virtual Learning)、数字化学习(eLearning)等技术开始逐步运用到组织培训中,对于提高培训质量和效果以及降低培训成本具有十分重要的作用。因此,这就要求组织培训开发专业人员能够熟悉和掌握各种信息技术在培训开发中的应用,并能够利用信息技术来展开现代化的培训,提高培训的效果。

■ **建立学习型组织对培训开发专业人员的挑战**

学习型组织是当代管理学界的一个热门话题,建立学习型组织,就是组织从个人学习向组织学习进行转变,从而使组织的整体能力和业绩得以不断提升。建立学习型组织要求培训开发专业人员掌握学习型组织建设的原理、技术和方法,从传统的培训者转变为组织变革的倡导者和促进者。

随着社会发展越来越快,培训开发人员所面临的挑战也在不断的发生变化,如何吸收各种先进的管理理念、学习新的管理技能,从而促进自身综合素质的全面提高是培训开发专业人员将长期关注的课题。

(二)培训开发人员的培养

组织中培训开发专业人员素质的高低,不仅关系到其自身的发展,而且关系到整个组织人力资源开发工作的质量。一个组织的培训政策、培训体系、培训课程等都是由培训开发专业人员制定和实施的。因此,对培训开发专业人员的培养是非常重要的。综合目前培训开发部门所承担的主要职责,可以主要从以下几个方面对培训开发专业人员进行培养。

■ **学习领域的基本理论**　比如成人学习特点,教育心理学、社会心理学、管理心理学、绩效理论等。

■ **学习领域的专业技术和方法**　比如培训需求分析方法、课程设计开发方法、培训效果评估方法,授课技巧、引导技术、辅导技巧等。

■ **人力资源管理系统知识和技能**　培训与开发是整个人力资源管理系统的一部分,它与人力资源系统的其他职能之间存在着许多相关的领域。因此,培训开发专业人员不仅要掌握培训与开发的知识与技能,还必须从整体上掌握人力资源管理系统的知识和技能,这样才能使培训开发工作与整个人力资源管理系统的要求相匹配。

■ **与组织业务相关的知识和信息** 现代培训开发工作越来越强调对组织的战略意义和价值,因此,培训开发的效果不仅在于培训本身的质量,还要求培训成果与组织战略挂钩,有效地支持组织的业务发展。这就要求培训开发人员除了要掌握培训和人力资源管理本身的知识和技能之外,还必须从更广阔的角度了解组织的产品、服务、技术和各层各类员工的工作特点和工作需求,这样才能从根本上保证培训成果的有效性。

社会的不断发展对于人才专业化的要求越来越高,组织内对培训开发人员的培养常常会更注重培训理论和培训方法,忽略了对更广阔的整体人力资源和组织情况的学习和了解。但是,如果要把培训开发工作提高到组织的战略层面,就需要对后两个方面引起重视,只有与整体人力资源的工作整合,并且满足组织的发展需求,培训开发工作才能真正发挥其战略作用。

第5章
组织学习的管理

5.1 预算管理

通常情况下,组织中的学习部门不会带来直接的经济效益,在很多人看来是一个消费部门;同时,学习项目开展的效果非常依赖于项目所取得的财务支持。目前,大多数组织的财务部门在进行预算管理,学习部门或学习项目负责人要了解组织预算的一些基本情况,才能更好地得到财务方面的支持。

组织的整体发展和经营目标是通过组织战略的形式表现出来的,而这种战略依赖于包含资金来源、资金投向和资金分配等问题的财务战略。财务管理要评价投资项目的可行性和经济效益,提供决策方面的依据。同时,也要将组织战略细化为在一定时间内可实行的运营计划,并在日常的运营过程中从资金流的角度对经营计划进行落实,从而形成财务计划。预算是在此基础上,对已经选定的投资方案和日常财务计划统一以货币的形式进行综合和概括,借以总括地反映组织在一定时期内所应实现的目标和完成的任务。也就是说,预算是将资本计划和运营计划做进一步的分解,使之具体化为组织内部各部门和各分支机构的目标,并以此目标作为各部门和各分支机构日常工作的参照标准和业绩评价的依据,通常表现为货币化的计划。[1] 预算不同于计划,计划通常是一种协调和使用各类资源的安排,而预算是计划的数量化的表述形式。

组织学习项目的启动和顺利完成都离不开对预算的管理。经费的申请、使用和效果评价都会影响到组织学习规划的实施和效果,也会影响到下一年度相关工作的开展。

5.1.1 基本财务术语

在组织学习规划和项目经费预算或申请的时候,为了能够更好地与高层管理者和财务部门进行沟通,组织学习部门或学习项目负责人需要了解一些基本的财务术语。[2]

■ **财务管理** 是指对组织内的资金需要及资金筹措提供可能性的调整活动,也叫公司理财,内容包括:筹资活动、投资活动、营运活动、分配活动。

■ **资产** 指预计有助于生产未来现金流入或减少未来现金流出的经济资源,必须具备能产生经济利益的能力且为企业所控制。

■ **负债** 组织营运中有资金需求时,除了可由股东提供外,也可向银行或其他机构借贷资金,有一定的利息支付与本金偿还期限,为记录这些交易产生的资金变

---

[1] 吴井红. 财务预算与分析(第二版)[M]. 上海:上海财经大学出版社,2010:207.
[2] 本节中对术语和报表的释义来源于 http://zh.wikipedia.org/zh-cn/,并有部分改动。

化,使用的会计科目为"负债"。

■ **所有者权益** 又称业主权益,是指组织的所有权人对组织剩余资产的请求权,如果用数字显示,则是组织资产数额扣除所有负债后的剩余部分。

■ **利润** 分为毛利、净利及税前盈利。毛利是销售收入减去售货的成本,毛利再加上额外的收入并减去费用(例如:期间费用,薪金等)便是税前盈利,扣去税项后为净利。

■ **收入** 是指在销售商品、提供劳务及转让资产使用权等日常活动中所形成的经济利益的总流入,通常包括商品或劳务的销售收入、利息收入、使用费收入、股利收入等。

■ **营业额** 指商业公司因提供产品或服务而获得的收入。营业额减去支出就是利润。

■ **费用** 是企业生产经营过程中发生的各项耗费,包括营业费用与营业外支出。

■ **营业费用** 是指企业在销售产品和提供劳务等日常经营过程中发生的各项费用以及专设销售机构的各项经费。

■ **财务报表** 简称财报,反映企业过去一个财政时间段的财政表现及期末状况,包含资产负债表、利润表、所有者权益变动表、现金流量表、财务报表附注。

■ **资产负债表** 反映企业资产、负债及权益资本状况的会计报表,主要反映企业的短期偿债能力和长期偿债能力等。

■ **利润表** 又称损益表,反映本期收入、费用,以及应该记入当期利润(包括利得与损失)金额与结构情况的会计报表,主要反映企业的营利能力。

■ **所有者权益变动表** 反映本期企业所有者权益总量的增减变动情况及结构变动情况的会计报表,主要反映企业权益资本的增减变化及利润分配的能力。

■ **现金流量表** 反映企业现金流量的来龙去脉的会计报表,通常分经营活动现金流、投资活动现金流及筹资活动现金流三个部分,主要反映企业创造现金的能力。

5.1.2 预算和预算管理

预算管理为组织中的各项业务及执行各项业务的责任部门或个人确定了明确的目标,并通过与业务完成实际情况的差异分析来评定业绩,以及实施激励机制。随着社会的发展,预算管理也在不断的发展,其在组织中所发挥的作用也在不断的变化,从目前的情况来看,预算管理在组织中大致发挥以下三种功能:发展规划、沟通协调、考评激励。发展规划是为组织长期发展所制订的一种综合性的计划,包含目标、制度、流程、任务及其分配、实施步骤、人力资源等要素。预算管理中的总目标体现了组织在发展规划中的经营总计划和组织发展的特定目标;而分预算体现了各部门在未来一定时间内需要完成的任务,并作为其部门的责任计划。

(一) 预算的种类

在一个组织中,预算种类的划分有不同的维度,通常包括:内容维度、主体维度、时间维度。

■ **按照预算所覆盖的内容范围,预算可分为以下类型**

○ 经营预算　指与组织日常经营活动直接相关的各类预算,包括销售预算、生产预算、采购预算、直接工资、其他直接支出、生产成本预算、管理费用预算等;

○ 资本预算　是为规划投资所需资金并控制其支出而编制的预算,包括与投资相关的现金支付进度与数量计划;

○ 财务预算　又称为总预算,包括现金预算、利润表预算、资产负债表预算。

■ **按照预算的编制主体,预算可分为**

○ 部门预算　以组织中各分支机构、部门、单位等为主体,或者按照不同的业务类型进行编制的预算;

○ 总体预算　是将各部门预算进行汇总所形成的整体预算。

■ **按照所涵盖的时间范围进行划分,预算可分为**

○ 短期预算　主要是指预算期间在一年之内的预算,有时被称为年度预算;

○ 长期预算　指预算期间超过一年的预算,包括实现组织发展所需要的研发预算、筹资预算和投资预算。

(二) 预算的方法

基于不同的角度来看待编制预算的过程,会有不同的预算方法分类。

■ 按业务量基础的数量特征不同,预算方法可分为固定预算方法和弹性预算方法两大类。

○ 固定预算方法　又称静态预算,是以预算期内正常的、可实现的某一业务量(如生产量、销售量)水平作为唯一基础来编制预算的方法。在预算期内,业务量水平发生变动,或实际的业务量与编制预算所根据的业务量发生较大的差异时,固定预算就会暴露出很大的弱点。

○ 弹性预算方法　按照预算期可预见的各种业务量水平,编制出不同业务量水平下相应的预算。这种方法所依据的业务量包括产量、销售量、直接人工工时、机器工时、材料消耗和直接人工工资等。与固定预算相比,弹性预算具有预算范围宽和可比性强的优点。

■ 编制成本费用的预算可分为增量预算的方法和零基预算的方法。

○ 增量预算方法　又称为调整预算方法,是指以上一年度成本费用水平为基础,结合预算期内业务量水平及有关影响成本因素的未来变动情况,通过调整有关原有费用项目而编制预算的方法。

○ 零基预算方法　全称为"以零为基础编制计划和预算的方法",是指在编制成本费用预算时,不考虑以往会计期间所发生的费用项目或费用数额,而是将所有的预算支出均以零为出发点,一切从实际需要与可能出发,逐项审议预算期内各项费用的内容及开支标准是否合理,在综合平衡的基础上编制费用预算的一种方法。

■ 按照预算时间特征不同,编制预算的方法可分为定期预算的方法和滚动预算的方法。

○ **定期预算的方法** 简称定期预算,又称为阶段性预算,是指在编制预算时以不变的会计期间(如日历年度)作为预算期的一种编制预算的方法。

○ **滚动预算的方法** 又称连续预算或永续预算,是指在编制预算时,将预算期与会计年度脱离开,随着预算的执行不断延伸补充预算,逐期向后滚动,使预算期始终保持为一个固定的时间区间的方法。

(三)组织学习预算[①]

组织学习既包括以团队为主体的学习,又离不开以个人作为主体的学习;既可能涵盖业务相关或业务无关的知识、技能和方法,又可能涉及个人或群体的思维方式、行为模式、价值取向。因此,组织学习具有多样性的形态,同时所取得的学习效果又具有很强的不确定性。一方面,这种不确定性在时间上体现出一种滞后性,即组织学习活动发生后,团队和个体的改变可能会在很长的一个时间范围内才显露出来,并达到预期的效果。这个时间范围少则几个星期,多则数年之后。另一方面,不确定性还体现在学习的效果上:也就是很难准确地对学习效果进行评估,或与学习者及团队所发生的改变建立起因果关系。因此,组织学习能否为组织带来经济或其他方面的效益表现出一种不确定性,存在着一定程度的风险。但是,组织学习可以作用于组织成员及其团队,也可能使他们发生改变,进而为组织创造更多的价值,所以组织学习具有间接地为组织带来经济或其他方面的效益的可能性。

当组织学习上升到组织发展战略的高度,组织学习费用既包括可直接计入组织学习活动的费用,也包括以一个合理的基础分配方式计入这些活动的所用费用,具体包括:

■ 从事组织学习相关工作人员的薪金、工资和其他聘用人员相关的费用;
■ 用于组织学习的消耗材料和劳务费用;
■ 用于组织学习相关的固定资产折旧费用;
■ 与组织学习有关的间接费用;
■ 其他各类相关费用。

组织学习费用支出的未来效益同样具有不确定性,主要体现在两个方面:一是组织学习是否能达到学习目标,支出的费用能否取得预定成果是事先无法确定的;二是即使能够达到预想的学习效果,但是在未来能够创造多少经济效益或社会效益,也是很难确定的。从战略层面看,组织学习费用支出具有资本性支出性质,是一种预支的费用,可能覆盖的时间也比较长,学习所发挥作用的时间也比较长;

[①] 当组织学习开展的规模和作用比较小的时候,通常会将组织学习相关的预算列入费用预算中的管理费用或者福利费用。

这种费用在本期支出,但学习效果在以后各期发挥作用,与以后各期的收益有关。组织学习规划一般是由产品营销部门、研发部门、生产部门、销售部门、人力资源部门和学习部门在高层管理者的组织下制定出来的,费用是依据组织学习规划来确定的。组织学习费用总金额确定后,每个学习项目如何进行,其费用预算及各个时期所应取得的阶段性成果都应由项目的主要负责人在组织学习规划框架下予以确定。这时,组织学习预算作为一种分摊预算需要在各个组织学习项目之间分配总的预算额。组织学习预算与实际支出之间的差异,只是反映出规划政策的遵守程度,并不能说明组织学习费用的支出是否有效。

(四)组织学习的预算编制

如果按照分摊预算来编制组织学习预算,那么首先要确定组织学习费用预算总额。组织的高层管理者应充分听取人力资源开发部门和学习部门的建议,然后确定组织学习预算总额。如果管理者不能根据组织学习的实际情况做出合适的预算,就会影响到预算的实现,不利于组织整体的发展。

不同的组织都会根据自身的具体情况,采用不同方法来确定组织学习费用的预算总额。预算总额的编制可以根据销售额或预计利润的百分比来确定,也可采用零基预算,根据实际组织学习的情况对预算加以修正的方式来确定,当然还可以参考其他类似组织或竞争对手的组织学习预算水平来进行确定(见表5-1)。

表5-1 组织学习预算总额的编制方法

编制方法	描述	缺点
销售百分比法	以销售额乘以一定的百分比计算出组织学习费用预算总额①	脱离组织学习规划,单纯的递增或递减比率
预计利润比率	以组织预计利润作为计提基准,并按照一定的比率来编制预算总额	方法难度大,准确性不如销售百分比法,利润较小时无法满足组织学习需要
零基预算修正	采用零基预算,并根据实际组织学习需求对预算金额加以修正	对预算人员要求较高,受主观判断和未来不可预见因素的影响较大
人均分配法	根据不同类型的人员特征,每类人员按照人均一定的学习费用进行编制	每人学习费用数额的依据可能受多种因素影响,不一定能反映出组织学习的实际需求
同业参考	参考其他类似组织或竞争对手的组织学习费用水平	其他组织的情况不一定适用本组织的学习需要

总额预算的费用要分摊在不同的组织学习项目上,最常见的分摊形式有总额

---

① 其中销售额一般是企业的销售总额,而不是销售净额(在销售总额的基础上扣除一定的折扣和这让),通常采用将来预定年度的销售额作为计算基础,选择变动比率而不是固定比率(每一预算年度确定一次)。

分摊法和个别分摊法。总额分摊法是组织管理阶层依据组织发展的战略决策决定预算总额,再将其细分到各个组织学习项目的一种预算编制方法。个别分摊法是由各项目中心分别协商确定各组织学习项目的预算,然后合计算出预算总额,最后再由高级管理者调整后进行分摊。总额分摊法是一种自上而下的方法,而个别分摊法是自下而上的。

（五）预算的考评

在组织的预算管理过程中,预算控制决定着预算管理作用的发挥,因此需要针对预算的完成情况,通过预算分析对责任中心的业绩进行评价。责任中心是指承担一定经济责任或支持职责,并享有一定权利的组织内部的责任单位。对预算的业绩考评是以不同的责任中心为主线开展的,可将责任中心划分为成本中心、利润中心、收入中心、费用中心和投资中心。组织学习的规模和发展程度决定了组织学习预算列入费用中心（或是列入投资中心）。在对投资中心进行考核的情况下,投资回报率（Return On Investment, ROI）和剩余收益作为考核业绩的主要指标。单独对组织学习所产生的间接利润进行评估和测量,因其实施过程中的投入成本过高,可操作性比较差,同时也很难得到真正有效地评估结果（见表5-2）。①

表5-2 责任中心与考评指标

责任中心	描　　述	考评指标
成本中心	只对成本或费用负责的责任中心	○ 目标成本降低额 ○ 目标成本降低率
利润中心	既对成本负责又对收入和利润负责的责任中心	○ 组织可控边际贡献 ○ 部门边际贡献 ○ 税前部门利润
收入中心	负有销售收入和销售费用责任中心（或管理责任人）	○ 营业收入目标完成百分比 ○ 营业贷款回收平均天数 ○ 坏账发生率
费用中心②	仅对费用发生额负责并以控制经营费用为主的责任中心	○ 服务满意度 ○ 执行程度 ○ 非量化评价指标
投资中心	既对成本、收入和利润负责,又对投资效果负责的责任中心	○ 利润指标 ○ 投资回报率 ○ 剩余收益

5.1.3 预算的管理过程

成功的预算需要组织学习部门和项目团队特别关注两个方面：一个是自身的

---

① 尼尔·雷克汉姆用了7年的时间做 SPIN 培训所做的对照实验是比较成功的投资回报率（ROI）分析的实例。

② 费用中心可应用于管理部门、行政部门等顾问、人事之费用预算支出,其目的在于支出预算内提供最佳的服务,存在不容易衡量绩效的问题。

行为,另一个是对自身的认识。

组织学习的相关工作无论是组织中哪个部门在负责和实施,都可以发挥支持组织发展的作用,提升组织成员和团队的知识和技能,改变观念和行为方式,从而达到提升组织绩效和促进组织发展的目的。虽然组织学习部门和学习项目有别于为组织创造利润的部门和项目,但是组织学习部门或组织学习项目的负责人和团队成员需要在行为方式和项目管理等方面与这些部门保持相同或相近的风格。这样会对学习部门或学习项目团队带来积极的影响,可以使自身处于整个组织发展的前列,为组织发展承担更大的支持任务;另外,还可以为部门发展和组织学习项目开展争取到更多的支持和更大的空间。与组织发展相匹配的作风,是组织学习部门和学习项目团队发展的一个重要基础,同时也是有效实施学习规划和开展学习项目的基础。这些都是对组织学习部门和学习项目团队在自身行为方面的要求。

对组织学习部门或组织学习项目团队的自身认识,包括两个方面的问题:我所处于一个什么样的组织当中?在这个组织中,我是什么样的?组织性质的划分也有多个维度,如:政府的和非政府的、营利性的和非营利性的、国际化的企业集团或是本土的中小企业,等等。组织的性质决定了组织发展的方向和方式,对组织学习需求、规模、方式有很大的影响。组织也是有生命周期的,需要经历创业期、成长期、成熟期、衰退期这四个不同的发展阶段;组织发展的每一时期都有相应的特点,对组织学习的需要和投入也存在着很大的差别。从营利目标和组织发展的关系方面,组织还可分为传统型组织、学习型组织、开发型组织;[①]每种组织类型对员工成长和发展的要求都存在着很大的差异,同时组织学习对组织更新能力和竞争力的影响程度也不相同。组织所在行业和业务的特点、组织自身的价值观和文化也影响着组织学习预算的制定。组织学习部门或项目团队在组织中处于什么样的位置,它的定位、使命、人员构成、与主要业务的关系都会影响预算的制定和核准。组织学习项目的类型、对组织发展及其核心业务开展所起到积极作用的可能性也会影响对组织学习预算的划拨。

在这种行为和认识的基础上,通过规范的预算制定流程,来编写预示着对组织发展影响、具有较强逻辑性和精细的组织学习预算报告。

美国培训与发展协会(American Society for Training & Development,ASTD)将组织学习预算的准备和管理预算流程分为三个主要的步骤:前期调研(Prework Research)、组织学习计划制订(Training Plan Process)、管理预算(Budget Man-

---

① J. W. Gilley and A. Maycunich, Beyond the Learning Organization: Creating a Culture of Continuous Growth and Development Through State-of-the-Art Human Resource Pratices[M]. Cambridges, Mass: Perseus Publishing, 2000.

agement)。①

（一）前期调研

组织学习部门或者组织学习项目团队在做组织学习预算的时候，通常不必真正地去研究财务报表，而是通过收集下列数据进行参考。

■ **历史记录**（Historical Records） 通过分析前些年的预算，结合组织发展的相关文件，预测组织学习预算的发展趋势。某项费用每年增加和减少的比例，都可作为制定组织学习预算的参考。

■ **基础资金**（Baseline Funds） 在近些年组织学习的活动记录中找出基础性学习项目的经费投入，每年为基础性学习项目投入的经费总额可作为组织学习预算基本的资金参考。这些基础性学习项目在每一年都会开展，并有一定的资金投入，如：新员工培训。

■ **预算精度**（Budget Accuracy） 预算与实际发生总会出现不一致的情况，这种不一致反映出预算的精准程度。将以往组织学习实际发生的费用与其中单个学习项目实际发生的费用进行比较，可以为组织学习预算提供精准程度方面的参考数据。

■ **基准数据**（Benchmark Data） 对于一个刚刚成立的组织学习部门或者组织学习项目团队而言，在没有以往数据进行参考的情况下，只能参考组织外部的数据。组织学习服务机构有时会提供不同行业、不同组织规模等可以互相参考的基准数据。另外，其他组织的学习成本和费用也可用作参考。

■ **事后检查**（Postmortem） 对已开展的组织学习项目进行剖析，找出其中成功或是失败的原因；这些原因可能来自于流程方面、人员方面、项目管理方面、课程内容方面等。这些信息为准确制定下一年度组织学习项目预算会有很大的帮助。

前期调研的数据对预算的参考价值也受到社会发展、物价指数、组织变革、财务政策等方面的影响，所以在使用的时候要进行全面和综合的分析。

（二）组织学习计划制订

制定一个周全的组织学习预算依赖于下一个预算期间涉及的组织学习规划、组织学习项目和课程活动等方面的情况。组织学习预算通常根据年度组织学习计划或者跨年的组织学习项目来制定。组织学习的年度计划包括已经存在的组织学习项目和服务，同时也有计划开展的新学习项目。

组织学习预算的制定要以清晰的组织学习年度计划为基础，这样制定组织学习预算操作起来比较容易，而且体现出有可靠的依据（见表5-3）。高层管理者和财务部门会更多地考虑组织学习预算在年度预算比率、销售百分比、利润比率等问

---

① ASTD. The ASTD Learning System Module 6: Managing the Learning Function[M]. Mechanicsville, Maryland: ASTD Press, 2006:100-104.

题,而组织学习部门或学习项目团队则以组织学习规划和年度计划为出发点制定。组织学习计划要体现组织学习与组织发展及业务发展的关系,同时这也是保证预算不被削减的一种措施。

表 5-3 组织学习年度计划样表

编号	项目名称	目的①	对象	课程	方式	课时	期数	预算

(三) 管理预算

组织学习部门负责人或学习项目负责人可通过账目表格(见表 5-4)来追踪和管理预算,表格包含账目代码和描述等信息,以便跟踪每项费用的使用情况。预算提供了预期费用的种类和数量。在预算批准生效后,组织学习管理者需要掌握经费使用记录里的各种信息和预算经费转移使用的情况,并阶段性地对预算经费使用情况进行小结。

表 5-4 账目样表

账目代码	描述	上一年经费	建议经费	变动比率	变动数额
1000	薪金				
2000	奖金				
3000	交通				
4000	会议				

组织学习开展过程中所涉及的经费包括人员、设备、物品、场地、住宿、交通等诸多方面所发生的费用,所以在编制预算和使用经费的过程中,责任人要清楚地掌握可能发生费用的情况。在组织学习部门的预算中,可能会包含支付员工的费用,(如工资、加班费、奖金、补助等)以及与员工相关的其他费用。② 在某个组织学习项目的经费管理中,在编员工相关费用通常不会列入项目经费。对组织学习项目实施的过程中,项目负责人可以借助经费使用明细表(见表 5-5),对项目预算经费的使用要进行精细化的管理。

---

① 开展学习项目的目的,这里要体现与组织发展或者业务发展的关系。
② 对学习部门的成本核算时,可能会包含办公经费、房屋租金等部门经营费用。

表 5-5　组织学习项目经费使用明细样表

项目名称：　　　　　　　　项目负责人：　　　　联系方式：					
项目简介：						
费用类型	名称	数量	费用	备注	经手人
课程开发	人员酬金				
	会议费				
	教材编写				
	学习平台				
	网络课程				
项目研究	学习者调查				
	项目评估				
外聘人员	讲师酬金及交通费				
	来宾酬金及交通费				
学习资料	资料印刷				
	学习资料袋				
	纪念品				
	文具				
后勤服务	教室租金				
	设备费用				
	餐费				
	住宿费				
	交通费				
	照相录像				
其他活动	开幕式道具				
	考察活动				
	结业典礼				
合　　计					

5.2　关系管理

组织学习的关系管理主要涉及四种类型的人员：组织内的管理者，包括组织的高层管理者、职能部门的管理者、业务部门的管理者等；学习内容相关的人员，包括专家和讲师；作为学习活动主体的学习者，主要包括参加学习活动的组织内部成员，有些情况下可能会包含组织业务相关的外部人员、已有客户和潜在客户；以及运营和执行学习项目的工作团队。因为各个组织对工作团队的管理都有其特定的方法，所以这里只讨论管理者、专家、讲师和学习者。

与组织中的各类管理者建立起良好的关系，并使其参与到组织学习活动中，这样更加有利于组织学习的开展，促进学习者积极的参与。

组织学习所涉及的专家和讲师可能来自于组织内部,也可能是从组织之外邀请或聘请过来的。在组织内的学习部门里,专家和讲师可能来自于:培训总监、培训经理、课程设计开发人员、培训讲师等。专家和讲师的角色经常可以转换,既以专家身份,又以讲师身份参与组织学习活动的情况也比较常见。

学习者是组织学习所服务的对象,在某种程度上,也可以被看做是用户或者客户。学习者在组织学习中具有非常重要的地位,直接决定着组织学习的效果,以及对组织学习的满意程度。组织学习本身就是一个动态的过程,而对学习者的管理则需要贯穿这个过程。

5.2.1 管理者关系管理

管理者关系管理的最理想状态是与管理者建立起伙伴关系,从而争取到更为有利的组织学习开展环境。伙伴关系是管理者与组织学习相关人员利益和价值的双重体现,是一个实现双方共赢的过程。与管理者伙伴关系的建立是顺利开展组织学习项目的最佳途径,甚至有时会直接影响到组织学习的开展进程和学习质量。管理者可能为组织学习提供政策、资金、人力、舆论等诸多方面的支持,同时对促进组织学习迁移能发挥重要的作用。

(一)管理者参与组织学习

管理者对组织学习的参与能够增强学习者对组织学习项目的认可度和信任度,提升管理者对组织学习的认识,增强管理者对自身的反思和对其他组织成员的了解。在组织学习活动实践中,管理者已经以不同的形式参与其中,有的参与到组织学习规划、有的参与到学习课程的建设、有的作为讲师出现在学习活动中等(见表5-6)。下面将列举一些管理者在组织学习中的参与方式:

■ **学习项目领导者** 在一些学习活动中,整个学习项目的运行都是由学习部门之外的某个或某些管理者所领导的。这种项目成员组成依赖于组织学习部门人员的数量、预算和个人能力和对组织学习项目的价值判断。另外,管理者的角色也要根据学习项目自身的特点来决定。

■ **咨询委员会** 这种咨询委员会也有很多类似的名称,如:指导委员会、顾问团等。咨询委员会可能参与到整个组织学习的过程中,也可能是在某个具体的组织学习项目上;这种委员会有些是临时性的,而有些是常设的。委员会可能会包含:组织发展委员会、组织学习委员会、课程委员会、某业务发展指导委员会、能力发展委员会等。

■ **专家身份参与** 管理者可能会以组织学习规划或学习课程设计方面的专家身份参与组织学习活动。管理者也会作为领域专家(SME)在组织学习内容方面作出相应的贡献。

■ **学习项目组成员** 在以项目组成员身份参与组织学习的时候,管理者既可能全面参与学习项目的整个过程,也可能仅参与其中某一环节。管理者的这种参与方式,会使其下属积极参与组织学习活动,提供更有针对性的学习内容。

■ **参与分析与评价** 在分析阶段,管理者利用对业务实践和学习者的熟悉,能够帮助确定学习需求,或是制订年度组织学习计划。管理者参与评估,提供学习迁移方面的信息,并能对部分评估结果提出解释。

■ **其他参与角色** 在除了上述管理者的参与方式之外,还有一些管理者可能采用的组织学习工作角色,如。

- 协调组织学习项目
- 参与学习需求评估
- 在组织学习项目计划中提供经验
- 促进组织学习项目开展
- 促进学习项目效果的迁移
- 评估学习活动及其效果

表5-6 管理者参与的机会[①]

学习项目任务	参与机会	最适合的参与方式
进行分享	高	学习项目组成员
开发测量评估系统	中等	咨询委员会
建立项目目标	高	咨询委员会
项目开发	中等	学习项目组成员
实施项目	高	项目领导者
监测费用	低	专家意见
收集分析数据	中等	专家意见
解释数据并提出结论	高	专家意见
交流结果	中等	学习项目组成员

(二)与管理者的伙伴关系

与组织学习开展关系紧密的管理者建立良好的伙伴关系,需要根据不同的情况采用正式的或非正式的建立方式。建立这种伙伴关系也要遵循一定的原则,如:在整个合作过程中有耐心和毅力、能够抓住双赢的机会、快速有效地解决问题和冲突、正直和真诚地对待、有规律有目的地分享信息、保持认真的态度和专业的水准、为管理者提供更多的机会和价值、履行对管理者的各项承诺等。

下面是建立伙伴关系的一些关键步骤:[②]

■ 评定发展伙伴关系对象的情况,系统的分析管理者及组织环境,可采用一些

[①] 埃尔克莱斯,菲利普斯. 首席学习官:在组织变革中通过学习与发展驱动价值[M]. 吴峰译. 北京: 教育科学出版社,2010:248.

[②] 同上书,251-255.

量表工具(见表 5-7)预测发展潜力;

- 确定与之建立伙伴关系的关键人物,不可能与每一个管理者都成为合作伙伴,以预计顺利完成组织学习相关任务所需的人力资源为参考;
- 学习并理解组织业务,以管理者的眼光来看待组织,了解管理者的工作环境和面对的问题;
- 提供帮助用以解决问题,提高绩效、移除障碍并且帮助管理者达到部门的、区域的甚至整个组织的目标;
- 展示项目和措施的成就,使用丰富的数据,定期地进行成果交流,逐步改变管理者们对组织学习的看法和观念;
- 宣传合作伙伴取得的成绩,利用每一个机会对合作伙伴取得的成就给予适当的肯定,维护良好的关系;
- 要求合作伙伴评价需求,合作伙伴审查、确认资料或增加需求,是组织学习项目能够重点关注合理需求;
- 让合作伙伴加入咨询委员会,为组织学习活动的开展提供指导和咨询,通过这种方式提高管理者的支持程度;
- 转化责任给合作伙伴,让合作伙伴承担更多组织学习方面的责任,使其负有共同推动组织学习的义务;
- 邀请重点计划和项目的合作伙伴参与,使其成为关键的合作伙伴,并提供相应的资料以及各类所需的资源;
- 要求合作伙伴审查项目目标、内容和执行机制,审查主要组织学习流程或者新的组织学习计划交接,增加了管理者的参与程度并增进了解;
- 邀请合作伙伴组织或协调项目,促进组织学习项目成功开展,可以使管理者换位思考,并增加了管理者的参与程度;
- 审查进展情况,重新制定战略,根据与每一个合作伙伴建立伙伴关系取得的进展情况来调整或重新规划。

表 5-7 评价成功建立伙伴关系的可能性[①]

程度范围			
1＝完全没有　　　2＝更倾向没有　　　3＝不确定 4＝更倾向有　　　5＝完全有			
			请选择一个
1. 选择合作伙伴 (是不是一个对学习和培训有战略价值的伙伴?)			1 2 3 4 5

---

① 埃尔克莱斯,菲利普斯. 首席学习官:在组织变革中通过学习与发展驱动价值[M]. 吴峰译. 北京:教育科学出版社,2010:251-252.

(续表)

	请选择一个
2. 愿意成为合作伙伴 (这个管理者想要成为你的合作伙伴吗?)	1　2　3　4　5
3. 信任度 (有足够的信任度或者有达到相互信任的可能吗?)	1　2　3　4　5
4. 性格与人品 (这个合作伙伴举止文明吗?)	1　2　3　4　5
5. 战略目的 (双方长期合作愿景一致吗?)	1　2　3　4　5
6. 文化适应 (双方具有可并存的文化背景吗?)	1　2　3　4　5
7. 共同的目标和利益 (双方目标利益分配平等吗?)	1　2　3　4　5
8. 信息分享 (双方都能自由分享信息吗?)	1　2　3　4　5
9. 风险分担 (双方分担的风险程度一致吗?)	1　2　3　4　5
10. 报酬分享 (双方报酬和潜在收益分配公平吗?)	1　2　3　4　5
11. 资源 (双方具有足够资源支持伙伴关系吗?)	1　2　3　4　5
12. 双方同意长期合作 (合作伙伴同意长期合作吗?)	1　2　3　4　5
13. 承诺伙伴关系 (两个合作伙伴之间是否有相当广泛的承诺标准?)	1　2　3　4　5
14. 价值观 (双方有没有相似的价值观或其他可带来伙伴关系的东西?)	1　2　3　4　5
15. 规则、原则、措施 (所有这些保证了合作行为吗?)	1　2　3　4　5
总分数	

注：总分数 15—29 分,伙伴关系不存在并且未来发展的前景也不乐观,可能会是失败的关系;33—44 分,伙伴关系中存在问题,可以改进,但是比较困难;45—59 分,伙伴关系有效或者有很好的前景;60—75 分,一个非常有效的伙伴关系,相对来说比较理想。

5.2.2 专家关系管理

作为组织学习的重要支持力量,专家参与组织学习的规划、课程的设计和开发、学习的评估等工作,并且在课程实施过程中,有些专家会承担课程讲师的工作任务。根据可能为组织学习所提供的支持内容,专家大致可以分为三种类型。

■ **学习规划专家**　在组织学习的战略层面,对组织学习的体系进行规划,结合组织中各部门的发展要求和岗位的能力胜任模型,制订出适合组织发展的组织学习规划和实施方案。

■ **领域专家**　熟悉某专业领域知识体系和具有问题解决能力的专家,其专业领域涵盖人力资源、财务、营销、销售等诸多方面。他们既可能是来自于教育和科研等学术机构的专家,也可能是在某专业领域工作多年并富有行业经验的实践型专家。

■ **学习设计专家**　在教学设计、活动设计等方面具有丰富的理论知识和实践经验,熟悉学习设计的过程和方法,以及职场学习绩效(Workplace Learning and Performance,WLP),能够为组织学习活动的设计和实施提供专业的咨询和策划。

学习部门可以通过建立专家库对专家的各类信息进行管理。专家库需要不断地丰富其中的人力资源信息,以便更好地为开展组织学习提供人员决策支持。

（一）专家库的人员构成

专家库中的信息既包括曾经为组织学习服务过的人员信息,也包括将来可能为组织学习服务的人员信息。对专家人员进行选择时,需要通过各种各样的途径,尽可能地获得比较全面的信息。在人员选择时,需要考虑以下问题:[①]

■ **专业领域知识**　确定专家精通某一专业领域,具备足够的领域相关知识和技能,或者具有充足的行业实践经验。在选择专家的时候,不能被头衔或是职称所迷惑,而应该考察备选人员的真正能力。专家的选择影响到将来组织学习活动的开展,也会影响学习者的学习效果和满意程度。

■ **沟通能力**　如果不能进行有效的沟通,专家的作用是很难发挥出来的,因此沟通能力是一个很重要的考虑因素。专家不仅需要与项目组人员进行有效的沟通,有的时候还需要同学习者之间进行有效的沟通。这种沟通也体现出维护关系的能力,决定了专家与他人的沟通水平、对他人提供支持和得到他人支持的水平,表现在信心、热情、知识、能力、行为、信息等方面。

■ **成人学习特点**　了解成人学习特点和成人的特性,具备影响成人学习的环境、风格等方面的知识,并且能把这些知识应用到组织学习的设计和实践活动中。

■ **参与意愿**　虽然有些专家精通专业领域,并且在各个方面能力和水平都能

---

① ASTD. The ASTD Learning System Module 6: Managing the Learning Function[M]. Mechanicsville, Maryland: ASTD Press, 2006: 86-87.

很好满足组织学习相关的工作要求,但是如果没有参与该组织学习项目的意愿,也是很难发挥积极作用的。勉为其难地要求专家们完成相应的工作任务,或是专家投入不足的精力,都会影响学习项目整体开展的进度和团队作风,也会影响学习效果并可能削弱学习者的热情。

(二)专家数据管理

在建立专家讲师库的时候,要收集到每个入选者的相关信息和资料;对于曾经和正在参与组织学习课程建设和项目开展的人员,他们的信息要与课程资源数据表和学习项目表进行关联。

人员相关数据大致可以分为基本信息、专业信息、评估资料。

■ **基本信息** 是关于人员自身的基本数据资料,包括:姓名、性别、职称、单位、联系方式等。另外,照片和简介也是非常实用的资料。

■ **专业信息** 是关于人员专业领域属性的数据,涵盖所属专业或行业、精通的课程、曾经服务过的案例等。

■ **评估资料** 反映出专家在参与组织学习方面的口碑,一方面来自于同行业对其服务的评价,另一方面来自于组织学习项目开展及培训实施过程中的评估记录。

专家数据要与课程数据和学习项目数据之间建立起多对多的对应关系(如图5-1所示)。一个专家可能对应到一个或多个学习项目,而一个学习项目也可以对应一个或多个专家。同样,专家与课程资源之间、课程资源与学习项目之间,也是这样的多对多关系。在专家库中,要将这些信息进行关联,以便于将来的检索和参考。

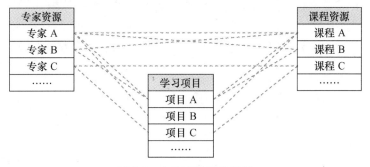

图 5-1 专家库数据关系图

专家讲师库可以通过计算机软件系统来实现,从而提高数据查询、增加、删除、修改、统计等操作的效率。有些专家库管理系统还可以进行工作流程管理,提供诸如相关工作文档打印和任务流转等功能;或者具有沟通管理的功能,如邮件或手机短信的发送功能。

5.2.3 讲师关系管理

根据讲授知识的类型,讲师可以分为通识课程讲师和专业课程讲师。通识课程是涉及组织学习和员工个人发展的一般性课程,如:组织文化、时间管理、职业生涯、情绪管理、团队建设等。专业课程是针对某些或某个具体的部门或者业务类型而开发的课程,如:营销管理、销售技巧、财务管理、产品开发等。与专家的知识类型相似,一部分讲师具有丰富的实践经验,而其他讲师则是在知识概念等理论方面比较见长。讲师可能来自于组织外部,也可能来自于组织内部。

(一)组织内部的讲师

组织内部讲师的培养和讲师体系的建立,不仅能为组织学习提供贴近组织实际的学习内容和讲师资源,同时也可以激励其他员工,并为组织创造出更多的实践性知识,促进组织的知识管理。在工作场所开展的正式或非正式的学习中,组织内部讲师在知识创造和转化过程中发挥着重要的作用,有利于整个组织的创新和变革。[①]

根据组织学习规划中的课程分布,选择内部人员作为讲师,可能的来源包括业务精英、咨询专家、部门负责人、高层管理者等。内部讲师与外部讲师相比既有优点又有不足之处(见表5-8)。

表5-8 内部讲师和外部讲师的优缺点对比[②]

类型	优点	不足
外部讲师	○ 选择范围大,培训者较专业,具有丰富的培训经验,可提升培训档次 ○ 不受企业管理理念的影响,可带来新的观点和理念 ○ 易营造学习气氛,促进培训效果	○ 培训成本较高 ○ 偏重于理论知识,而忽视了实际操作技能和企业文化的培养 ○ 易选错培训者,对企业不熟悉,培训的内容可能不适用,针对性不强
内部讲师	○ 培训成本较低 ○ 对企业实际情况熟悉,培训针对性强 ○ 培训责任心较强,培训易控制 ○ 可以和学习者进行有效的沟通	○ 选择范围小,权威性不高 ○ 可能不易引起学习者的兴趣 ○ 易受企业现状的影响,缺少新思想、新观念

(二)讲师的选聘

外部讲师选聘可以通过一定的工作流程来进行管理,如:申请、试讲、培训、资格认证、评价等环节。通常情况下,外部讲师不太了解组织内部的实际情况,因而为了弥补这个缺陷,同时促进外部讲师授课成果的有效转化,需要委派内部工作人员对其提供相应的支持,如:

■ 根据需要向外部讲师提供本组织的学习案例和实地素材,丰富和更新外部讲师的讲课内容,强化其授课内容的针对性、适用性;

[①] 竹内弘高,野中郁次郎. 知识创造的螺旋:知识管理理论与案例研究[M]. 李萌译. 北京:知识产权出版社,2005.
[②] 陈胜军. 培训与开发[M]. 北京:中国市场出版社,2010:99.

■ 定期就外部讲师的授课内容和授课方法提出建议,主动收集学习者的反应和评价,并及时反馈给外部讲师。

内部讲师能够以组织熟悉的语言和案例诠释培训内容,而且选用内部讲师,有利于培养和提升内部讲师的能力,为其职业生涯的不断发展提供动力。因此,可根据组织自身的特点选择和培养内部讲师,并在适当的条件下建立内部讲师体系。同时,需要制定切实可行的内部讲师选拔和培养制度,明确内部讲师的选拔对象、选拔流程、选拔标准、上岗认证、任职资格管理以及激励与约束机制等具体的可操作的管理办法。在完成内部讲师的选聘工作后,还需要根据实际情况对内部讲师进行专业知识、心理学知识、社会学知识、教学设计、学习理论、授课方式等方面的培训者培训(Training the Trainer,TTT)。对讲师的培训除了正式的课堂培训之外,行动学习(Action Learning)[1]或者教练(Coaching)[2]也是十分有效的方式。

(三) 开始前的准备工作

在组织学习课程设计和开发阶段,需要相关领域专家和教学设计专家的参与,同时拟选聘的讲师也可以在这个时候加入项目团队,以便更深入地了解课程,为课程设计提供执行层面的建议。选择培训课程讲师时,需要对讲师的专业水准和授课能力进行评估,确保其能达到课程对讲师的要求,并有意愿投入精力完成相应的授课任务。这种评估可依据讲师以往授课案例的表现、行业内的口碑以及项目管理团队成员与讲师直接沟通的情况而作出。

在学习活动开始前,需要确定讲师已经掌握课程的基本情况。特别需要注意的情况是,讲师曾经讲授过类似的课程,而这次课程与以往课程对象和目标等方面存在很大差异。讲师需要知道的信息主要包含以下三个方面。[3]

■ **学习产出**　对于讲师而言,了解学习的产出是最基本的一个要求。同时,也需要项目负责人能够提供清晰的测评工具,或者能够描述出学习的产出是什么。

■ **学习者**　要了解学习者的特征,包括在什么样的工作岗位、喜欢什么样的学习方式、已经具备的知识和技能、学习意愿和参与意愿,等等。[4]

■ **授课方式**　在授课过程中,可能需要讲师运用不同类型的教学方法,使用不同种类的媒体和资源。学习项目管理者需要确保讲师能够运用这些方法和使用这些资源。

---

[1]　Robert L. Dilworth, Yury Boshyk. Action Learning and its Application[M]. UK:Palgrave Macmillan, 2010.

[2]　ASTD. The ASTD Learning System Module 7:Coaching[M]. Mechanicsville, Maryland:ASTD Press, 2006.

[3]　ASTD. The ASTD Learning System Module 6:Managing the Learning Function[M]. Mechanicsville, Maryland:ASTD Press, 2006:87.

[4]　克莱特. 终极培训班手册[M]. 何雪译. 北京:企业管理出版社, 2008:265-275.

（四）讲师评价

讲师评价包括对讲师授课行为表现的评价和学习者学习效果的评价。对讲师的行为表现进行评价，包括：授课内容、授课方式、表达和感染力、投入的程度等方面。评价数据可以通过问卷或访谈的形式，从学习者那里获得；也可以委派专人在学习活动现场，通过观察教师的行为和学习者的表现获得。在条件允许的情况下，讲师的自我评价也是一种非常有价值的评价资料。学习者学习效果的评价也是讲师评价的重要组成部分。评价资料可随同课程讲义、记录照片等资料存档，作为下次选聘讲师的参考。这些资料更为重要的作用是：可以用于课程的改进和帮助讲师提升能力。对讲师进行评价时，也会面临一些困难和问题，需要提前注意，并与相关人员进行沟通（见表5-9）。

表5-9 讲师评价的利与弊[①]

困难
怀疑
关注
缺乏经验（在自评和评价别人方面）
需要培训
许多群体反对
缺点
时间和人力的投入
所有参与者的坦诚
纪律的需要
引发矛盾
优点和好处
能够建立清晰的目标
改进关系
提供了坦诚交流、理解、培训和发展的机会
表现出关心和责任
激发动机
公开
减少评价中的主观性
提供记录
提供被表扬的机会
讲师更加清楚外界期望、自身的义务及愿望

5.2.4 学习者关系管理

组织学习最重要的参与者就是学习者，因而学习者管理是组织学习管理中不能

---

① 马什.理解课程的关键概念(第3版)[M].徐佳,吴刚平译.北京：教育科学出版社,2009:162.

忽视的一项工作。这一节主要是从学习者信息管理、学习者意愿管理、学习者团队管理和学习者关系维护几个方面来讨论学习者管理的相关内容。对学习者的管理需要组织学习工作团队积极地投入，与学习者建立良好的关系。另外，根据"皮格马利翁效应(Pygmalion Effect)[①]"，需要对学习者充满信心和期望。罗森塔尔在试验中将班级中"好学生"的名单告知教师，一年后这些学生的成绩普遍都比其他同学要好，然而这个名单上的学生最初是采用随机抽样的方式得到的。皮格马利翁是古希腊神话中的人物，热恋自己雕刻的美女雕像并专注和执着地坚信能使其变为人，最终如愿以偿。教师的期待会直接地影响到学习者的投入程度和学习效果。

（一）学习者信息管理

学习者信息对学习项目的开展起到了至关重要的作用，也就是说，对学习者越了解，与学习者之间的信息越通畅，学习项目取得良好效果的可能性也就越大。对学习者信息的收集并不是越多越好，而是收集到的信息能够具有为当前或近期组织学习和学习项目提供参考的价值。

学习者相关的信息包含个人信息、偏好、绩效、作品集等信息，大致可以分为以下六种类型：

■ **个人信息**　是与学习者个人直接相关的基本信息，如：姓名、性别、生日、民族、部门、职务、简历、照片等；

■ **学业信息**　是学习者曾经参加过的组织学习活动，及其学习情况相关的简要信息，这些信息组成了学习者在组织学习中的"学分体系"；

■ **关系信息**　描述学习者与讲师、其他学习者之间关系的信息；

■ **偏好信息**　描述学习者学习特征和风格，以及学习者的兴趣所在和关注问题等方面的信息；

■ **绩效信息**　与学习者的主要经历、当前的工作以及未来个人成长路径相关的信息，这些信息反映着组织学习对学习者个人成长的支持。

■ **作品集**　是学习者代表性作品及相关证明的集合，这些作品即包含正式的（论文、方案等），也有非正式的（绘画、诗歌作品等）。

这种结构化的学习者信息是一种自上而下的组织方式，另外也可以采用自下而上的信息组织方式，借鉴网络社区中所使用的标签云来组织学习者相关信息，能够更加生动地描述学习者。来自于讲师、评价者、同学、学习者自己的印象关键词形成了用以描述学习者的标签云，这种描述信息可应用于学习活动设计的参考，或作为学习者特征描述。

学习者信息中包含许多不宜公开的信息，这些信息具有组织的商业机密性质，同时也涉及学习者的个人隐私。因而，这些信息的安全和保密问题需要有关人员特别关注，尤其要注意管理包含这些信息的电子文档。

---

① 佐藤学. 课程与教师[M]. 钟启泉译. 北京：教育科学出版社，2003：343-344.

> **参考资料：标签云的应用**[①]
>
> 标签云(Tag Cloud)也叫文字云，是关键词的视觉化描述，用于汇总用户生成的标签或一个网站的文字内容。标签一般是独立的词汇，常常按字母顺序排列，其重要程度又能通过改变字体大小或颜色来表现，所以标签云可以灵活地依照字序或热门程度来检索一个标签。大多数标签本身就是超级链接，直接指向与标签相连的一系列条目。
>
> 标签云在组织学习中的应用，可以分成三大类：
>
> ○ 第一类标签云：每一个学习者都有自己独立的标签云，标签字体越大，表明针对该学习者，其他人所使用过这个标签的次数就越多。
>
> ○ 第二类标签云：学习者团队或部门可以有一个超大型标签云，标签字体越大，说明学习者中使用过这个标签的条目数就越多。这类标签云可以显示出标签的热门程度。
>
> ○ 第三类标签云：标签作为一个数据项目的工具，用于表示在整个集合中里各个项目数据量的大小。
>
> 标签可以按字母次序、重要次序、随机次序等方式排列，已可以应用语义分组技术，让内容相连的标签聚拢在一起，并采用一些方法帮助标签分组。

在确定了参加学习项目人员的名单后，需要把学习项目的相关信息传递给学习者，并从学习者那里得到一些反馈。这种信息的传递过程可能是一种方式或是多种方式的组合。在确定信息传递方式时，需要考虑所采用的信息传递方式的效果和可行性。这些方式包括：印刷资料、电子邮件、视频短片、邀请函、手机短信等。学习项目相关的信息主要包括以下几个方面：

■ **项目介绍** 这个学习项目相关的背景、目的、主题、学习方法以及学习者可能的收获；

■ **要求和约定** 在参加学习时，需要学习者做些什么、怎样去做，并且在学习态度和参与程度等方面，与学习者做约定；

■ **日程安排** 学习内容和活动的时间地点、相关的讲师、引导师(facilitator)、主持人、负责人的安排等；

■ **后勤服务** 包括报到和结业安排、住宿和餐饮安排、各类物品的领取和发放、外出行程安排等；

■ **其他事项** 各类事务联系人、温馨提示、天气提醒等事项。

学习活动正式开始前，可以对学习者做一些简单的调查。通过对调查数据的

---

① 改编资料来源：2011-03-08. http://zh.wikipedia.org/wiki/%E6%A0%87%E7%AD%BE%E4%BA%91.

整理和分析,可能会发现一些重要的信息从而调整和完善学习项目。学习项目设计之初的调研是针对某一类型的目标学习者群体,而学习活动开始时的调查所针对的是实际参加的学习者群体。这种调查为学习项目的顺利开展提供了支持和保障。从另外一个角度来看,学习者在填写调查问卷或被访谈时会对参加该学习项目的目标、意愿和需求进行反思,有助于帮助学习者更好地理解这次学习活动。调查可以采用问卷或集体访谈的形式,主要内容包括:

- **基本情况**[①] 学习者个人的性别、年龄、部门、职务等信息;
- **兴趣和关注** 学习者感兴趣或者关注的领域;
- **学习经历** 曾经参加过的组织学习项目,或其他学习项目;
- **内容理解** 对本次学习内容的相关问题的认识和理解;
- **学习预期** 参加本次学习活动的预计收获;
- **学习建议** 对本次或将来学习项目的建议和意见。

参考资料:"一页纸"营销传单

布鲁斯·克莱特在做一个培训者培训时,将项目相关事宜和学习者可能的收益缩略在一页纸上,进行沟通和营销。他认为在和潜在学习者沟通的时候,告诉学习者的最重要三个特性是关于这个学习项目的好处、好处和好处。

培训者的职业培训班

你将如何受益

专业技术人员和行政人员正面临着日益增长的要求——要求在公司内部参与人力资源开发。本期培训班将提供给你帮助他人学到你所具有技术或管理专长的技巧,给予你作为培训班领导者的信心,提供给你一套全面而系统的工具,其中包括:

- 培训班领导者成功的模式,成年人学习原则,公司的变革模型;
- 策划、设计和组织培训班和培训项目的方法;
- 领导组织培训班的第一手经验;
- 关于培训班的反馈,以及讲授知识的模拟训练;
- 一套全面切实的工作手册。

谁应该参加本培训班

本培训班专为专业人士量身打造,其中包括那些将在其专业领域内领导和组织培训班或培训项目的专业人士,以及那些将帮助他人在公司内部学习和应用新技能的专业人士。

[①] 在多数情况下,这部分信息已在报名的时候获得。

你将学到什么[①]

○ 策划培训:评估培训需求,运用成年人学习原理来策划培训进程,撰写预期效果的说明书,评估和追踪培训;

○ 设计培训:运用科布的4种学习类型以及四十余种设计方法来设计培训;

○ 组织培训:组织一期培训班,编拟一份日程表,准备学习资料,在培训正式开始以前同你的主办委托人及学员沟通;

○ 传授培训:创造一个积极的学习环境,管理学员,陈述和表达技巧,激励和提问技巧,控制培训班的时间,处理学员的抵制。还有最重要的是,每一位学员在为期两天的培训中,将有两节"实践传授的实习"时段,并能得到反馈和建议。

其他后勤事项

时间:2天

培训班规模:6~12名学员

班前家庭作业:4小时,阅读、思考,完成2份调查问卷

第一天晚上的功课:2~3小时,为第二天的模拟训练做准备

(二) 学习者意愿管理

学习者意愿(Learner's Will)可以分为学习意愿和参与意愿两个方面。学习意愿是学习者个体或群体的学习愿望、动机和需求;参与意愿是学习者愿意参加学习活动、分享知识和经历的参与程度。组织学习的行为主体是学习者,因而学习者的学习意愿和参与意愿直接影响组织学习项目的开展效果。

良好学习意愿的基础是学习者对学习具有一种开放的态度,并且有意愿在学习之后的工作生活中让自己的思维和行为发生改变。从学习项目的角度来看,要使学习者了解到这个学习项目能帮助学习者解决哪些工作中的实际问题,能够为学习者带来哪些学习收益;同时,要让学习者知道这个学习项目将提供什么样的学习环境。从组织整体的角度来看,学习者通过长期的学习文化积淀能够认识到学习对于个人和组织的积极作用,学习对适应知识社会发展创新和变革所起到的重要作用。

参与意愿和学习意愿紧密相关,并直接反映出学习者对学习项目的投入和贡献程度。一方面是学习者如何去倾听和思考,另一方面是学习者怎样去表达和分享。受传统教育和文化的影响,很多学习者并不愿意在公开场合表达自己的观点或分享自己的经历,尤其是在陌生的环境里。把一个旁观者转变为学习项目的参与者,需要为其提供自由交流的氛围和促使其发表观点的活动。

---

① 资料来源:克莱特. 终极培训班手册[M]. 何雪译. 北京:企业管理出版社,2008:143-145.

无论是学习者个人还是学习者团体,其学习意愿和参与意愿具有动态特性,并不是一成不变的,而是受到来自于外部和内部诸多因素和事件的影响的。通过一些策略和方法,可以影响并改变学习者的意愿,例如:

■ **关于学习的反思** 让学习者讨论参加本次学习活动的目标和预期收获,达到这种学习效果需要在学习期间怎样去做;

■ **学习收益暗示** 为学习者展示一些有影响力的人物或之前的学习者对这个学习项目的评论或故事,呈现类似项目的相关数据,使学习者得到未来学习收益的暗示;

■ **热身活动** 通过适当的热身活动,消除学习者在学习场所的拘束感,促进学习者之间的熟识,让学习气氛活跃起来;

■ **学习小组** 通过团队建设环节,学习小组形成团队,并要相互配合完成相应的任务,使得团队中的学习者互相促进;

■ **互动仪式** 关注学习者和讲师等人员的集体互动,并安排一些具有仪式性质的事件,如开幕式、团队展示、颁奖仪式等。

对学习者学习意愿和参与意愿的了解,可以通过问卷调查、访谈、观察和实物分析等方法来获得相关数据,并根据这些数据进行分析,从而制定相应的策略。在学习者来参加学习活动之前,可以通过问卷调查和访谈了解学习者意愿;在学习期间,可采用非正式访谈、观察、实物分析等方法了解学习者意愿的变化情况;在学习活动结束的时候,采用问卷调查和正式访谈等方法了解学习者未来的学习意愿和参与意愿,为后续学习项目的开展提供参考。

参考资料:"善变"的学习者

在一个为期 10 天的组织学习项目中,小马是一位学习者。小马在忙碌的工作时接到学习通知,心里掠过一丝不快,随手把通知扔在了桌子上。随后发生的一些事情,让他的心路历程跌宕起伏:

○ 事件 A:在去参加学习的前一天,公司组织参加培训的人召开了一个动员会;会上看到了这次学习活动的宣传片,小马知道了这次学习会给他带来很多收获。

○ 事件 B:小马来到了郊区的一个酒店报到,酒店周围比较偏僻,来到房间后发现忘带了手机充电器,想到还要在这里住上 10 天才能回去,心情开始低落。

○ 事件 C:正式学习的第一天,上午的开幕式和随后的主题讲座,让小马热血沸腾,觉得自己学到了很多并深受启发。

○ 事件 D:接下来一下午的讲座,让他觉得有些困倦。晚上,拖着疲惫的身体躺在床上,晕晕地,不愿去想白天所学的内容。

○ 事件 E:第二天是基于问题的参与式学习,在学习中小马结识了一些新朋友并学到了一些解决问题的方法;还代表小组汇报讨论结果,非常喜欢这种学习感觉。

○ 事件 F:学习在平淡和欣喜中交错,小马能在学习中找到小小的兴奋点,并逐渐适应了这种学习生活。

○ 事件 G:某天,小马接到了一个工作电话,他负责的那个项目在进行中出现了问题,于是想尽快回到自己的工作岗位上。

○ 事件 H:随着工作问题得到解决,以及学习小组成员的支持和激励,他又逐渐地回到了学习状态。

○ 事件 I:学习项目就要结束了,小马面对着尚未完成的作业,家里面又打来电话说遇到了一些棘手的事情。

○ 事件 J:结业典礼上,所有学习者共唱"班歌";随后,每位学习者手拿蜡烛传递烛火,烛光映在了每个人的脸上,小马看到了希望……

这个案例故事旨在说明:学习者意愿是不断变化的,意愿强的学习者可能在学习过程中会变有非常弱的意愿状态,而意愿弱的学习者可能在学习过程中进入较强的意愿状态(如图5-2所示)。因而,如何利用事件来正向激励学习者是学习团队的管理者需要认真考虑并着力解决的问题。

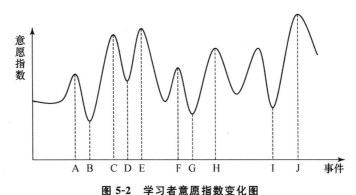

图 5-2 学习者意愿指数变化图

(三)学习者团队管理

开展组织学习项目的时候,参加项目的学习者可能会形成一个大的团队,同时也会出现正式的或是非正式的小规模团队。学习项目管理者需要通过一些策略和活动,使得学习者建立起共同的愿景和目标,并在组织学习活动中形成团队文化。在团队合作学习的情况下,学习者能够在一起分享经验、激发潜能、合作解决问题。这样具有以下几方面的好处:

■ 可能形成学习者知识和技能的互补;

- 在分享经验的过程中,学习者得到更多的启发;
- 学习者能获得更多、更有效的信息;
- 更有利于学习者付出努力和坚持下去;
- 学习者能够得到更多的乐趣;
- 能够丰富学习者的人际关系。

在建设学习者团队时,需要注意到每个学习者在团队中所处的角色。根据英国剑桥产业培训研究部前主任贝尔宾(Belbin)博士和他的团队多年的研究,团队角色可以分为九种类型,即:智多星、外交家、协调者、推进者、监督者、合作者、实干家、完善者和专家(见表5-10)。一个成功的团队需要这九种角色有机联系并达到平衡,并且注重互相存在的差异,发挥各自的长处,相互补充,协调发展。

表 5-10 团队角色描述①

团队角色	贡献	可接受弱点
智多星 Plant	有创造性,富有想象力,不走寻常路;解决难题	忽视相关联的事件,太专注而不善于有效沟通
外交家 Resource Investigator	性格外向,有热情,沟通能力强;勇于尝试,建立广泛的人际关系	过于乐观,一旦最初的热情消失,兴趣也随之而去
协调者 Co-ordinator	成熟、自信,是一个好的管理者;明确目标,促进决策,能很好地分配任务	可能被认为喜欢控制别人,把自己的工作分给别人
推进者 Shaper	勇于挑战,富有活力,能承受压力,有克服困难的主动性和勇气	易于激怒他人、急躁,不顾他人感受
监督者 Monitor Evaluator	清醒,有战略眼光,有辨别力;能全面看问题,判断准确	缺乏激发他人的动机能力
合作者 Teamworker	善于合作,性情温和,理解力强,善于交际	危急时刻优柔寡断
实干家 Implementer	纪律性强,非常可靠,保守并且有效率;能将理念转化为实际行动	有些固执,对新的机遇反应缓慢
完善者 Completer Finisher	勤劳,认真,愿望强烈;善发现问题和遗漏,并修正和完善	趋向于过度焦虑,不愿把工作委托给他人
专家 Specialist	全神贯注,自觉性强,有奉献精神,提供珍贵的知识和技能	在一个比较窄的方面发挥作用,专注于技术性细节

学习团队的管理者在团队建设和促进学习方面起着重要的作用。这些管理者可以是学习项目的工作人员,也可以是在团队建设活动中由学习者集体推选出来

---

① Belbin*RR* Team Role Summary Descriptions. [EB/OL] http://www.belbin.com/content/page/49/BELBIN%20Team%20Role%20Summary%20Descriptions.pdf,2011-3-7.

的组长。

(四)学习者关系维护

组织学习部门及其学习项目相关工作人员与学习者建立起良好的关系,能够在学习过程管理、提升满意度、促进有效学习、获得有效评估数据等方面发挥积极的作用,并且通过学习者的传播,对提升组织学习品牌也会发挥很大的作用。在学习期间,通过有效的沟通和周到的服务,还能与学习者建立起一种良好的关系(见表5-11)。

在学习活动结束后,需要与学习者保持一种结构性的联系,可以通过以下方式实现:

■ **建立长期联系** 通过组群邮件、即时聊天工具的群功能、手机短信平台等信息化手段,很容易和学习者保持长期的联系。除了发布信息外,在节日、生日等特别的日子送去问候也是维系良好关系的一种方式。

■ **提供增值服务** 在原有服务范围基础上,为学习者提供组织学习有关的增值服务,包括:资料分享、信息服务、咨询建议、分享交流活动等。

■ **成立同学会** 在学习期间,组织学习者成立同学会,并选出相应的负责人,并由其组织起草同学会行动方案。在学习结束后,同学会的活动以自发性活动为主,主要以成员之间的分享和交流为目的;组织学习部门需要与同学会的骨干成员保持联系,并为其组织活动提供建设性的意见。

■ **俱乐部成员计划** 建立学习者俱乐部,并对俱乐部进行品牌包装。选择会员的策略既可以是只要学习者参加过学习项目或活动;也可以通过制定相应的条件来筛选会员。前者属于开放式俱乐部,具有短期内快速聚拢人气的优点;后者属于限制式俱乐部,在建立长期忠诚度方面具有优势。俱乐部可以开展沙龙、户外活动、公益活动、线上活动等多种形式的活动。

表 5-11 影响与学习者关系的行为[①]

良好表现	不佳表现
主动打电话	仅限于回电话
做出解释	做出辩解
真诚认真回答	匆匆敷衍
使用电话及时沟通	使用邮件不及时反馈
争取更大程度的理解	等待误会被澄清
提出服务建议	等待请求服务
使用"我们"等解决问题词汇	使用"我们负有"等法律词汇
发现问题	被动地对问题做出反应

---

① Theodore Levitt. The Marketing Imagination[M]. New York: Free Press, 1983: 119.

(续表)

良好表现	不佳表现
使用行话或短语	拿腔拿调
不回避个人问题	回避个人问题
讨论"我们共同的未来"	只谈过去的好时光
遇到突发事件时正常反应	遇到突发事件时救急或紧急反应
承担责任	回避责难
规划未来	重复过去

5.3 课程管理

课程管理是组织学习管理的核心,涉及课程及课程体系的规划、设计、开发、实施、评价、维护等诸多方面。根据课程管理对象的特点,可以将其分为动态课程管理和静态课程管理。动态课程管理的范围覆盖课程体系及课程的分析、设计、开发、实施和评估五个阶段,体现着课程的动态过程;而静态课程管理是以课程数据管理为核心的课程资源管理。

无论是在哪种课程管理中,课程体系都是课程管理的核心,也是组织学习的核心所在;因而,在这一节中将主要讨论课程体系及其设计模式,不涉及其他方面的课程管理内容。

5.3.1 课程与课程体系

从广义上来说,组织中的学习活动和学习项目都可以理解为课程,因而课程可作为组织学习的构成。课程体系则是由组织中的正式课程[①]组成的,并反映了这些课程所形成的逻辑关系。认识课程体系的关键是对课程的理解和课程体系取向的认识。

(一)课程的基本范畴

"课程"这个词源于古罗马战车竞赛的"跑道",体现着学习的历程;然而,不同的文化派别又给课程赋予了不同的内涵。在对课程的理解上,主要有四种认识:

■ **课程是知识**　是按照科学的逻辑进行组织的,在学习者之外客观存在的;

■ **课程是计划**　作为学习计划,反映着一系列有组织的、有意识的学习行为和预期学习结果;

■ **课程是经验**　是提供给学习者能够在不同学习场合获得知识和技能的学习经验总和;

---

① 正式课程是指正式学习的课程和有计划的学习活动,不包括"隐性课程"等潜在的学习活动。

■ **课程是活动**　是将课程目标转化为学习者的学习活动,是一种学习者的社会活动。

根据不同的角度,课程有多种分类方式(见表5-12);在组织学习中,通常会选择某个角度对课程进行分类。

表5-12　课程类型[①]

分类方式	课程类型
课程内容	○ 学科课程:以学科知识为中心的结构性和专门性课程 ○ 经验课程:非系统化的,将工作实践转化为学习者经验
	○ 分科课程:按照学科种类划分的课程 ○ 综合课程:多学科、跨学科的课程或针对某综合问题的课程
	○ 通识课程:用以提升学习者或组织素质的课程 ○ 专业课程:某一专业领域的课程
课程重要性	○ 核心课程:以学科、学习者、组织业务等作为核心的课程 ○ 边缘课程:核心课程之外的课程
课程作用	○ 显性课程:组织学习中正式的、有计划的课程 ○ 隐性课程:在组织情境中,非预期地、无意识地获得知识或经验
管理方式	○ 必修课程:组织成员必须参加学习的课程 ○ 选修课程:组织成员可自行选择参加的课程
课程组织	○ 直线式课程:线性的将学习内容组织起来,具有连续性和顺序性的特点 ○ 螺旋式课程:对学习内容不断的重复和加深,注重学习者认知发展 ○ 整合性课程:将学习者经验、学科知识、社会生活整合在一起

(二)课程体系的取向

对于不同的组织,课程体系建立是基于不同的考虑,如:解决实际问题的需要、满足组织或个人发展的需求等。从根本上来说,课程体系的建立是依赖于组织或决策者的信仰和价值观,其决定了两个基本的问题:谁应该学习和应该学习什么。这种信仰和价值观形成了课程体系的取向(Source)。奥恩斯坦(Ornstein)和汉金斯(Hunkins)整合了两个主要的课程流派[②],将课程体系总结为五种主要的取向:科学取向、社会取向、道义取向、知识取向、学习者取向。

■ **科学取向(Science Source)**　指在设计课程体系的时候,使用科学的方法,根据可观察的和量化的因素,按照科学化的流程或模型进行设计。有些时候,也会强调学会如何学习、利用对科学和知识的理解来解决实际问题、从认知心理学的角度

[①] 参考自陈向明《课程与教学论》课程讲义。
[②] 这两个流派是指:多尔(Doll)提出的"科学(Science)、社会(Society)、永恒真理(Eternal Truths)、神圣意志(Divine Will)",以及杜威(Dewey)、博德(Bode)和泰勒(Tyler)主张的"知识(Knowledge)、社会(Society)、学习者(the Learner)"。

讨论思维过程。

■ **社会取向**(Society Source)　认为组织是社会构成元素,其自身也是一个微型的社会。设计课程体系时需要考虑到社会的多样性,包括多元的文化、种族或亚文化群体、社会阶层以及社会、经济、政治环境等。设计者需要协调好不同的学习者个体和群体,以及其个别需求与组织共同的文化和价值的关系。

■ **道义取向**(Moral Doctrine Source)　课程体系设计试图在知识、个人精神世界和组织文化三者之间建立一种关联,使学习者能够更好地看到事物的本质,产生理解知识的新方法,形成人与人之间新的关系。作为信念、知识、伦理、思想和行为的混合体,这种课程体系能够加强学习者对外界的观察力、注意力和感悟力以及自我意识。

■ **知识取向**(Knowledge Source)　课程体系与根据组织结构和发展需要所建立的组织知识模型相匹配。面对知识成几何级数增长与学习者投入学习精力的限制之间的矛盾,设计者需要考虑哪些是最有价值的知识、谁最需要、与组织绩效和组织变革有何关系。

■ **学习者取向**(the Learner Source)　从学习者的职业发展路径、岗位胜任力模型、个人特征等方面出发,进行课程体系设计。这种立场更加强调学习者的个人发展和认知过程。

这五种课程体系取向并不能完全的分割开来,它们之间有不同程度交叉和重叠的地方。大多数组织学习所采用的是科学取向、知识取向和学习者取向的课程体系,而社会取向和道义取向的课程体系一般出现在信仰和价值观高度统一的组织中。

5.3.2　课程体系设计模式

根据奥恩斯坦和汉金斯(Ornstein & Hunkins,2009)的观点,虽然组织学习中的课程体系设计模式呈现出多种多样的局面,但是都可以将其归入三种基本类型之中,即:科目为中心的设计(Subject-Centered Design)、学习者为中心的设计(Learner-Centered Design)、问题为中心的设计(Problem-Centered Design)。

（一）科目为中心的设计

在组织学习中,以科目为中心的课程体系设计具有广泛的应用,并深受人们的欢迎。这主要是因为科目为中心的设计将知识和学习内容系统化地整合为课程体系,符合多数人对于课程体系的理解;同时,这也是传统教育机构一直使用的经典课程体系设计模式,容易被组织学习所沿用。

科目为中心的设计模式包括:科目设计模式、学科设计模式、跨领域设计模式、关联设计模式和过程设计模式。科目设计模式是最基本的模式,其他几类设计模式则是在科目设计模式的基础上发展和变化而来的。

■ **科目设计模式**(Subject Design)　课程体系是围绕与组织结构相对应的专业知识进行设计的,例如:组织中营销部门对应着市场营销课程、品牌管理课程等,人力资源部门对应着人力资源管理课程、绩效技术课程等,这些课程共同组成了组织学习的课程体系。随着社会分工专业化的发展,有些课程又分裂或延伸出一些新的课程,从而丰富了课程体系。

■ **学科设计模式**(Discipline Design)　在科目设计模式的基础上,将相对独立的组织学习课程进行分类和关联,形成了以"学科"为核心的课程体系。这种课程体系强调学科的构成与结构,因而呈现在学习者面前的不再是一个个独立的专业课程,而是某一专业领域的课程体系。学科设计模式的一个应用就是基于能力的学习地图设计:分析岗位并建立能力素质模型,然后设计课程体系,绘制完整的学习地图。

■ **跨领域设计模式**(Broad-Fields Design)　首先,将按科目建设的专业课程进行整合和重组,打破观念中原有专业和科目的限制,形成由相关知识组成的知识群集(clusters);再通过主题(theme)将这些群集进行关联和组合,从而形成以主题为要素的课程体系。在进行跨领域课程体系设计时,课程概念图可以作为将相关主题和概念进行关联的方法。

■ **关联设计模式**(Correlation Design)　与跨领域设计模式将知识体系碎片化不同,关联设计模式采取了一种折中的路线,即在不同领域专业课程之间建立关联,又保留了科目课程的独立性。在设计课程时,把相关课程中的某些相关内容以学习单元或学习模块的形式整合到课程里,从而实现了课程之间的关联。采用关联设计的课程体系呈现出课程之间互相渗透的现象。

■ **过程设计模式**(Process Design)　强调那些能够使学习者分析现实问题和创造知识框架的过程,用以促进学习者知识迁移和创造。在组织学习过程中,课程体系不仅是知识载体,而且更为重要的是能够使学习者经历学习过程并掌握方法。

(二) 学习者为中心的设计

科目为中心的设计模式,是从组织相关的知识体系角度来进行课程体系设计的方法;而学习者为中心的设计模式,是一种从学习者的认知、需求和发展角度进行设计的方法。在科目为中心的设计转向学习者为中心的设计时,需要将专业知识与学习者经历及其面对的问题相整合。这种整合将有利于学习者理解和解决组织发展中遇到的问题,同时满足学习者个人发展的需要。

学习者为中心的设计模式包括:学习者中心设计模式、经验中心设计模式、激进设计模式、人本设计模式。在组织学习中常见的是学习者中心设计模式和经验中心设计模式。

■ **学习者中心设计模式**(Learners-Centered Design)　根据学习者在组织中的个人职业发展路径进行课程体系设计。以学习者为中心的课程体系可以理解为不同类型组织成员目前及未来学习计划的集合。除此之外,学习者中心设计模式注重学习与学习者在生活、工作、需求、兴趣等方面的联系,注重学习者在学习环境中的表现。

■ **经验中心设计模式**（Experience-Centered Design） 组织中学习者的需求、兴趣、职业发展具有动态的特征，因而课程体系与学习者之间的匹配程度很难预期。经验中心设计模式强调学习者的兴趣、创造性和自我引导。组织需要提供一个激励学习者学习的氛围，以便学习者可以进行探究、观察、交流等学习活动，从而达到学习的目的。在这种模式中，学习被看做是一种社会性的活动。

■ **激进设计模式**（Radical Design） 认为在进行组织学习课程体系设计时，学习是个反思的过程，而知识并不存在于学习计划和课程大纲中。因此，课程体系不注重知识结构，而强调学习者必须承担起自我教育和变革组织的责任，重在培养学习者的批判思维、学习能力、创新能力和领导能力。

■ **人本设计模式**（Humanistic Design） 是建立在人本主义心理学的基础上的，强调学习者的行动而不是对刺激的反应，强调学习者的价值感而不是方法，强调主观的关注焦点而不是客观的属性。组织学习课程体系围绕着学习者的直觉、创造性思维、对实际的整体感知、自我的统一、自我超越等关键概念，激发学习者的情感和思想，认可他们的构想，描绘个人收益与组织收益，并鼓励他们融入有共同信念的组织中。

（三）问题为中心的设计

以问题为中心的设计模式关注学习者个人与组织所面对的实际问题，用以强化组织文化、促进组织发展、满足未来发展需要。在这种设计模式下，课程体系依赖于所面对问题的特征；通常情况下，课程的学习内容打破了学科和科目的界限，体现跨领域的课程特点，同时，也关注学习者的需求、关注、能力和发展。问题为中心的设计与另外两种设计的区别在于对科目和学习者的双重关注（见表5-13）。

问题为中心的设计包括职场设计模式和变革设计模式两种类型。这两种类型的区别在于强调个人需求和组织需求的程度不同。

■ **职场设计模式**（Workplace Design） 有几个基本的假设：职场中的相关事务决定了组织的成功发展①；学习者容易把职场中问题相关的知识与实际相联系起来；学习职场中问题相关的知识有利于学习者参与到组织发展中。课程体系设计注重问题解决的过程，有效地将知识内容和学习过程整合为课程体验；同时，整合了与职场中问题相关的各种知识，鼓励学习者学习和应用解决问题的方法。这种方法将学习与真实的工作场景相联系，增加了课程的相关性。

■ **变革设计模式**（Reconstruction Design） 认为课程体系应该促进用以实现组织变革的行动，促进组织社会层面和经济层面的发展。课程体系的根本目的是让学习者批判性地分析组织发展中不同层次和不同方面的问题，鼓励个人和局部改变带来的组织变革。

---

① 这是围绕职场设计课程体系的依据。

表 5-13 课程体系设计模式列表

类别	设计模式	课程重点	课程取向
科目为中心	科目设计模式	独立的某专业领域知识	科学取向、知识取向
	学科设计模式	业务与职能相关的学科知识、知识体系	知识取向、科学取向
	跨领域设计模式	跨领域的知识、知识群集、主题和概念图	知识取向、社会取向
	关联设计模式	独立的科目和学科，互相渗透的知识	知识取向
	过程设计模式	不同领域的过程性知识，思考和行动的方法	道义取向、知识取向
学习者为中心	学习者中心设计模式	学习者的兴趣和需求、个人职业发展路线	学习者取向
	经验中心设计模式	学习者的兴趣、观察、参与、交流，经验的产生	学习者取向
	激进设计模式	学习者兴趣与体验，批判、学习、创新、领导能力	学习者取向、社会取向、道义取向
	人本设计模式	个人与组织的需求、学习者兴趣与体验	道义取向、学习者取向、社会取向
问题为中心	职场设计模式	学习者职场相关问题，问题解决方法和行动	社会取向
	变革设计模式	组织相关问题聚焦，促进组织变革的行动	社会取向、道义取向

> **参考资料：课程体系设计的思考要点**[①]
>
> 在开始课程体系设计的时候，要进行认真的反思和讨论。下面是一些有效开展课程体系设计可以思考的问题：
> - 反思你对组织文化、价值观和发展的认识；
> - 思考学习者的需求和渴望；

---

① 奥恩斯坦,汉金斯. 课程论：基础、原理和问题(第五版 英文影印版)[M]. 北京：中国人民大学出版社，2009：186,190.

> ○ 思考课程体系的目标、内容、学习体验和评价方法等要素；
> ○ 画出课程体系的概念图；
> ○ 反复核查组织使命与课程体系的目标、内容、学习体验和评价方法之间的关联程度；
> ○ 在工作团队中分享你的课程体系。
>
> **课程体系设计过程管理**
>
> 课程体系的设计有很多种方法和模型，但是无论使用哪种方法，大致上会采用以下步骤来管理设计过程：
>
> ○ 组建课程体系设计团队，包括：专家、讲师、管理者、组织学习负责人等，适当的时候也可让一些学习者加入进来
> ○ 制订课程体系设计工作方案及时间表
> ○ 收集分析组织学习相关的各类数据，并着手制订课程体系设计方案
> ○ 细化课程体系设计方案，分析组织需求、费用、时间、学习者特征、环境、课程研发人员、外部资源、已有课程、可行性、批准的可能性等方面的问题
> ○ 预留时间反复推敲设计方案，并修改完善
> ○ 召开论证会或上报相关领导

5.4 学习过程管理

学习过程管理一方面体现在对各学习环节和流程的管理，另一方面则是学习过程中某些相关问题的管理。学习环节和流程的管理在其他书中都有很多的讨论，在这一节里，将主要讨论学习过程中的学习氛围和学习互动这两个问题。

5.4.1 学习氛围

学习氛围（Learning Climate）是在学习项目开展过程中，学习者、讲师、组织者等相关人员能够感知到的由其所看到的、听到的和感受到的所构成的一种整体的环境和气氛。根据麦克纳尔（J. McNair, 2004）的观点，学习氛围有四个决定性因素，即：价值（Values）、环境（Environment）、互动模式（Patterns of Interaction）、人（People）。价值是学习项目为学习者所带来的价值以及其本身的价值观；环境是学习发生时人们所处的物理环境；互动模式是指在学习环境中，人与人之间交流或对话的方式；人是指包括学习者、讲师、组织者在内的其他与学习项目有关人员的集合。

（一）积极的学习氛围

能够为学习者提供具有支持作用的、积极的学习氛围，可以增加取得预期学习效果的可能性；而不好的学习氛围则会增加无效学习的风险。在一个积极的学习氛围中，学习相关的人会被这种氛围所激励，学习意愿和参与意愿都会有所增强，使其更加积极地参与学习活动。相反，在一个无效的学习氛围中，这种氛围会降低学习者的学习意愿和参与意愿，也会对讲师和组织者产生负面的影响，从而影响到整个学习项目的有效开展（见表 5-14）。

表 5-14　学习氛围对比[①]

	有效的学习氛围	无效的学习氛围
看到的	○ 学习者积极活跃地参加各种活动 ○ 学习者坐在座位上身体前倾，注视着讲师 ○ 学习者渴望学习，并很高兴地投入其中 ○ 学习者认真记笔记，阅读下发的资料 ○ 学习者在课程开始时和课间休息后能准时返回教室	○ 一两个学习者费力地在本子上乱画着 ○ 午后的课堂上，学习者几乎睁不开眼睛 ○ 学习者的表情显露出走神和困倦的样子 ○ 部分学习者提前离开学习项目 ○ 一些学习者懒散地靠在椅子上或盯着天花板
听到的	○ 学习者不断提出挑战性的问题，并乐于分享自己的故事和经历 ○ 有很多激烈的讨论 ○ 学习者在休息的时候也在谈论本次学习相关的内容 ○ 在学习间歇，学习者与讲师进行交流 ○ 小组讨论和交流非常热闹 ○ 充满笑声和"恰到好处"的幽默 ○ 学习者有很多对这次学习的正面评价	○ 学习者认为这些学习内容没有新东西、与实际的工作无关或者不是想学的东西 ○ 在学习过程中，讲师是唯一能够提出问题和回答问题的人 ○ 讲师不得不通过点名的形式让学习者来回答问题 ○ 学习者很少给予反馈 ○ 讲师说自己与学习者很难沟通 ○ 让学习者做的事情总是遇到抵制或是不积极的参与
感觉到的	○ 每个人都进入了学习状态 ○ 学习项目进行得非常顺利，并向着预期的效果发展 ○ 学习者、讲师、组织者形成了非常和谐的群体关系 ○ 所做的一些新的尝试也都取得了比较好的效果	○ 感到失衡，学习者不能和学习进度同步 ○ 讲师和组织者付出了很多，却没有什么回报 ○ 所尝试的每件事情都非常艰难，进展缓慢 ○ 学习者有不满的情绪 ○ 想赶快结束这个学习项目

[①] 克莱特. 终极培训班手册[M]. 何雪译. 北京：企业管理出版社，2008：256-257.

(二) 学习氛围的营造策略

营造良好的学习氛围可以从价值、环境、互动模式、相关的人这四个方面通过一些策略和方法加以营造。学习项目团队需要将学习项目的价值及其背后隐藏的价值观传递给学习者，并与学习者在这些方面达成共识。在环境方面，空间布局、各种装饰、灯光和音乐可以共同营造出一种学习氛围，如同某些百年学府的图书馆，给置身其中的人一种想要读书的冲动。学习者在一起学习就是一个互动的过程，学习者与讲师、学习者与学习者之间的互动关系决定了学习者处在什么样的学习氛围中。除了要考虑到如何增加学习者学习的兴趣与信心，并使其积极地参与到学习互动中；也要考虑到讲师及学习活动的组织者应该以什么样的面貌和状态出现在学习者的面前、以什么样的角度和方式来与学习者进行交流，并且需要给学习者什么样的反馈。

营造学习氛围存在不同层次和角度的策略，因而这些策略表现出多种多样的状态，下面列举了几种用以参考。

■ **将学习作为一种信仰** 引导学习者产生一种对学习的信仰，就如同在艺术领域，崇信一位大师的作品，才能观察并能从中真正学到东西。这种学习者的认知之道被称之为"信仰寻求理解"(fides quaerens intellectum)。[1]

■ **在学习目标和收获上达成共识** 与学习者共同讨论学习目标和价值，使其更加明确学习目标，并与其他学习者保持更大程度上的相似或一致；同时，也使学习者能够清楚这次学习会为他带来什么，以便其在学习内容和实际情况之间建立联系。

■ **传递学习项目的价值观** 每个学习项目开展的背后，都会隐藏着一些价值观，常常未能明确地与学习者共同分享。这种价值观可能包括：创新思维、改变自我、积极参与、分担责任、尊重他人的经验、注重倾听、自信乐观、聆听不同的声音，等等。通过与学习者的交流，使其对这些价值观达到基本认同。

■ **介绍学习项目** 在某些情况下，学习者在参加学习时并不了解所参加学习项目的情况，因此需要让学习者了解该项目的大致状况、学习内容和活动安排、学习项目的开展历史和未来发展、在组织学习体系中的位置等。

■ **约定学习者行为** 可以通过小组讨论的形式，让学习者讨论在参加本次学习项目期间应该如何去做，随后进行分享和交流。这种方式促进学习者对自身行为进行反思，并可根据学习者共识来制定学习行为约定。这是一种自下而上的方法。

■ **激发学习者兴趣** 根据大多数学习者的风格和特点，在学习项目开始的时候通过故事、案例、视频、游戏等方式激发学习者的兴趣并引入学习主题；在学习项目进行过程中，也要注重保持和激发学习者兴趣。

---

[1] 迈克尔·波兰尼. 科学·信仰与社会[M]. 王靖华译. 南京：南京大学出版社，2004：16.

■ **运用热身活动**　热身活动可以快速地让现场气氛活跃起来,也能够让学习者放下拘束,迅速地融入学习活动中并与其他人熟识起来。常见的热身活动包括游戏、角色扮演、模拟等方式。在现场气氛开始低落时,或是午休后学习活动正式开始前,都可以通过热身活动来激发学习者。

■ **进行平等的对话**　这种平等对话有两层含义:一方面是讲师或组织者要具有积极、热情、包容等行为特点,与学习项目价值观保持一致,并体现在与学习者之间地位上的一种平等;另一方面是在与学习者进行交流和互动方式上,采用一种平等的对话方式。

■ **鼓励学习者参与**　鼓励学习者积极参与学习的方法包括:通过学习评价的机制、讲师或助教的鼓励、给予奖品或者礼物等方式来激励学习者参与,也可以通过小组团队建设来激励学习者参与。

■ **运用各种仪式**　组织学习中的仪式会以开学典礼、结业典礼、庆典、晚宴、生日聚会等形式出现。这些仪式能够创造出一种群体的兴奋,从而更好地激发学习者并营造学习氛围。

5.4.2　学习互动

课程不是存在于那里的某些学习资源,它既不是一个课程名称的列表,也不是一种关于学习过程的文档。课程是一个动态的过程,是一个学习环境中参与者互动的过程。组织学习整体上是一个宏观的过程,同时也是由微观过程构成的。

学习者会在一定的情境之中发生互动,并且这种情境至少包括由两个人组成的际遇(encounter),不是指单个人,而是经由个人所形成的社会关系。社会学家涂尔干(Durkheim)、戈夫曼(Goffman)和柯林斯(Collins)等人使用互动仪式(Interaction Ritual,IR)这个概念来解释这种情境结构及其动力。互动仪式不仅是具有表达意义性质的程序化活动,而且也是人们最基本的社会活动,包含那些小范围的、随时随地发生的面对面互动。从这个角度来看,学习者在一起的学习互动就是一种互动仪式,由此,在这一节中将通过互动仪式理论的观点来看待组织学习管理中的学习互动。

(一) 互动仪式

互动仪式(如图5-3所示)是一组具有因果关联和反馈循环进化的过程,开始于共同的行为(事件)和短暂的情感刺激。共同行为或事件的组织学习活动能够为学习者提供短暂的情感刺激,从而开启了组织学习活动的互动仪式。

互动仪式有以下四种主要的组成要素。

■ **群体聚集(身体共在)**　两个或两个以上的人聚集在同一场所,无论他们是否关注对方,都能通过身体共同存在于情境中而相互影响。

■ **排斥局外人的屏障**　设置了局外人参与进来的屏障,参与者知晓谁在参加,而谁又作为局外人不能参加。

■ **相互关注焦点** 参与者将注意力集中在共同的对象或活动上,并通过相互传达关注焦点而彼此知晓关注的焦点。

■ **共享的情感状态** 参与者分享共同的情感和体验。

这四个要素在组织学习中得以体现:学习项目或学习活动事件将学习者聚集在一起,并通过物理的空间和对学习者群体的划分设置了局外人参与进来的屏障,在学习过程中通过学习主题或话题形成了学习者相互关注的焦点,并使用语言或非语言的形式来分享共同的情感和体验。

相互关注焦点和共享情感状态是通过有节奏连带的反馈得以互相强化的。当学习者开始越来越密切关注学习情境中的共同行动、更加了解彼此的行为和感受时,学习者就会更加强烈地体验到共享的情感。于是,学习者群体变得更加有热情、积极主动,并随着整个学习过程越来越引人入胜,学习者会被整个学习活动的节奏和气氛所深深地吸引,从而形成了"集体兴奋"。然而,在一个不成功的学习活动中,学习者可能会变得更加排斥学习,一种消极的气氛在学习者中间蔓延开来(如图 5-3 所示)。

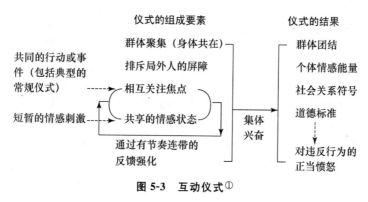

图 5-3 互动仪式①

在达到高程度的相互关注和情感共享时,互动仪式能产生四种主要的结果,并反映在学习者身上。

■ **群体团结** 指学习者得到或加强一种成员身份的感觉。这种成员身份不只意味着学习项目或学习活动的成员身份,而是涵盖了学习者所在的组织成员身份。

■ **个体的情感能量** 表现在一种采取行动时自信、有热情、有力量、有激情和积极进取的感觉。这种情感能量(Emotional Energy,EE)不但作用于学习期间的学习者,而且会影响学习者回到工作场所后的状态及其学习迁移效果。

■ **社会关系符号** 是代表学习者群体的一种标志或代表物(形象化图标、文字、姿势等),使学习者感到自己与集体相关。

■ **道德标准** 体现在学习者维护群体的正义感和对群体符号的尊重和维护。

---

① 柯林斯. 互动仪式链[M]. 林聚任,王鹏,宋丽君译. 北京:商务印书馆,2009:87.

对于破坏了群体团结及其符号标志的情况,学习者会从心底表现出正当的愤怒。

作为组织学习社会结构的基础,互动仪式经由具体情境中个人之间的不断接触而延伸,并随着时间和空间的扩展而变成一种宏观的社会结构。因而,整个组织学习都可以被看做是一个长期的和内容广泛的互动仪式。

(二)互动仪式的类型

在组织学习过程中,学习者在参加正式的、程序化的学习活动时,会与其他的学习者进行非正式的交流。这种非正式的交流也会扩展到课堂以外的生活空间,成为一种自发性的互动。因此,组织学习中存在着两种类型的互动仪式,即正式仪式和自然仪式。

■ **正式仪式** 组织学习中的课程和学习活动是通过一套程序化的行动进行的,如:热身和导入、讲师演讲、学习者讨论、发言和点评、学习总结。这种正式的、程序化的行动有助于学习者体验到共同的情感,并且清楚地理解对方的意识,从而不断加强其相互参与的感觉,最终产生成功的互动仪式,并达成预计的学习效果。

■ **自然仪式** 学习者在参加组织学习活动时会有很多小规模的短暂的互动,通常具有低度团结的会话和非程序化行为的特点。这种自发的仪式也会建立起相互关注与情感连带,并提供更为灵活的成员身份感。

和组织学习本身一样,并不是所有的仪式都是成功的。这时,学习者会感觉到整个学习活动空洞、乏味,并认为学习只是一个例行公事的过程,甚至产生失望和厌烦的情绪,甚至产生想逃离的愿望。失败的仪式表现为具有低度的集体兴奋、缺乏参与和反馈、没有分享共同的情感;从结果上来看,缺少或没有群体团结和个人认同感、没有产生或者消耗情感能量、缺乏对群体符号的尊重。失败的仪式通常伴随着以下两种类型的互动仪式出现:

■ **空洞的仪式** 学习者漫无目的地坐在那里,其他人的注意力也被学习之外的事情所分散;学习者个体和小团体逐渐散去,剩下的人也陷入了消极的、敷衍的对话中,永远无法建立起集体兴奋。这样,互动被降到了最低点,学习者显得疲倦,并想要离开。

■ **强迫性仪式** 在学习过程中,学习者被强迫表现出强烈的参与意愿,而不是出自于自己的内心。这种情况下,有可能唤起学习者的学习热情并产生集体兴奋,但是也很容易使参与者产生一种"互动疲劳",从而消耗而不是创造情感能量。多次参加强迫性仪式的学习者,可能会对参加这类学习活动厌烦,甚至在工作生活中产生厌学的情绪。

组织学习就是在这种成功的仪式和失败的仪式交错中前行的,所以需要通过对学习过程的研究发现是什么因素导致了仪式之间的不同,并致力于在将来的组织学习中加以改进。

(三)互动仪式的应用策略

从互动仪式的角度,可以将其中的要素转化为用以提升组织学习效果的策略。

这种策略从学习活动参与者的社会互动关系角度作用于组织学习,关注于学习者的相互关注焦点、分享其情感状态及连带的反馈强化;而学习者个体的认知过程将不在讨论范围之内。下面是一些互动仪式的应用策略:

■ **视觉和听觉的结合**　学习者能够清楚地看到其他人的面部表情,并能进行适当的眼神交流(Eye Contact);同时,声音现场要与之结合,因为学习者强烈的现场感受和参与行动的感受都来自于声音。当学习者充满热情并积极地向同样积极的他人分享学习收获时,就进入到比较高的互动仪式状态。

■ **适当的身体接触**　在组织学习活动中,近距离的身体接触可以作为具有团结性的仪式。从拍手到拥抱,适当的身体接触能够提供更多地产生集体情感的瞬间。

■ **笑声的分享**　笑声是由身体通过有节奏的重复呼吸爆发而自然发生的,在学习情境中学习者的笑声能在群体中得到放大和延续。这种笑声的分享是一种最普遍的集体兴奋模式,使学习中的互动符号有了令人愉悦的内涵,并使其更易于转换为学习者的社会关系符号。

■ **有节奏的会话交替**　对学习活动过程中的对话进行干预,使其有节奏地交替进行,而不是出现一直沉默和个别人掌握话语权的现象,或是出现学习者在争抢说话的混乱局面。[①] 有节奏的会话交替体现在不同学习者话语的连接、停顿、集体沉默等方面。

■ **情感能量的激发**　学习活动中经常会出现学习者在一段时间的沉默后才发表观点的现象,这体现了情感能量聚集的一个过程。在允许适当的沉默后,通过话语、行为和活动可以激发学习者的情感能量。

■ **群体符号的创造**　学习者会将学习的体验转化成群体符号,而且不同的学习者会选择不同方面的学习体验作为情感回忆和群体团结的象征。可以设计或帮助学习者创造一个群体共同知晓的社会关系符号,来强化学习者最初的体验和群体团结。

5.5　学习空间管理

学习是发生在一定的学习空间里,例如:课堂学习是发生在课堂这个物理空间中,网络学习则是发生在网络的虚拟空间中。无论是正式学习还是非正式学习,都是发生在课堂学习空间、网络空间、工作场所空间或外部空间中。这一节将主要设计课堂学习空间和外部空间的管理。

---

① 这种混乱局面不包括那些有意设计的混乱局面或是人本主义课程设计的混乱情境。

5.5.1 课堂学习空间

组织学习活动常常是在课堂空间里面发生的,无论是选择教室还是会议室,空间的大小、屋顶的高矮、门窗的位置和数量都会成为影响学习活动的因素。除了这些建筑特征外,对空间的装饰和布置,都是需要注意和改造的。由于组织学习所面对的是成人学习群体,课程的形式也是多种多样的,所以在设计课程的时候,最好对学习空间的要求也进行说明。

(一)课堂学习空间元素

课堂学习空间需要依据课程学习的特点和学习者的特征进行选择、布置和装饰,使其能够促进而不是妨碍学习者进行学习活动,同时也要保证主要人流区域安全、畅通、不拥挤(见表5-15)。对课堂空间的管理需要考虑以下几个元素:

■ **物理空间**　虽然课堂所在空间的形状和大小千差万别,但是对人员的容纳数量是可以估算出来的。空间过低可能会造成一种压抑感,而空间过小又会造成拥挤感,除了这些,还要考虑到在课程学习过程中桌椅的摆放和可能的身体活动。除了宽敞的空间感之外,还需要注意空间环境的整洁卫生。

■ **桌椅的摆放**　在一个学习空间里,桌椅有不同的摆放方式。每一种摆放方式都要与课程设计的需要相适应,需要考虑以讲授为主还是讨论为主,是否需要学习者之间的眼神交流等问题。

■ **设备和器材摆放**　通常情况下,白板和投影幕布通常摆放在具有讲台区域附近的位置,而空白纸架会放在讲台区域侧方,或为每一个小组配备并放在小组附近。在人数规模较小的场合,也有人把白板和投影对着放在教室的两侧,这样允许讲师在两端走来走去,有利于交流和集中学习者注意力。在空间较大的环境里,也可以用大型的设备或器材作为分割空间的工具,起到屏风的作用。

■ **学习区和功能区**　学习空间可以划分为学习区和功能区[①],学习区是学习活动主要发生的区域,功能区是提供饮食、宣传、活动等功能的区域。功能区域最常见的形式有提供茶点的休息区域、摆放宣传展架或张贴海报的区域、小组在一起讨论并完成作品的区域等。在空间足够大的情况下,有些课程设计者将学习区与功能区隔开,并在功能区提供多种体育运动用品,并安排学习者在适当的时间进行身体锻炼或体育活动。

■ **展示板和公告板**　在教室空间内和教室入口附近区域,都可以用做展示或发布公告。公告板通常放在所有学习者都能经过或者看见的地方,如学习者必经的通道、教室入口附近区域等。展示板的内容可能包括课程介绍、日程安排、学习项目情况及其品牌宣传等内容。展示板可以粘贴在墙上,或使用各类展架摆放在

---

① 学习区可以理解为具有学习功能的区域,这也属于一种功能区;但这里所说的功能区,是狭义的功能区,指除课程正式课程学习活动以外的,为学习者提供某种功能的区域。

适当的位置。在墙上也可粘贴一些口号,或是悬挂条幅。学习者或小组的作品也可陈列在墙上,以展示个人或团队;学习相关的各类作品或评分体系也可陈列在墙上。在教室门口,还可摆放签名墙或许愿墙,让学习者签名或张贴愿望;或摆放形象板或吉祥物,组织学习者与其合影留念。

■ **其他事项** 植物不仅能美化教室环境,也可以用于一些有针对性的活动,例如:在时间跨度比较长的学习班中,安排以小组为单位领养某个植物。另外,学习产品或组织生产的产品体验和展示也可以布置在某一特定功能区内。

表 5-15 评估教室空间利用情况一览表[①]

1. 设备太多了吗?
2. 教室的整体空间得到充分利用了吗?
3. 空间的利用情况如何反映不同活动的范围和特点?
4. 所有空间得到有效分配了吗?
5. 空间是如何变得吸引学习者和激励学习者的?
6. 桌子组合和学习区域如何反映学习者和任务的要求,尤其是以计算机为基础的任务?
7. 学习者对教室的安排理解如何?
8. 资源配置是否妥当,效率如何?
9. 资源和空间是如何易受影响的?
10. 学习者和讲师活动方便程度如何?
11. 空间布局在促进学习者交流方面效果如何?

(二) 学习空间布局

学习空间布局有两个方面需要特别的关注,一个是讲台区域的位置,另一个是学习者桌椅的摆放。桌椅的摆放有四种基本的类型,即传统排行、U形桌椅、宴会式、圆桌式;在此基础上可以衍生和组合成若干种的类型(见表 5-16)。每种学习空间布局都具有一定的优点和缺点,能够适合不同的人数和教学方式。另外,也可以分为有桌子的和无桌子的摆放,有桌子的摆放可以为学习者记录和摆放物品提供方便,没有桌子的摆放则有利于学习者离开座位进行活动。

表 5-16 桌椅摆放类型表

类型	描述	扩展类型	优点	缺点
传统排行	面对讲台一排排摆放桌椅	单/多通道排行、剧院式座位	容纳人数多、可集中目光到讲台、正式	讲师与学习者以及学习者相互之间不易交流、不易走动、不方便小组活动、过于严肃正规

---

① 马什. 理解课程的关键概念(第3版)[M]. 徐佳,吴刚平译. 北京:教育科学出版社,2009:162.

(续表)

类型	描述	扩展类型	优点	缺点
U形桌椅	按U形排列桌椅，开口面向讲台	U形无桌排列、多层U型排列	讲师可在学习者面前走动和交流、方便展示	空间利用率低、每一侧的学习者不易彼此交流、不方便小组活动
宴会式	如同宴会一样，按桌分布在场地里	岛屿式、鱼骨式	学习者被分成小组、讲授与小组活动易转换、易交流走动、也可适合人多情况	空间利用率低、学习者与小组外的人交流不便
圆桌式	围坐在一个桌子旁	围坐、开口式矩形桌	方便学习者之间交流、适合全体讨论	不易分成小组、容纳人数较少、邻近的人容易形成小团体

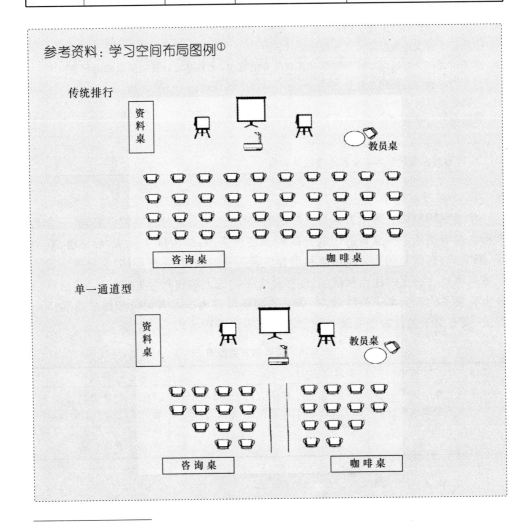

参考资料：学习空间布局图例[①]

传统排行

单一通道型

[①] 克莱特. 终极培训班手册[M]. 何雪译. 北京：企业管理出版社，2008：226-231.

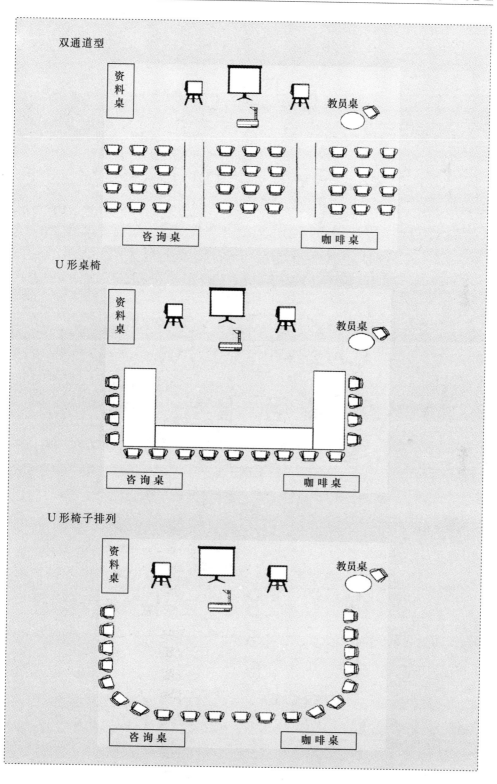

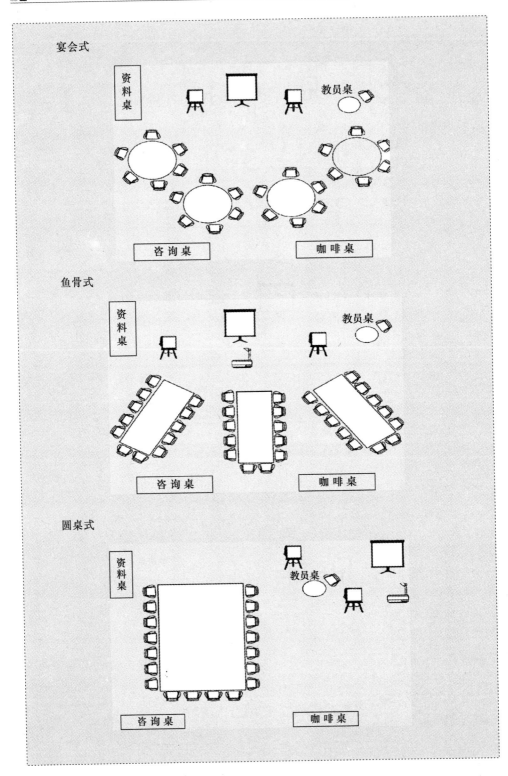

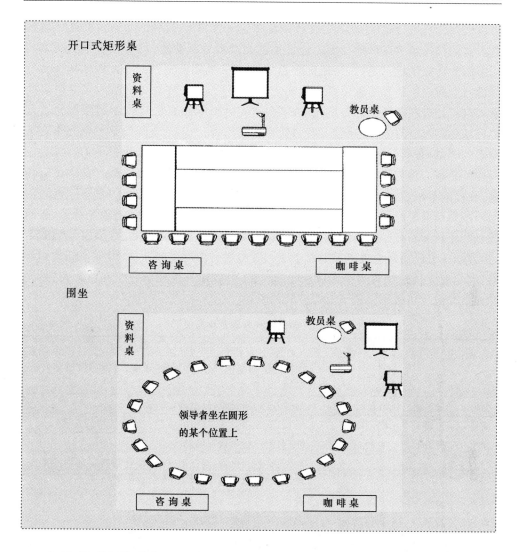

(三) 物理环境因素

在课程设计或教学设计时,物理环境对学习者所产生的影响经常没有得到足够的重视,但实际上课堂空间、学习活动与学习者进行联结,形成了学习者或学习群体的心理环境。物理环境中诸多因素对学习者或学习者群体心理环境的影响却不容忽视,这些因素包括:光、色彩、噪声、温度、座位、学习者规模等。

■ **光** 在学习空间中,光所起到的最基本作用是用来照明。除此之外,光可以使人产生犹豫、兴奋、热烈、平静等情感,从而使学习者回应学习空间的特征。光照进学习空间形成冷暖色调,这种色调也会给学习者带来不同的感受。学习空间可以通过光来延展,主要是通过窗子将空间感延伸至窗外的另一空间内。[1] 另外,也

---

[1] 徐纯一. 如诗的凝视:光在建筑中的安居[M]. 北京:清华大学出版社,2010:197.

可以使用光来进行聚焦,尤其是在人数较多的讲授型学习活动中,通过高光区域将学习者的视线集中在讲师身上。通过不同光线的分割功能,可以把学习空间分割成不同的功能区域。光,尤其是自然光,具有很强的不确定性。一方面体现在光造成学习空间内所呈现的影像具有动态表现的特征,另一方面受自然天气等诸多因素影响。如果能够利用好自然光,可能会达到意想不到的效果,如:清晨阳光透过窗户照到学习空间里,会让学习者感受到新开始;在夕阳的余晖下学习空间里有了暖暖的感觉,有利于学习者进行深入的思考。

■ **色彩** 从艺术到生活,色彩在当今社会已被运用得淋漓尽致。在学习空间里,悬挂的条幅、粘贴的照片或其他装饰、绿色植物都在影响着空间色彩。整个空间的色彩是需要根据课程学习的风格来进行设计的,需要考虑严肃还是活泼、正式或是非正式等特征。色彩既可以被讲师用来吸引学习者的注意力,激发他们的学习兴趣,又可以用来为教室里的每个学习者提供一个舒适的环境,增强他们的归属感。(见表5-17)[1]学习者个人或小组的作品,可以用来改变学习空间色彩;自然光和人造光源也可被用来调节学习空间的色彩。

表5-17 颜色的一般联系和反应[2]

颜色	温暖度	自然象征	一般的联系和人对颜色的反应
红色	温暖	大地	高度的活力和情感;可以刺激、兴奋、增强刺激感和升高血压
橙色	最温暖	日落	情绪、表达和温暖;鼓励语言的表达
黄色	温暖	太阳	乐观、清楚和智慧;鲜艳的黄色有改善情绪的作用
绿色	冷淡	生命、草和树	养育、治疗和无条件的爱
蓝色	最冷淡	天空和海洋	放松、平静和忠诚;降低血压;减少紧张所带来的混乱或减轻头痛(这种颜色有冷静镇定的作用)
靛青	冷淡	日落	沉思、灵性
紫色	冷淡	紫色的花	灵性;减少紧张,增加内心的镇定感

■ **噪声** 噪声是在学习活动进行时,学习者或学习群体不想听到的声音,不仅包括人的听觉系统所感知的物理因素,还包括某种心理因素。在学习空间里,需要保证存在的噪声不会影响到学习者的正常学习,或影响到学习者能够听到其所想听到的声音。噪声可能是学习空间外面的声音,也可能是空间内部的仪器设备所发出的声音,或是其他学习者所发出来的声音。

■ **温度** 在适度的温度范围内,学习者会处于比较好的学习状态。温度过高会使学习者燥热不安,很难静下心来去学习,甚至导致晕倒。如果学习环境过冷会导致学习者无心去听讲或参与活动,影响到学习者的思考行为。学习空间空调系

---

[1] Konza D. Grainger J., Bradshaw K. Classroom Management:A Survival Guide[M]. Sydney:Social Science Press, 2001.

[2] 洛夫洛克. 沃茨. 服务营销(第六版). 谢晓燕,赵伟韬译. 北京:中国人民大学出版社,2010:248.

统的效果会受到空间内学习者的人数所影响。另外,每个人对温度的适应范围也存在差异,有可能出现一些人觉得温度合适,而另外一些人觉得过热或过冷。

■ **座位** 通常情况下,学习者在参加学习的过程中,大部分的时间是坐在自己的座位上的。除了座位的摆放之外,坐椅的舒适程度、有无椅背、大小、牢固程度等,都会影响到学习者的学习状态,如:舒适的沙发可能会促进学习者思考,无靠背的坐椅可能会促进学习者参与活动,不牢固的坐椅带给学习者不安全感。

■ **学习者规模** 在某个学习空间里,学习者人数的多少会对学习者个人的心理产生某种暗示。当学习者处于人数众多的学习环境时,学习者可能会暗示自己:活动很正式、我不容易被注意到、这里不需要我特别地参与、讲师很有权力或比较权威、更多的是要听听讲师在说什么、不容易表达我的观点等。在人数较少的情况下,学习者的暗示可能是:活动没有那么正规、我很容易被讲师和其他人注意到、很容易表达我的观点等。除了这些暗示之外,课程学习内容和学习形式都是与学习者规模息息相关的,因而需要根据这些因素来确定学习者的规模。

5.5.2 外部交往空间

在课堂之外的公共空间中,学习者会进行三种类型的活动,即:必要性活动、自发性活动和社会性活动。必要性活动是指学习者在不同程度上都要参与的活动,如上课、下课、组织者安排的集体活动等。自发性活动是在学习者有参与意愿,并处在合适时间和地点的情况下才会发生的活动,如课间散步、呼吸新鲜空气、驻足观望等。社会性活动是学习者与其他人共同发生的交互活动,多数情况下是是由另外两类活动发展而来的,如打招呼、交谈、被动式接触等。这些活动与课堂外的空间是密切相关的,尤其对于自发性活动和社会性活动。当外部空间质量比较好的时候自发性活动的频率会增加,同时社会性活动也会随之增多(如图5-4所示)。

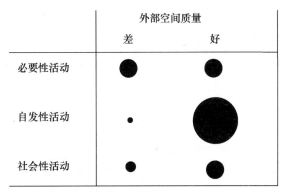

图 5-4 外部空间质量与活动发生相关模式[1]

---

[1] 盖尔. 交往与空间(四版)[M]. 何人可译. 北京:中国建筑工业出版社,2002:15.

学习者在课堂学习空间之外进行交往时，从简单的接触到复杂的积极参与，形成了一个社会性活动的序列，这种交往的结果是分享思想和经历、得到启发和受到激励、提升友谊和增加社会资本。学习活动开展过程中，经常能够在课堂以外的空间看到学习者之间互相打招呼、简短交谈、观看别人的行动、向别人询问等。在学习者之间建立起最初的社会性交往活动之后，这种低强度的接触也开始向更深入的交往转变。学习者之间在分享和倾听的时候，能够获得与自己工作和生活相关的有价值信息，同时也能获得灵感和启发人生，从而为学习者带来改变。因此，在正式课堂之外，学习者的生活及其所依赖的空间是应该被重视和关注的。在改善外部空间的时候，要为学习者的必要性活动、自发性活动和社会性活动提供合适的条件。

（一）学习交往的前提

学习者在外部学习空间进行交往和学习，其前提是学习者之间适当的交流尺度、相互吸引和自我强化过程。

适当的交流尺度是与人的知觉和感知方式以及感知范围相对应的。学习者之间交往和体验的最重要知觉系统分为两类：距离型感受器官和直接型感受器官。距离型感受器官包括眼睛、耳朵、鼻子，直接型感受器官包括皮肤和肌肉。视觉系统有比较大的工作范围，听觉系统是在一定的距离范围内才能发挥功用，嗅觉系统则是在非常有限的范围内感知不同的气味。交流尺度越是靠近，学习者所获得的信息数量和强度都会增加，印象和感觉会进一步加强。但是，交流尺度过小，也会让学习者之间产生不安或不愉快的感觉。在外部空间中，学习者之间有意义的交往、感受和关怀都是在停留、坐卧和步行时发生的，因而外部空间要给学习者提供适当的交流尺度，使其能够在放松的情况下能够有时间去感受、停留和参与。

让外部空间具有吸引力，并且容易接近，能够鼓励学习者从正式课堂空间和用于个人休息的私密空间走到用于学习交流的外部空间。首先，学习者能够随时看见或知晓外部空间发生的事情，这是吸引学习者进入外部空间的一个要素。学习者看见空间中的那些情景和参加活动的人，就有可能会激起他加入的欲望和投入其中的激情。另外，学习者容易接近和达到交流活动所发生的区域，也是影响吸引力的一个因素。在布置外部交流空间时，功能设施的距离、交通方式是需要特别考虑的。学习者对交往的需求、对知识的需求、对激情的需求是属于心理需求层面上的，并可以部分地在外部学习空间里得到满足。在学习过程中，这种需求会与用餐、茶饮、休息等生理需求相交织，强化了外部空间场所及其中所发生活动的重要性。

外部空间的学习交往是一个潜在的自我强化过程。当有学习者开始做一件事或参与某个活动，就会有其他的学习者表现出参与的倾向，并体验或加入到活动中。于是，不断地有人加入和并有新的活动产生，这样，外部空间的学习交往通过自身的变化得到加强。外部空间的形态中会呈现出两种类型：正效应过程，即有活动发生是由于有活动发生；负效应过程，即没有活动发生是由于没有活动发生。[①] 在开展学习活动过程中，要积极地促进课堂学习空间之外发生正效应过程的机会，并考虑到学习者和学习者之间产生学习交往的数量和持续时间。

（二）学习交往形态

外部空间中所发生的活动要与学习功能相联系，为促进学习者的学习和改变提供支持。虽然对学习活动的外部空间几乎不能去改变多少，但是可以在选择场地的时候去考虑这些学习交往的需求，并通过一些布置来实现学习者之间的交往功能。下面列举几种利用外部空间进行学习交往的形态：

■ **留影和签名**　在学习场所门口区域，布置方便学习者留影和签名的空间。一方面学习者可能会把关于这次学习活动的纪念带回去，另一方面为学习者之间的交往创造良好的开始。适当的布置灯光、背景和造型装置，会吸引学习者拿起手中的相机拍照留念，或是找他人拍照或合影。签名墙也为学习者的初步交流提供了话题，让学习者有被关注的感受。随着这些活动的开始，越来越多的人会参与进来，也会出现几个人站在旁边进行交流的场景，于是在场外形成了一个交流的氛围。

■ **观察聆听交谈**　学习者通常会在学习活动的休息时间，走出教室找个地方坐着或是站着，有的时候观察别人和外面的景物，有的时候会去聆听和交谈。这种需求要求外部空间要放置一些坐椅，或是开辟一些可以具有座位功能的地方，同时要注意到这些座位的朝向和视野。除了座位之外，还需要考虑到学习者站立或者依靠的地方。这些座位和站立区域座位作为空间的构成，它们之间的相对位置、高度和距离，都会影响到学习者之间的交往。

■ **步行线路**　步行通常会是学习者在参加一次学习活动中最常用的交通类型，例如从房间步行到教室、到餐厅，午餐后在户外散步，利用几个小时的休息时间到附近的景点看看风景等。对于散步和观光的需要，可以为学习者提供一个设计好的路线图作为参考。这种发生在步行线路上的交流，往往能够提供最真实的信息，对学习者可能更有启发。

■ **驻足停留**　驻足停留是指学习者停下来与别人交谈，或者看到感兴趣的人或事从而停了下来的情形。人们喜欢的逗留区域通常是在沿建筑立面的区域和空间，另外一个是同时可以看到两个空间的过渡区。[②] 在学习者可能驻足停留的地方设置一些座位或站立支持物，也可以通过一些活动事件吸引学习者驻足，如：摆设这次学习活动相关的展板。

---

① 盖尔. 交往与空间(四版)[M]. 何人可译. 北京：中国建筑工业出版社，2002：78-80.
② 参见 Derk de Jonge 的边界效应理论。

■ **餐厅或酒吧聚会** 作为学习者必要性活动的场所,餐厅最基本的功能是提供餐饮的空间。事实上,在学习活动开展的过程中,餐厅往往会成为学习者之间交流的重要场所。酒吧通常会是学习者自发或是被组织去参加的活动场所,是一种可选择的自发性活动场所,具有更加自由和开放的交流环境。虽然在实际发生的学习活动中,有些时候酒吧会成为非常重要的学习交流空间,但是很多人在观念里,并不愿意把酒吧和学习联系起来。然而,目前在一些企业大学和组织学习的基地里,专门增设了酒吧区域用于非正式的学习交流活动。

■ **小型聚会** 大多数的小型聚会都是学习者自发组织的,通常在休息的房间或是某些公共场所里进行的。小型聚会不仅能促进学习者之间的熟识,更有利于学习者之间深入的交流和分享,并在适当的条件下会转化为更深入的学习方式。如何为小型聚会提供便利,是学习活动管理者需要考虑的问题。小型聚会不仅需要类似食品、玩具等物品,更为重要的是适合尺度的交流空间,包括座位、灯光、温度、环境等因素。

5.6 外包管理

在组织学习中,外包是将组织学习相关的项目或任务委托给组织外部的专业服务机构或其他经济组织来进行调查、分析、设计、开发、实施、评估等。根据组织学习的需要,可能外包的业务包括组织学习规划、学习绩效评估、某个学习项目的运营、某些课程的开发应用、学习管理系统开发等。将部分组织学习工作任务外包出去,已经成为一种常态。

5.6.1 学习项目外包

根据美国外包协会的定义,外包(outsourcing)是指通过合约把组织的非核心业务、无增值收入的生产活动包给外部"专家"。组织应当对外包业务实施分类管理,通常划分为重大外包业务和一般外包业务。外包业务通常包括:研发、调查、可行性研究、委托加工、物业管理、客户服务、信息化服务等。

(一)外包决策

根据组织学习规划和计划,需要对即将开展的学习项目或学习课程进行分解,将其拆分成不同的任务或任务集合。根据组织内经费、人员及其他组织学习相关资源的情况,结合外部市场环境,对拆分后的组织学习任务或任务集合进行分析,重新组合,进行外包决策(见表5-18)。

表 5-18　内部开发与购买产品对比表[①]

	优势	不足
内部开发	○ 课程设计者对组织及其文化、使命和目标有第一手的认知 ○ 学习目标可能针对某种特殊的需要 ○ 学习者和开发团队的信任关系有一定的基础	○ 需要很长的开发周期 ○ 需要相关部门的人员参与到开发过程中 ○ 需要组织内部有组织学习和职场学习绩效方面的专家 ○ 很难确保组织机构内的相关成员确实具备相应的专业知识
购买产品	○ 能够很快得到相应的学习产品 ○ 组织学习开发者可能具有比较好的专业技能 ○ 投入的费用可能比较少	○ 学习产品不能满足组织中学习者的特定需要 ○ 要使供应商及其产品做适应组织文化的调整 ○ 购买的产品或服务可能不是定制的 ○ 价格可能比较昂贵

在对购买现有学习产品、定制学习产品、内部自行开发学习产品进行决策时，需要考虑以下问题：

- 组织的规模和组织学习所覆盖的人群规模
- 所需要的组织学习活动频度
- 学习内容的属性和特点
- 学习资源和绩效产品及服务
- 开发或购买组织学习产品及服务的初期投入和后续的费用
- 组织学习经费来源情况
- 将来学习内容或课程升级的可能性
- 供应商的报价形式
- 供应商能提供的服务和经验

（二）供应商信息收集

组织学习业务外包的关键是对供应商的选择，而供应商的信息也需要在日常的工作中有意识地积累，以备将来业务发展之用。组织对学习产品或服务的需要和期望，是选择供应商的基础。有关供应商信息的来源包括公司网站、相关媒体、业界同行、官方微博等多种渠道，这些信息包括以下方面：

- **基本信息**　供应商名称、规模、组织结构、人员构成情况、主要经营范围等，这些信息作为供应商的基本描述属性；
- **文化与风格**　供应商的组织文化和行为风格，这类信息为将来选择不同风格的组织学习项目类型相应的供应商提供了重要的参考；外包项目需要在文化和

[①] ASTD. The ASTD Learning System Module 6: Managing the Learning Function[M]. Mechanicsville, Maryland: ASTD Press, 2006:69.

风格上匹配的供应商；

■ **业务信息**　供应商所能提供的业务类型,组织成员所具备的能力,可能投入的力量,可能的合作模式,曾经做过的项目情况；

■ **评价反馈**　在行业内的口碑,曾经服务过的客户对其进行的评价；

■ **项目案例**　曾经做过的案例,以及案例中相应的文档和学习资料等。

5.6.2　外包过程管理

在开展外包工作时,不同组织的工作流程、文化、需求、目的、环境、习惯等因素造成了外包过程的多种多样。根据多个组织的外包管理过程,ASTD 提炼了组织学习外包管理的 8 个步骤(steps in Outsourcing),用以提升外包管理的水平。在此基础上,形成了外包管理的通用模型(如图 5-5 所示),在使用这种模型的时候需要根据组织及其学习项目的具体情况进行调整。①

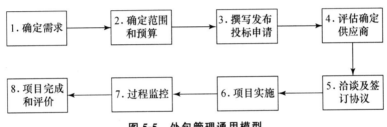

图 5-5　外包管理通用模型

（一）确定需求

在组织学习项目开始阶段,相关负责人需要在对内部和外部环境分析的基础上,制订一个可行的外包解决方案。职场学习绩效专家和项目相关人员一起分析和确定项目外包的目标和实施的过程,同时要清楚地认识到在该项目在引入外包时可能带来的好处和存在的风险。项目团队需要制定外包策略,并评估学习项目中外包的目标和需求,可以从以下几个方面考虑：

■ 外包内容在市场上的发展趋势,其他组织的做法

■ 外包的目的和目标,包括提升质量、降低成本之类的考虑

■ 可能的费用与自行研发和实施相比所节省的人力成本和其他投入

■ 重复利用的机会

■ 每种选择带来的利益和风险

■ 供应商需要具备的基本实力

---

① ASTD. The ASTD Learning System Module 6：Managing the Learning Function[M]. Mechanicsville, Maryland：ASTD Press, 2006：68-83.

（二）确定范围和预算

项目团队需要细化外包的需求，确定包含哪些功能或任务、分析需要哪些外包项目、提供可能承接这些外包项目的供应商。在这一阶段，项目团队要广泛地寻求来自组织内部和外部的供应商，同时制定预算，并将对供应商的评价信息作为起草协议的参考。

在对项目供应商的评估方面，团队需要建立一个数据库，用以存储潜在供应商的相关信息以及评价。一方面要对自身组织的需求做认真的分析，另一方面要对供应商的特点进行分析，从而确定是否能够建立良好的合作。为了能选择适合的供应商和评价标准，项目团队需要结合商业案例中的标准和目标制定出公平统一的评价指标体系（见表 5-19）。评价这些供应商时，主要比对价格、质量、具备的能力、客户服务、可靠性、经验、共同的价值、文化相似程度等。项目团队在参考这些因素的时候，需要根据项目的特点和外包的目的来确定，以便能够做出正确的决策。

表 5-19 供应商评估表

标准	权重	供应商 A	供应商 B	供应商 C	供应商 D
费用					
质量					
能力/实力					
客户服务					
可靠性					
经验					
共同的价值					
文化相似度					
以往经历					
投入的程度					
其他					

（三）编写和发布投标申请书

在明确和确定外包需求后，项目团队需要编写投标申请书（Request for Proposal，RFP）。在与潜在的供应商进行沟通的时候，投标申请书起到明确工作需求和确定验收标准的作用。投标申请书要介绍组织的情况，如背景、目标、文化、核心价值、使命等，同时文件中也需要供应商填写类似的相关信息。在某些情况下，投标申请书中也需要供应商说明他们具备完成外包任务的能力，同时说明费用水平和质量水平。

投标申请书作为供应商的执行标准和评价标准，需要包含以下几方面的内容：

■ **概述** 供应商产品或服务的简要介绍

- **机构信息** 供应商的公司规模、组织结构、经历和特长
- **交付产品** 供应商如何满足客户的需要
- **参考案例** 供应商曾经服务过的客户及大致情况
- **开发过程** 计划、目标、任务说明和关键的时间点
- **费用** 包括哪些方面的费用、如何支付等

在投标申请书将近完成或已经完成的时候,项目团队就可以与潜在的供应商进行联系沟通了。

(四)评估及选择供应商

在供应商填写好投标申请书后,最好能够召集供应商开一次专题讨论会。在讨论会上,除了需要供应商对项目进行陈述之外,双方还可以就更多的细节进行沟通,看看是否能够达成一致。项目团队需要知道供应商在哪些方面做得比较好,哪些方面做得不好,进展情况是什么样的,在过去是如何处理各类难题的。还可以在讨论会上,更多地了解供应商的企业文化、行为风格和业务团队等方面的信息,这些信息对于选择供应商至关重要。通过这种形式的沟通和后续的访谈交流,需要对潜在的供应商进行量化(quantitative)的评价,同时对他们也要有深入的定性(qualitative)理解。

评价供应商的维度和标准是非常重要的,直接影响到是否能够选择到合适的供应商。要考虑评价供应商的问题,如:需要什么样的评价维度,这些维度在整个评价体系中所占的权重如何分配,每个维度的评价标准是什么,如何为其打分等等。对其权重的赋值时需要考虑到与组织学习项目目标的关联程度,而且这些维度中的评分标准不能是简单的"能或不能"、"是或不是"的问题,而是要能够体现供应商之间差异的程度。根据这些评价标准,通过供应商的评价表(见表5-20),就能够对潜在的供应商进行定量的比较了。虽然量化的数据表格看上去仿佛是科学的和客观的,但是也未必能真实地反映出供应商的适合程度,这一点是项目负责人需要特别注意的。

表5-20 供应商评估比较(样表)

标准	权重	供应商 A		供应商 B		供应商 C		供应商 D	
		分数	加权值	分数	加权值	分数	加权值	分数	加权值
费用	9	8	72	10	90	7	63	9	81
质量	10	9	90	9	90	10	100	9	90
能力/实力	8	10	80	8	64	10	80	9	72
客户服务	8	9	72	8	64	7	56	8	64
合计			314		308		299		307

(五)洽谈及签订协议

在确定了供应商之后,需要与之洽谈并签订协议。协议是规定双方权利和责

任并具有法律性质的约束性文件,也是双方合作和行动的纲领性文件。签订协议的双方之间有一种博弈关系隐约地存在着,也就是说,供应商(乙方)想最大化利润,最小化风险和责任;而客户(甲方)想降低成本,并尽可能保证得到可靠的产品或服务。与供应商的洽谈,恰恰起到在这种博弈之间找到一种平衡的作用,并通过协议的形式固定下来。关于项目的进度、交付时间和验收要求等内容有时出现在协议正文中,有时是以协议附件的形式体现的。关于对外包过程中以及项目结束后的保密约定,也要在协议中提及。

在签订协议时,要充分考虑到将来可能出现的工作内容变更处理。在组织学习项目、课程或平台外包已经启动之后,可能会需要增加一些内容或者功能,或者调整预先设计的工作方案,因而在洽谈和签订协议的时候,一定要考虑到这种需求上可能的变化。

（六）项目实施

在协议签订之后,外包项目便进入到实施阶段。实施阶段的项目管理需要根据项目进度表(见表 5-21)来进行。学习部门的相关负责人需要按照项目的进度及时地与供应商进行沟通,经常也需要提供支持。

表 5-21　项目甘特图(样表)

编号	任务	子任务	开始时间	结束时间	责任人

（七）过程监控

在外包管理中,对供应商开发或实施过程进行有效地监控是外包成功的关键要素。在开发阶段或针对开发性的项目,要根据项目进度表掌握供应商的开发进度、进度完成的质量、过程中出现的问题等。在开发过程中,可以按阶段安排专项的进度汇报会,交流进展情况及出现的问题,并共同商定解决问题的对策。在实施阶段或针对实施性的项目,组织学习外包的项目负责人要亲自或安排专人到现场协调进展和观察效果;如果是大型组织学习活动,则需要建立相应的学习过程监控机制。

在对过程进行监控时,组织学习管理者与供应商的关系不仅仅是一种甲乙双方的商业交换关系,其中包含着更多的合作成分。虽然供应商如果不能按要求完成相应的任务,可能会直接影响到供应商的最后结算,但是更会影响到组织学习项目的进展。因此,组织学习外包管理人员在与供应商的关系上既要注意严格监控,同时又要维护好供应商。

（八）项目完成和评价

在项目进展过程中，会产生很多过程性的文件，如阶段性的报告等，这些资料都需要存档，一方面用于本次外包项目的评价，另外可作为项目资料或供应商相关资料留存，作为以后外包工作的参考资料。在按照约定完成外包项目的验收后，需要支付尾款，并对项目进行总结。对外包项目的评估可采用项目管理中的评估方法进行。

第6章
学习品牌及营销传播

6.1 品牌管理

在组织内部,组织学习的品牌管理,不但能促进学习项目的开展、提升学习效果,使学习者更愿意参加到组织学习活动中,而且能够强化组织学习部门或学习项目在组织中的影响力。一个成功的组织学习品牌,也会传播到组织外部,提升整个组织的品牌影响力和社会口碑。

6.1.1 品牌概述

美国市场营销学会(American Marketing Association,AMA)对品牌的定义是:品牌是一种名称、术语、标记、符号或设计,或是它们的组合运用,其目的是借以辨认某个或某群销售者的产品及服务,并使之与竞争对手的产品和服务区别开来[1]。对于组织学习而言,品牌是在组织中表达其所代表的组织学习部门或学习项目的独特性,用以提升组织整体和个人学习的价值和满足感。

(一)品牌的内涵

品牌是一个复杂的符号标志,它表达出六层意思[2]:

■ **属性**　一个品牌首先给人带来特定的属性。组织中一个学习品牌可以表达出学习项目所具有的精心设计、实用、高端、高品质、好口碑等特征。[3]

■ **利益**　属性需要转换成功能利益和情感利益。上述"实用"这个属性可以转换成功能利益,如:帮助学习者提升业务能力,从而提升其业绩水平;结识更多的组织成员,积累组织内人脉资源。属性"高端"可能转化为学习者对自身重要性和在组织中地位的情感利益。

■ **价值**　组织学习品牌体现了组织的价值观,或者组织学习部门、组织学习项目团队的某些价值观。例如,在组织学习项目上体现博学、成长、改变等价值观。

■ **文化**　品牌可以象征一定的组织文化。学习项目品牌可能体现了组织中注重效率和品质的组织文化,也可能体现了关注每个人成长和发展的人本主义精神。

■ **个性**　品牌呈现出一定的个性。当学习者看到某个学习项目时,可能会感觉到品牌上所具有的真诚、创新等个性。

■ **使用者**　品牌还体现了组织学习项目或课程所针对的是哪一类型的学习者,或是学习部门、组织学习项目团队所服务于的哪种群体。学习项目品牌可能表达出学习者是那些积极进取和对组织非常有价值的人,而不是那些浑浑噩噩、对组

---

[1] 黄静.品牌营销[M].北京:北京大学出版社,2008:3.
[2] 科特勒.营销管理(第11版)[M].梅清豪译.上海:上海人民出版社,2003:467.
[3] 组织学习品牌具有多种外延的可能性,此处从学习项目的视角来讨论品牌表达的六层意思。

织而言没有价值的人。

品牌是定位在不同的识别层次上的;如同一个金字塔,最底层是品牌属性,之上是品牌利益,最顶层是品牌的文化和价值。

(二) 品牌的外延

品牌最初是以有形产品作为载体出现的,但是随着社会的发展,承载品牌的"产品"也从有形产品扩大到服务、人员、地点、组织、事件等载体。因而,品牌的外延也由有形产品品牌延伸到服务品牌、组织品牌、个人品牌、事件品牌、地理品牌等类型。

■ **有形产品品牌**　在有形产品领域,品牌几乎渗透到每个行业和每种产品种类中,如消费品、工业产品、农业产品等。现有的品牌相关理论(品牌定位、品牌设计、品牌个性、品牌形象、品牌传播、品牌文化、品牌更新等)都是基于对有形产品品牌的研究结果而建立起来的。

■ **服务品牌**　随着服务业的快速发展,以无形的服务为载体的服务品牌也得到长足的发展。与有形产品相比,服务是一种行动,具有无形性、易变性等特征,这就决定了服务品牌体现一种动态的互动关系。

■ **组织品牌**　组织品牌以特定的社会单元或集团作为载体。虽然有使用组织名称作为产品品牌的现象,但产品品牌和组织品牌是两个不同的概念。组织品牌是建立在产品或服务品牌的基础上,是包含产品或服务品牌建设的系统工程。

■ **个人品牌**　以个人为载体的个人品牌,在技术、天赋、态度等方面重塑个人形象,对提升组织品牌、营销产品或服务都可能发挥重要的作用。个人品牌不仅限于组织的负责人或知名人士,也可以选择普通的学习者进行品牌包装。

■ **事件品牌**　事件品牌是以活动事件为载体,在体育、艺术和娱乐业已经成为了一种常态。

■ **地理品牌**　地理品牌是以地方和地点为载体,功能是让人们认识和了解这个地方,并产生美好的联想。

组织学习可以看作是对组织及其成员提供的一种学习服务,同时组织学习项目可能会转化为组织中的一个事件,因而组织学习的品牌化通常是以服务品牌和事件品牌的形式出现的。讲师或其他相关人员的品牌化会形成个人品牌。长期打造组织学习服务品牌、事件品牌和个人品牌的过程,也是组织学习部门自身打造组织品牌的过程。另外,某些学习和培训基地可以作为地理品牌来进行打造。

(三) 组织学习品牌权益

组织学习品牌权益的体现,是与学习者对组织学习品牌的忠诚度密切相关的。这种品牌忠诚度由低到高依次表现为五种行为态度[①]:

---

① 科特勒.营销管理(第11版)[M].梅清豪译.上海:上海人民出版社,2003:470-471.

- 由于各种外界原因,学习者希望或即将转换组织学习相关的品牌;
- 学习者对组织学习品牌满意,暂时没有理由转换组织学习品牌;
- 学习者对组织学习品牌满意,不会因为外部的各种原因而想要转换品牌;
- 学习者能够认识到组织学习品牌的价值,并把这个品牌作为自己的朋友;
- 学习者有意愿为组织学习品牌做出贡献。

组织学习品牌权益除了与上述后三种行为态度密切相关外,还包括品牌知名度、品牌认知度、品牌联想等。在一些组织中,品牌权益的价值是作为一种资产来进行管理的。组织学习在一个组织中通常具有非盈利的性质,而且组织学习对组织的影响具有很强的不确定性和延后性,因此组织学习品牌权益很难通过资产化的方法来进行评估。组织学习品牌权益主要提供两种类型的价值:学习者得到的价值和组织学习部门或组织学习项目团队得到的价值。

- 学习者得到的组织学习品牌权益价值,表现在三个方面:
  ○ 通过对品牌的认知,组织成员很容易从组织内部信息中发现与组织学习相关的信息;
  ○ 组织学习品牌会引发学习者对过去学习经历的联想,从而增强其参与组织学习的愿望和信心;
  ○ 学习者产生,即通过品牌认知度和品牌联想,会使学习者在组织学习项目中自我暗示和激励,通过"信仰寻求理解"达到更好的学习效果。[①]
- 组织学习品牌权益对组织学习部门或组织学习项目团队所带来的价值,表现在以下几个方面:
  ○ 学习项目的品牌权益会提升组织学习部门的品牌价值,有利于学习部门的组织品牌建设,提升学习部门在组织中的地位;
  ○ 组织学习品牌能够为组织学习部门争取到更多的预算和其他支持,为开展组织学习提供更坚实的保障;
  ○ 在学习者身上体现的品牌价值,会使组织学习项目的开展更加顺利,取得满意的效果和口碑;
  ○ 对于组织学习部门和组织学习项目团队的成员,组织学习品牌可以提升他们的个人品牌,为个人职业发展带来帮助。

(四) 组织学习品牌决策

在打造组织学习品牌的过程中,涉及一系列重要的决策,按照时间先后包含品牌化决策、品牌持有者决策、品牌名称决策、品牌战略决策、品牌重新定位决策。在打造组织学习品牌时,品牌建设团队要充分的考虑到这几种决策的情况(如图 6-1 所示)。

[①] 波兰尼. 科学·信仰与社会[M]. 王靖华译. 南京:南京大学出版社,2004:14.

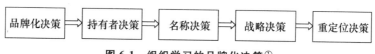

图 6-1　组织学习的品牌化决策①

■ **品牌化决策**

在建立组织学习品牌的最初,需要面对的是使用品牌还是不使用品牌的问题。从整个社会环境来看,品牌化已经覆盖到各个领域,虽然也存在着回归低价的无品牌路线。但是在组织内部,学习部门或学习项目品牌的打造,却经常面临着缺少预算的困境。因为学习部门的人力资源通常会集中在学习项目的分析、设计、开发、实施和评估等方面,所以学习部门或学习项目品牌营销相关的人力资源调配问题,也是决策者们不得不面对的现实问题。组织学习的品牌化决策,实际上是如何处理现有资源与未来品牌权益关系的问题。

■ **品牌持有者决策**

决策者面对的第二个决策是在哪一个层级推出品牌,在商业领域表现在可能使用制造商品牌、分销商品牌、许可品牌名称等。如果组织学习部门的结构比较简单,看上去似乎不用面对这样的决策问题,然而事实却并非如此。组织学习品牌的持有者可能是学习部门或者其下属的学习项目单元,也可能上升到整个组织的层级上持有品牌。组织所持有的学习品牌一方面表明该学习品牌上升到组织人力资源发展的战略层面,另一方面也被组织用来对外宣传,提升组织的品牌形象。

■ **品牌名称决策**

组织学习品牌的使用要选择品牌名称,而品牌名称能使人们联想到组织学习项目或团队的利益或类型,给组织成员或潜在学习者更广阔的想象空间。同时,品牌名称需要容易识别、记住和读出来,并且既要与众不同,又要不引起歧义。在品牌名称决策时,涉及组织学习品牌和品牌系统的若干问题。

■ **品牌战略决策**

品牌战略可分为功能性品牌、形象性品牌、体验性品牌。功能性品牌注重满足学习者的功能性需要,强调为学习者所带来的影响和作用。形象性品牌用以表达难以同其他产品区分、难以评价质量、难以表达用户感受的产品或服务,并对品牌用户进行肯定评价。组织学习中的高级人才计划和后备核心力量的学习项目都可采用形象性品牌战略。体验性品牌所针对的是另一类型人群,他们不满足于产品或服务功能,更注重参与过程中的体验。组织学习沙龙和工作坊是体验性品牌的典型代表。

---

① 此图改编自"品牌化决策一览表"(见:科特勒.营销管理(第 11 版)[M].梅清豪译.上海:上海人民出版社,2003).

■ 品牌重新定位决策

组织学习品牌一旦被推出后,就需要安排相关人员定期地对品牌的优势和劣势进行评估。评估包含组织学习品牌是否能够给组织及其学习者传递他们渴望的利益,品牌的定位是否与所发生的实际一致,学习品牌对学习项目的开展效果是否具有关联性,组织学习品牌是否能够持续的发展等一系列问题。在综合研究和分析后,需要决定是否需要对品牌定位进行调整。

6.1.2 品牌的建立

组织学习品牌的建立是一个长期的、动态的过程。在这个过程中,需要对品牌进行定位、确定品牌名称和品牌个性、设计品牌标志和品牌形象,并通过各种传播手段传播品牌。

(一)组织学习品牌定位

组织学习的品牌定位是指品牌所代表的学习部门、学习项目团队、学习项目和课程产品在目标学习者和组织成员头脑中的位置,可以通过目标人群、客户需求、品牌利益、原因、竞争者框架和品牌特征来描述。[①] 目标人群是指组织学习项目或课程所针对的人群,或者是学习部门或组织学习项目团队所服务的群体。客户需求即品牌能够满足客户哪种类型的需要;在组织学习中,表现为学习者的某种学习需求或心理需求等。品牌利益是指能够给学习者带来什么独特的价值,而这种价值需要能够吸引到目标学习者。原因是指为什么会在学习者心目中有独特的定位;也就是能够被学习者所理解的,实现品牌差异化的原因。竞争者框架是指,品牌所代表的组织学习项目等事物,所属的类别及其竞争者;竞争者是可能被学习者知晓或了解的,来自组织内部或组织外部的其他类似的组织学习项目或课程,以及其他组织学习团队或个人。品牌特征是指组织学习品牌所具有的独特个性,能够区别于其他品牌的特征。

品牌定位是品牌建设的基础并且关系到实施品牌策略的成败,因此在进行品牌定位的时候,要进行充分的调查和研究。组织的高层管理者和潜在的学习者都需要被看做品牌定位研究的主要对象,是确定品牌定位的重要数据来源。品牌定位要与组织学习团队或项目的自身特点相结合,避免组织学习品牌与组织学习团队或学习项目脱节的现象。在处理好与已有学习品牌之间关系的同时,还要考虑到组织外部相似或相近学习品牌的差异化问题。组织学习品牌可以采用一种定位策略或多种策略的组合(见表6-1)。

---

① 通常情况下,客户与用户是有所区别的,用户不一定都是客户;客户指产品的购买者,用户指产品的使用者。本节将客户与用户统称为客户。

表 6-1　组织学习品牌定位策略

策　略	描　述	要　点
功能定位	突出组织学习项目的功能和能够给学习者带来哪些方面的改变	需要确保学习项目的品质和对学习者的作用,并长时间积累口碑
质量定位	强调学习项目不仅具有质量优异的课程,而且也为学习者提供高品质的服务	关键在于如何能够体现品牌确实具有一流的质量,并得到学习者的认同
情感定位	利用学习项目为组织和学习者所带来的情感体验,激起联想和共鸣	根据潜在学习者情感特征,选择能让其共鸣的情感类型
文化定位	将文化融入组织学习品牌,形成文化上的品牌差异,为学习者带来精神上的共鸣	要把握组织的文化,以及学习者群体的文化特征
使用者定位	把品牌和某种类型的人群联系起来,使学习者一看到品牌就会想起某种类型的人	考虑暗示出能够为学习者带来的特定利益,或者能表达出学习者的某些特质
关联定位	与学习者所熟知品牌进行关联或者比较;可以是同类品牌比较,也可以是其他领域的品牌比较	要了解学习者普遍认同的品牌,包括其他组织、知名机构、商品、地名等
首席定位	强调在同类或同行业中所处的领先地位;既可以是组织内部的,也可以是组织外部的	领先地位要建立在相应组织学习项目或组织学习团队的水平上,不能过于夸大
类别定位	为品牌扩建一个新的产品类别,从而区分于学习者所熟知的某类学习项目或课程类型	掌握学习者比较熟悉的或不喜欢的学习类型,如学习者不喜欢讲授式的学习方式,品牌需要表达"不是讲授式的"含义

(二)组织学习品牌名称

品牌名称是品牌以文字言语来表达和传播的部分,提供了品牌联想的语言元素。接触到某个组织学习的品牌名称,潜在学习者或其他目标人群能够即刻联想到这个品牌所代表的组织学习项目或是学习服务团队,并引发对其形象和价值的联想。品牌名称要容易让人记住,最好能与潜在学习者和目标人群的某种需求相结合,并能够反映品牌的定位和特色。在语言方面,品牌名称需要读起来朗朗上口,不能过于复杂,并能够引发目标人群的积极联想。从文字内容上看,品牌名称可能包含人物、地点、组织、人群等多种形式(见表6-2)。

表 6-2　组织学习品牌名称类型

类型	说　明	举　例
人物命名	将发明者、创始人、相关人物名称作为品牌的名称	孔子学堂：对组织中高层管理者开设的国学项目
地域命名	品牌名称中体现原产地及相关地名	漓江训练营：针对青年管理者的组织的在桂林的集训
对象命名	与目标人群的类型联系起来的品牌名称	新动力：针对新员工的一系列学习计划
组织命名	用组织机构的名称直接作为品牌名称	哈佛管理课程：引进的哈佛大学企业管理培训课程
形象命名	使用植物、动物、自然事物的名称来命名	珠峰计划：顶尖专业人才的系列学习计划
价值命名	品牌名称中体现组织价值或组织学习的价值	卓越领导力培训：领导力培训课程
数字命名	以数字或数字与文字组合来进行命名	1+1学习项目：组织中开展的一对一教练（coaching）学习项目

（三）品牌标志

品牌标志是品牌中可以被识别的，但不易用语言表达的部分；是通过运用图形、色彩、文字等视觉语言进行呈现的一种形象。品牌标志最简单的构成方式是图形和文字的组合。整体的品牌标志设计包括标志物（Logo）、标志字、标准色、辅助色、组合方式，在某些情况下，可以扩展到口号（Slogan）组合、装帧和包装风格、吉祥物、代言人等方面。在品牌传播的过程中，品牌标志形象生动地让人们能够识别并产生联想，有利于促进品牌的宣传。

开展组织学习活动时，在学习相关印刷资料、学习网站、学习现场图板、配发的学习文具上展现品牌标志，或将组织学习品牌标志的徽章赠送给学习者，都能够起到宣传组织学习品牌的作用。

根据美国商标协会的说法，一个好的品牌标志要简单、便于记忆、易读易说、可运用于各种媒体形式、细致微妙、没有不健康的含义、构图具有美感等特性；由此，在品牌标志设计时需要考虑五个原则[①]：

■ **营销原则**　以品牌定位为基础，准确传递组织学习相关的信息，体现组织学习品牌价值和理念，传递组织学习品牌形象。

■ **创意原则**　设计要新颖独特、一目了然，给潜在学习者或目标人群强烈的视觉冲击，或是带来一种创新的喜悦。

---

① 黄静. 品牌营销[M]. 北京：北京大学出版社，2008：65-68.

■ **设计原则** 在线条及色彩搭配上遵守平面设计对比鲜明、平衡对称的美学原则。

■ **认知原则** 通俗易懂且容易记忆，符合潜在学习者目标人群的审美习惯和价值观，能够激发认知联想。

■ **情感原则** 具有较强的感染力，通过对情感因素的体现，激发潜在学习者和目标人群在情感方面进行联想和共鸣。

（四）品牌个性

每一个人都具有自己独特的个性，而组织学习品牌也可以通过塑造表现出特有的个性。品牌个性是一个理想的自我，提供一种象征性的自我表达功能；也是品牌外在的面貌，具有和人相同的特质。品牌个性体现了整体品牌形象的内在联系，包括与品牌特征、品牌标志、生活方式、使用者类型的联系，并创造了一种综合形象；这种综合形象通过与使用者的相互作用而形成品牌自身的意义和给人们所带来的生活意义。品牌个性具有人格化的特征，也具有独特性，并且随着时间的推移而发展和变化。组织学习的品牌个性能够为学习者提供差异化的感知和价值，容易引起学习者的情感共鸣，激发学习者参与学习项目的兴趣，或是对组织学习团队的信任。如果组织学习品牌个性不能得到学习者的认同，学习者首先就会对这个学习项目在心理上进行排斥，并带来不利于组织学习项目开展的心理暗示。

组织学习品牌个性的塑造需要考虑品牌、产品①和学习者之间的互动关系（如图 6-2 所示）。品牌个性要与品牌自身属性相呼应，如名称和标志、来源、历史、形象等；同时要考虑到组织学习项目或组织学习团队的品质、属性、功能、包装等因素。最为重要的是需要考虑学习者的特征和心理，使学习者认同品牌个性。

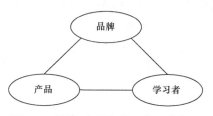

图 6-2 品牌、产品和学习者互动关系

（五）品牌形象

组织学习品牌形象是组织成员或潜在学习者对组织学习品牌的总体感知，其核心要素是组织学习品牌的个性。品牌形象不仅包含品牌名称、品牌标志、包装等外在表现，而且还包含品牌文化和品牌个性等内在因素。在一定时期内，品牌形象具有稳定性，如同一个人的形象一样；但是随着组织内外部环境的变化，以及组织学习的发展，组织学习品牌形象会发生相应的变化。

---

① 这里的产品是广义的"产品"，包含组织学习项目、课程、组织学习部门或团队等诸多含义。

组织学习品牌形象有三个构成的层次(如图 6-3 所示):最底层是核心层,体现着组织学习品牌的内涵,包括品牌文化、个性、定位、价值观等;中间层是承载品牌形象的承载层,包括组织学习项目、课程、组织学习项目团队、学习部门、潜在学习者、组织成员等;最上层是表现层,是人们能在组织学习项目、项目团队和学习者身上看到的品牌形象,包括名称、标志、口号等元素。

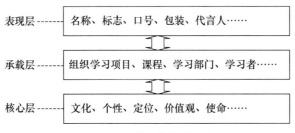

图 6-3　品牌形象构成层次

塑造组织学习的品牌形象需要围绕其内在的价值,从学习者和目标群体的需求出发,采用系统化的方法来塑造独特的品牌形象。在组织学习品牌形象塑造时,需要以组织学习品牌所针对的目标群体为出发点。例如,塑造学习项目品牌形象时,学习项目的主要对象是潜在的学习者,同时也会包括组织内的其他成员。前者的特征和需求是这个项目品牌的建立依据,后者将会对组织学习部门品牌产生深远的影响。在对潜在学习者进行分析后,需要回答什么样的品牌形象能够激发学习者的联想和学习兴趣。然后,从品牌中提炼出其精髓、定位、文化、价值观等内涵,并将这种内涵赋予品牌形象。在此基础上,选择最能体现这种内涵的组织学习项目、课程、组织学习项目团队或学习者;同时,组织学习相关工作人员也要体现这些内涵,这些人员包括:组织学习服务人员、讲师、项目管理者等。组织学习项目中的学习者对目标人群具有暗示性和示范效应,例如从学习者中选出形象代言人会对推进组织学习项目起到积极的作用。在组织学习品牌形象设计完成后,需要通过组织内的公关宣传及活动来达到传播的目的(如图 6-4 所示)。

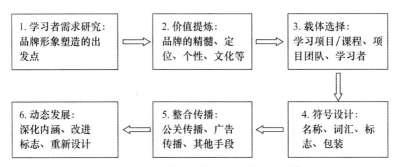

图 6-4　组织学习品牌形象塑造过程图[1]

---

[1] 黄静.品牌营销[M].北京:北京大学出版社,2008:109.

（六）品牌传播

品牌传播是通过广告、公关、新闻、活动、服务等传播手段，提升品牌在目标人群心目中的地位。从传播学的角度，组织学习品牌的传播是组织学习相关人员作为发送者，将组织学习品牌的信息通过不同的媒介传递给作为接收者的目标人群，并引起他们对品牌的反应或行动。有效的品牌传播应该包括七个步骤（如图6-5所示）[1]，因此，在组织学习品牌传播时，需要考虑以下问题：

- 我们要将组织学习品牌传播给谁？他们有什么样的背景、特点、喜好、价值观？
- 通过品牌传播，希望达到什么样的效果？在认知、情感和行为方面如何描述这种反应？
- 传播的信息包括哪些内容？什么样的信息结构？以什么样的形式来表达和呈现？是理性的、情感的，还是道义的表达？
- 通过什么样的渠道进行品牌传播？如何通过人与人的交互进行学习品牌传播？如何选择和应用媒体、事件、体验等方式？
- 采用什么样的方法为学习品牌传播编制预算？
- 采用什么样的传播组合？为什么要选择组合中的这几种传播方式？
- 如何了解品牌传播效果？采用什么样的调查方法？

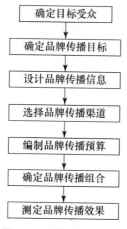

图 6-5　品牌传播的步骤

6.1.3　品牌的维护和发展

组织的外部环境和内部环境总是处于变化之中的，因而组织学习品牌就面临着维护和发展的问题。这就涉及对组织学习品牌危机管理、品牌的更新、选择品牌

---

[1] 科特勒，凯勒. 营销管理（第12版）[M]. 梅清豪译. 北京：中国人民大学出版社，2006：480-491.

系统策略和对品牌进行延伸等方面的内容。

(一)组织学习品牌危机管理

组织学习的品牌危机是指由于组织内、外部突发原因造成的对品牌和品牌价值有不良影响的状况。品牌危机的爆发具有不确定性,也就是说这种危机发生的时间、地点、形式、强度很难进行预测。一旦发生品牌危机事件,会对品牌的形象和价值都会带来非常不利的影响。这种不良影响很容易受到其他人的关注,并会在一定范围内进行传播。品牌危机可以分为突发性的品牌危机和渐进性的品牌危机两种,前者是某一事件突然发生对品牌造成的冲击,后者是危机从非常小的状态逐渐升级到难以控制的局面。

在组织学习中,品牌危机产生的原因可能来自于组织学习部门或项目团队内部,也可能来自其所在的组织环境、组织外部或不可抗拒的社会和自然力量。在组织学习项目的执行过程中,不能履行宣传时的承诺、品牌讲师缺席、后勤服务不到位、服务人员个人不当的行为等,都可能引发组织学习的品牌危机。由于学习者的特征和需求随着时间的发展会不断地发生变化,如果学习项目及其品牌不能做适当的调整,就会产生"老化"的现象,这也成为引发品牌危机的一个内部因素。在引进外部学习品牌的时候,如果品牌的文化与目标学习者的文化背景产生冲突,也可能引发危机。对组织学习不实报道、代言人不妥言行、社会或组织的重大变故都可能作为外部因素引发品牌危机。另外,在不可抗拒的自然力量对组织学习进程产生不利影响的时候,如果各类的安置和服务工作不到位,也可能会导致学习者不满并引发品牌危机。

组织学习品牌建设过程中,需要对危机预防高度重视,并制订相应的措施和预案。危机总是很难避免的,但关键问题是如何去面对和处理。如果危机处理得当,就有可能将产生不良影响的危机转化为有利于提升组织学习品牌的事件。在危机的善后处理阶段,需要去分析危机产生的根本原因,并制订相应的行动方案,避免再次发生危机或将危机的负面影响降到最小。对危机的管理可以按照时间顺序分为三个层次:预防层、处理层、善后层;每个层次都具有相应的管理策略(见表6-3)。

表6-3 危机管理策略

层 次	策 略
预防层	○ 树立群体品牌危机感　组织学习相关工作人员必须了解潜在的危机,知道危机发生的相关案例,并具有洞察危机的心理准备 ○ 监控各运营环节　从组织学习的课程质量到服务每个环节都需要有相应人员进行关注,特别是那些重点环节 ○ 建立危机预警系统　成立危机公关小组,制定应对策略和预案,形成危机监控系统

(续表)

层次	策略
处理层	○ 快速反应　组织学习相关负责人和工作人员争取在第一时间内赶到现场,并及时进行危机处理 ○ 积极沟通　主动真诚地与危机中的利益受损方进行沟通,认真了解情况,表达歉意,或提出补救措施 ○ 凝聚内部力量　使组织学习团队内部人员团结一致,站在共同的立场上,努力处理危机 ○ 争取上级支持　及时向上级汇报,争取上级给予更多的理解和支持 ○ 危机处理情况发布　在必要的时候,在一定范围内向外界发布关于危机处理的进展情况,争取更多的理解和支持;同时保持对外发布信息的"统一口径"
善后层	○ 改善运营　深入了解危机发生的原因,如果是组织学习运营过程中的原因,则要进行改善 ○ 反思危机处理　反思此次危机事件的处理过程,改进和完善危机预防和处理措施 ○ 内部沟通　以此危机处理为契机,在组织学习团队内部进行交流,开展危机管理的学习活动 ○ 对外传播　及时公开处理危机的情况和危机处理过程中的亮点,体现应对危机的能力,将危机带来的不利转化为品牌建设的有利因素

（二）组织学习品牌更新

随着组织内外部环境和学习者的变化,组织学习的品牌也面临着更新的问题;同时,品牌自身的老化问题、定位和战略的调整也要求品牌进行更新,以适应新的发展需要。品牌更新需要考虑品牌定位和价值、组织学习团队或学习项目的愿景和任务、品牌更新策略、持有者等诸多因素。在进行品牌更新时,需要考虑以下几方面的问题:

■ 品牌的更新是为了适应哪种变化？更新后的定位是什么？
■ 品牌名称是否需要改变？如何改变名称？
■ 品牌标志如何更新？怎样保留与原标志的联系？
■ 品牌形象如何适应发展的需要？
■ 品牌个性在哪些方面需要改变？
■ 视觉形象、包装、代言人等如何适应品牌个性和形象的改变？

品牌更新的过程可以分为三个步骤:更新需求、品牌更新、品牌重建(如图 6-6 所示)。扫描组织环境和学习者的变化以及未来的发展趋势,结合品牌自身的问题分析品牌更新需求,并确定更新后的目标。从品牌的内涵和外部表现形式更新品牌,并采用一系列的措施来重新建设品牌。

图 6-6　品牌更新过程

(三)组织学习品牌系统策略

与市场环境下企业建立品牌一样,组织建立学习品牌也面临着品牌系统的决策,即选择单一品牌策略、多品牌策略、主副品牌策略还是品牌联合策略。

■ 单一品牌策略 组织学习部门或团队、组织学习项目以及课程统一使用同一个品牌名称。通过单一品牌策略,使部门、项目和课程从本质上建立内在的联系,在功能上互相补充,满足组织及其成员对于学习的不同需要。在进行单一品牌定位时,需要涵盖现在和未来发展的诸多可能情况,并能够适应未来新增学习项目或课程的品牌诉求。

■ 多品牌策略 针对不同的学习者群体,为某一类或某个组织学习项目以及组织学习部门和团队等建立由多个品牌组成的品牌体系。多品牌策略具有迅速地适应组织及学习者变化的灵活性,并能够针对学习者群体不同的特征和需求提供差异化的品牌价值。在采用多品牌策略时,需要处理好各个品牌之间的关系问题,使各个品牌能够成为有机的整体,并健康地发展。

■ 主副品牌策略 在对已有品牌进行延伸时,为组织学习项目或课程的主品牌增加一个或若干个副品牌;副品牌的标志通常是与主品牌标志一同出现的。例如,用涵盖若干组织学习项目和课程的品牌作为主品牌,在借势推出新的学习项目或课程时,将学习项目或课程品牌作为副品牌。在享有主品牌的品牌效应同时,副品牌又体现出差异性,即节省了品牌认知推广的成本,又增强了品牌效应。主副品牌策略具有单一品牌策略抗风险能力弱的缺点,同时如何处理好副品牌与副品牌、副品牌与主品牌之间的关系也是一个面临的挑战。

■ 品牌联合策略 将两个或两个以上的组织学习品牌进行联合,通过互相借势,形成单个品牌所不具备的竞争能力。品牌联合能够实现优势互补和资源共享,但同时也存在着不同品牌文化相冲突的风险和品牌危机的连锁反应。在组织学习中,最常见的品牌联合策略实例是,将组织现有学习品牌与组织外的知名教育机构或学习品牌进行联合,为合作项目或课程提供品牌服务。另一种实例是将组织学习品牌与组织内某些具有影响力的个人品牌、核心管理部门或业务部门的品牌进行联合,推出某学习项目或课程。

(四)组织学习品牌延伸

品牌延伸是利用已有品牌的优势,不断地推出新的产品或服务。组织学习的品牌延伸有两种类型:一类是在已有品牌化的组织学习项目和课程的基础上,推出不同类别的学习项目和课程;另一类是在品牌化的学习项目和课程的基础上,推出不同档次和阶段的学习项目和课程。品牌延伸不仅满足品牌发展的需要,同时也充分体现了"晕轮效应（Halo Effect）[①]"对学习者的影响。这种晕轮效应会增加学习者对学习项目或课程的认同感，从而对组织学习的效果产生积极的心理暗示作用。

组织学习中，品牌延伸的成功与否取决于原有品牌的相似度、定位、内涵等品牌因素，也取决于学习者、组织环境等因素。在市场营销领域，品牌延伸包括产业延伸和产品线延伸，而在组织学习情境下，品牌延伸则主要体现在学习产品线延伸方面。如果把组织学习体系看作是一个产品线的话，可以通过增加学习项目和课程来延伸品牌，主要可以采取以下策略：

■ **产品线扩展策略** 组织学习现有的学习项目和课程体系进行扩展和改变。这种延伸既有从低端组织学习项目和课程向高端项目和课程的向上延伸，也有由高端向低端的向下延伸，同时也包括中档组织学习项目或课程向低端或高端的双向延伸。

■ **产品线填补策略** 在组织学习现有的项目或课程体系中，增加全新的内容，从而完善组织学习体系。在这种策略执行的过程中，产品填补会涉及与原有学习项目的冲突问题，以及原有学习项目的改造问题。

■ **产品线号召策略** 在组织学习体系中，选择一个或少数几个学习项目加以精心打造，使之成为号召性的品牌项目，从而吸引潜在学习者的关注。

■ **产品线消减策略** 由于组织学习需求及学习者自身所发生的变化，同时基于学习部门或团队人力资源合理分配的考虑，有些时候需要从组织学习体系中剔除一些内容不适合或效果不好的学习项目及课程，这样可以集中力量取得更好的组织学习效果。

■ **扩散延伸策略** 单一品牌可以扩散到多种组织学习项目上，成为系列学习项目或课程。在大型的组织机构中，组织学习品牌可以扩散到其分支机构中；或是根据不同学习者类型或分支机构特点衍生出另外的组织学习品牌。另外，组织学习品牌也可以上升到组织层面，成为整个组织品牌战略的一个重要组成部分，并在组织外部发挥品牌影响力。

6.2 组织学习营销传播

组织学习的开展经常是以一种自上而下命令式的推进方式，影响力式微、推进艰难由此可能为学习者带来负面的影响。组织学习可以被看做是面向组织内部成

[①] 晕轮效应也称光环作用，是由美国心理学家桑戴克（E. L. Thorndike）提出的，即：人们对人的认知和判断往往只从局部出发，扩散而得出整体印象，常常以偏概全。如果一个人被标明是好的，他就会被积极的光环笼罩，并被赋予一切都好的品质；如果一个人被标明是坏的，他就被一种消极的光环所笼罩，并被认为具有各种坏品质。好比刮风天气前夜月亮周围出现的月晕，不过是月亮光的扩大化而已。

员的一种产品或服务,因而可以借鉴市场营销的方法来进行营销传播,同时也需要为组织学习的营销传播投入足够的人力和经费支持。

整合营销传播(Integrated Marketing Communications,IMC)最初的含义是将各种促销工具和营销活动进行组合,在时间上和形式上突破了单一手段的营销传播方式。随着整合营销传播的快速发展,以客户为导向的观念成为整合营销传播的重要特征。根据美国广告协会(American Association of Advertising Agencies,4A)的定义,整合营销传播是一个营销传播计划的概念,在制订综合的营销传播计划时,要求充分认识可以使用的各种能够带来附加值的传播手段(如:普通广告、直接反应广告、促销和公关活动)并将其进行组合,提供具有良好清晰度、连贯性的信息,使得传播效果最大化。

组织学习的营销传播通常发生在一个组织范围之内,与商业领域相比相对简单,但是这并不意味着不投入人力和经费就能够取得好的营销效果。

6.2.1　组织学习营销传播

在组织学习的开展过程中,传播是学习组织者与学习者之间的双向对话,发生在学习活动开始前、学习活动进行中和结束之后的各阶段里。学习部门或项目团队不但要考虑怎样才能接触到学习者,而且也要考虑如何使自己被学习者接触到。

（一）传播过程模型

根据拉斯韦尔(Lasswell,1948)的传播学理论,传播过程的五要素分别是发送者、信息、媒介、接收者和效果。此后,经过不断地发展和完善,这一理论已经演变成由九个要素组成的传播模型(如图6-7所示)。在组织学习中,学习项目团队作为信息发送者(sender),向作为接收者(receiver)的学习者传播信息。编码(encoding)是通过词语、标志、图画等多种手段呈现组织学习相关信息(message)的过程,解码(decoding)是学习者将媒介(media)呈现的组织学习相关信息转化为可认知信息的过程。反应(response)是学习者在看到、听到和感受到组织学习相关信息后所做出的行动;反馈(feedback)是学习者将部分反应传递给组织学习项目团队。噪音(noise)是指任何能够干扰组织学习信息传播的外来因素,可能影响到信息传播的整个过程。

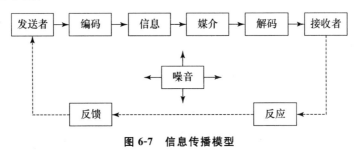

图6-7　信息传播模型

（二）营销传播工具

组织学习的营销传播是直接或间接通知、提醒和说服目标学习者，使其了解相应的课程、学习项目或品牌，并有意愿来参加学习的方法。这种营销传播可以使学习者由被迫的状态转向具有一定学习意愿和参与意愿的主动学习状态。在组织学习的品牌传播方面，组织学习部门通过营销传播使其品牌与组织中人员、地点、体验、感觉、事物和品牌联系在一起。通过营销传播，学习部门能够在组织中建立起令人深刻的品牌形象，学习项目也可通过品牌形象的建立而顺利地开展。在组织学习活动中，营销的主要目的是让学习者关注或是有意愿地参与到学习项目中。

常见的营销传播工具包括：学习广告、学习促进、事件和体验、公关宣传、人员推销和直接营销六个方面（见表6-4）。在推进组织学习的过程中，可以借鉴市场营销传播的经验并采用相应的工具和方法，对组织学习品牌和项目进行推广，例如：

■ **宣传手册**　这是一种最常见的学习广告形式，学习部门或项目团队把学习项目、课程及讲师相关的资料印在宣传小册子上，发放给目标学习者或者是其他相关人员。宣传小册子能够提供直观的信息，尤其是在电子媒介充斥在学习者周围的情况下，一个印刷精美的小册子可能更容易激发起学习者的兴趣。

■ **招贴和传单**　招贴中最普遍的形式是通过海报来发布组织学习相关信息，或是在某学习项目完成后起到回顾、总结和告之的作用。学习海报能够吸引几个人同时观看，并可能在观看的过程中引起交流，强化海报的宣传效果。小尺寸的招贴画可以批量的悬挂在特定区域，形成具有强烈视觉冲击力的场景。传单上面承载着学习项目的核心要素，通常是单张的形式出现的，因为成本较低，适合大量的投放。

■ **奖励和赠品**　对学习者的奖励可以依据在某个学习项目中的学习表现给予奖励，也可以根据学习者参加组织学习的长期学习情况给予奖励。有些机构建立了组织学习积分系统和徽章制度，并在此基础上为学习者提供系统化的奖励方案。赠品和奖励一样，都能够从某种程度上吸引学习者关注并激发他们的学习兴趣。

■ **艺术活动**　随着社会的后现代化发展，各类艺术活动已经越来越多地出现在人们的生活中，人们也开始越来越多地关注艺术事件。在组织学习的营销传播中，艺术活动不仅可以吸引学习者参与，同时也能激发学习者的艺术观念或创新思维。根据学习的主题，可以选择一些比较容易操作的行为艺术或新形式艺术创作来进行传播，如定格游戏、艺术造型展示、光影涂鸦、绘画等。

■ **学习者俱乐部**　除了作为学习者关系管理的一种重要方式，俱乐部同时肩负着组织学习营销传播的使命。通过俱乐部的信息发布渠道，学习部门或项目团队可以发布组织学习信息和活动报道；同时也可以在俱乐部的活动中植入学习项目的广告，或是开展专题的学习项目宣传活动。

■ **年度报告**　年度报告是一种比较正式的信息发布形式，可以以部门或是学习项目为单位进行撰写。由于年度报告自身的这种正式性，更容易引起相关人员的关注,同时也是品牌宣传的一种途径。在一些学习项目开展过程中,项目团队会以月报的形式向有关人员发布项目进展的各类信息。

■ **内部刊物** 组织的内刊也是宣传组织学习的一种常用媒体,包含组织学习相关新闻或专题报道。学习项目启动、结束以及过程中的关键事件,都可以作为新闻报道的内容。与新闻报道相比,专题报道会更加深入和全面,可以以学习项目进展为主线,也可以聚焦到参加学习项目的学习者或是学习项目背后的团队。通过适当的内部刊物传播,组织学习部门和学习项目的品牌价值也会得以提升。

■ **形象代言人** 在组织学习营销传播中,使用代言人的方式能够得到更好的传播效果。代言人的选择有两种取向,即组织内有影响力的人或是参加组织学习的普通人。组织内有影响力的人具有一定的号召力和关注度,因而能让学习项目在很短时间内得以快速的传播。参加组织学习的普通人则更具"草根精神",容易引起潜在学习者的情感共鸣。在代言人的选择上要注意,代言人的个性和形象要与组织学习项目和品牌的个性和形象相匹配,同时也要对代言人的形象进行设计和包装。通常在传播过程中,还需要讲述一些关于代言人的故事,这些故事体现着某种价值和精神。代言人的招募活动本身也可以作为一种组织学习的营销事件。

■ **电子邮件** 电子邮件已经成为很多组织内人员每天必须使用的一种通讯工具。通过电子邮件开展组织学习的营销传播具有范围广、操作简单、成本低、效率高等特点。电子邮件可以承载各种类型的电子化信息,并能快速地传递给目标学习者。在使用电子邮件进行营销传播时,要避免邮件内容空洞、滥发邮件、邮件主题不明确、格式混乱等现象。

■ **手机营销** 手机营销是一种以手机为终端工具,向某一类学习者定向传播的方式。通过发送短信或彩信,将信息快速地传递到目标学习者的手中。在通过手机进行营销传播的时候,要尽可能地避免所发送的组织学习相关信息变成学习者心目中的垃圾短信。

■ **微博营销** 微博(Micro Blog)体现了社会性网络服务(Social Network Service,SNS)的特性,基于用户关系提供信息分享、传播及获取服务;除电脑之外,也可以使用平板电脑、手机等移动通讯设备实现信息的即时交流。组织学习部门或项目团队可以建立部门微博或者学习项目微博,以及团队成员的个人微博,通过微博开展学习项目的营销传播。因为微博具有开放性和传播迅速的特征,因而需要特别针对信息保密和危机公关等方面的问题制定相应的预案。

■ **总结会** 当学习项目完成后,可以通过组织学习项目总结会的形式,利用多种媒体和活动形式通过现场呈现项目的运营过程和成果。同时,也能够起到品牌营销的作用。组织者需要注意总结会所渲染的气氛,并且明确总结会所要达成的效果。总结会也可以用于组织中学习部门的营销,通常是以年会的形式进行的;在体现年会主题的同时,有时候也会为年会起一个名字,如:春茗晚会、尾牙宴会等。

表 6-4 常见的组织学习营销传播工具[1]

学习广告	学习促进	事件和体验	公关宣传	人员推销	直接营销
印刷广告	竞赛	运动	报刊稿子	推销展示	目标销售
外包装广告	游戏	娱乐	演讲	动员会议	手机营销
有人物的外包装	奖励和赠品	节目	研讨会	课程样片	电话营销
宣传小册子	课程试听	艺术活动	年度报告	展示	电子邮件
招贴和传单	示范表演	事件	慈善捐款		微博营销
网络广告	赠券	工厂参观	出版物		
广告复制品	招待会	公司展览区	媒体软文		
陈列广告牌	连续活动	街区活动	公司杂志		
工作场所陈列	服务搭配	俱乐部	社会事业		
广告片		高附加价值	公众设施		
标记和标志			代言人		
			宣传片		
			年会和总结会		

6.2.2 有效的组织学习传播

有效传播组织学习相关信息的前提是清楚地知道将信息传播给什么样的学习者,期望获得学习者什么样的反应。学习者对组织学习相关信息的接受存在于三个层面:

■ **选择性注意** 在众多纷杂的信息中,能够引起学习者注意的承载着信息的形式;

■ **选择性曲解** 将部分注意到的信息转化为符合学习者习惯和价值观的认识;

■ **选择性记忆** 学习者所获得的信息中,能够转化成长期记忆的少部分信息。

与其他领域的营销传播一样,有效的组织学习传播可以通过以下五个步骤来实现。[2]

(一)确定目标受众

组织学习传播的目标受众包括学习项目针对的学习者、潜在的学习者、组织内的决策者、其他部门的人员等;目标受众可以是个人或群体。作为一项基础性的工作,需要了解和分析目标受众的个性、习惯等整体特征,这样会为后续工作的开展奠定基础。然后,需要了解目标受众对组织学习项目和品牌的认知程度。

印象分析(Image Analysis)是一种比较常用的方法,通过量表调查目标受众熟悉程度和喜爱程度(如图 6-8 所示),并分析当前状态下所面临的主要传播任务。

---

[1] 科特勒,凯勒.营销管理(第 11 版)[M].梅清豪译.上海:上海人民出版社,2003.
[2] 科特勒.营销管理(第 11 版)[M].梅清豪译.上海:上海人民出版社,2003:637-658.

如果调查结果主要分布在 A 区域,这是一种最不好的情况,即大多数人对此类组织学习及其品牌非常熟悉但都不喜欢;此时,需要找出不喜欢的原因,并尽快解决问题和改善工作,逐步扭转不好的形象。B 区域表明大多数目标受众不熟悉,但熟悉的人大部分不喜欢;这种情况也需要先研究不喜欢的原因并努力改变,此后再扩大宣传。分布在 C 区域是一种比较理想的状况,大多数人知道并且喜欢;这种情况需要维持组织学习服务质量,维护好口碑。区域 D 表明大多数人不熟悉,但是熟悉的人比较喜欢;因而面临的任务是通过各种营销传播组合让更多的人知晓。

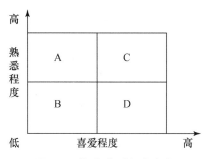

图 6-8 熟悉-喜爱程度分布

(二) 确定传播目标

目标受众在认知(cognitive)、情感(affective)和行为(behavior)这三个方面的反应可以用来作为建立组织学习传播目标的维度。在认知阶段包括知晓和认识,在感知阶段包括喜爱、偏好和信任,在行为阶段是指目标受众采取行动(如图 6-9 所示)。组织学习传播目标的制定可能会在这些反应上体现出来,但不同的组织学习项目会有不同的侧重点:

■ **知晓** 如果组织内的目标受众不知道所要传播的组织学习品牌或项目,则需要让目标人群从知道名称开始,如:针对某一学习项目的营销传播,所制定的目标是在一个月内,让 80% 的潜在学习者知道这个项目名称。

■ **认识** 认识是在知晓的基础上,根据目标受众的了解程度制定相应的目标,使其更多地了解所传播的学习项目,如:让潜在的学习者了解这个学习项目的特点,意识到通过参加这个学习项目能够得到哪些方面的提升;学习项目主要针对的人群是什么样的,有哪些人会在这个学习项目中担任讲师等。

■ **喜爱** 在目标受众对组织学习品牌和项目具有基本的认知后,如果出现多数人不喜欢的现象需要及时找出原因,并予以解决。如:学习者不喜欢学习项目中讲授式的学习方式,则需要对学习项目进行相应调整,并把调整后的信息传播出去。

■ **偏好** 学习者可能喜欢这个学习项目及其品牌,但同组织外的类似课程相比并没有什么特别的偏好,这时需要通过宣传学习项目的特色和价值等方式,建立学习者对于该学习项目和品牌的偏好。如:对于某类年轻学习者,在学习项目宣传中体现其社交功能和品牌的时尚形象,从而使学习者感受到与其他学习项目差异,并逐步形成对该学习项目的偏好。

■ **信任**　学习者相信通过参加组织学习项目能够得到相应的收获,并有愿望参加该学习项目。例如:某一领导力培训项目的学习者,认为参加这一项目的学习能促使其领导力的提升,对将来的事业发展有很大的帮助。

■ **行动**　在学习者喜爱某学习项目并相信能为其带来很大的收获的情况下,很可能因为种种原因未参加或投入到学习中来。行动就是要使学习者发生参加和投入精力的行动。当学习项目与学习者繁忙的业务和生活发生冲突的时候,学习者可能会有很多借口说服自己不参加或不投入精力,这时可以通过营销传播的相关策略促使其投入到学习项目中(如图 6-9 所示)。

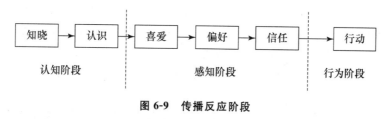

图 6-9　传播反应阶段

(三) 传播设计信息

在设计组织学习传播信息时,需要考虑信息内容、信息结构、信息形式和信息源四个方面的问题,即:表达什么内容、内容之间的逻辑关系是什么、使用什么样的符号进行叙述、由谁来发表这些信息。

■ **信息内容**　在准备信息内容时,可能会主要面对着三类诉求,即:理性诉求(Rational Appeals)、情感诉求(Emotional Appeals)、道义诉求(Moral Appeals)。理性诉求所表达的是学习项目能够为学习者自身所带来的价值或功能。情感诉求是激发起学习者的某种感情,使其投入到相应的组织学习中。道义诉求是从价值判断和责任的角度使学习者带着使命感参加组织学习。

■ **信息结构**　信息结构所体现的是组织学习相关信息之间的逻辑结构及信息之间的相互关系,例如单一角度论证或是多角度论证。

■ **信息形式**　组织学习相关信息的形式不仅仅限于文字、图形和图像,这也依赖于营销传播所采用的工具和形式。

■ **信息源**　通过组织内部有影响力的人发布信息,会得到更大的关注,同时可能会增加学习者对学习项目的好感。具有草根形象的组织内部代言人,可能会让目标学习者感觉更加值得信赖,并引起情感上的共鸣。

(四) 选择传播渠道

用于组织学习传播的渠道可以分为人员传播渠道和非人员传播渠道。人员传播渠道是通过人与人之间面对面或是不同的媒体进行的信息传播,可分为倡导者渠道、专家渠道和社会关系渠道。倡导者渠道是由组织学习部门或人力资源部门的人员，或由学习项目的推进人员在组织内部与目标学习者进行接触和沟通所形成的渠道。专家渠道是由具有某专业领域中有影响力的专家或部门领导者对组织学习项目进行评述，形成影响学习者的传播渠道。社会关系渠道是由同事、朋友与目标学习者之间的沟通交流所形成的传播渠道。人员传播渠道的核心是建立良好的口碑，而这一切都是需要建立在组织学习的良好效果和服务上，并通过长时间的积累使其自然发生。另一方面，通过口碑营销策略也可以促进口碑传播，例如：

- 确定在组织中有影响力的个人或团体，通过他们来提供较好的口碑；
- 分步推进组织学习项目，先期选择一些容易产生好口碑的课程或活动；
- 为可能引领舆论导向的人提供一些特别的服务或礼品；
- 开发具有较高谈论价值的广告或事件，向学习者传递组织学习项目价值；
- 选取组织学习或学习项目代言人，并讲述他们在组织学习中的故事；
- 快速处理抱怨，及时掌握学习者的不满并能够快速反应；
- 采用"病毒营销"策略，促使学习者能够不断地向其他人传播组织学习相关信息；
- 使用微博等网络工具，及时更新内容，形成学习者之间的社会化传播网络。

组织学习的非人员传播渠道一个重要组成是组织内部的媒体，包括：纸质印刷的组织内刊、电子版组织内刊、广告牌、海报、组织内部网站、光盘、各类电子媒体等。另外，对组织学习氛围的营造、对学习型组织的倡导都会增强组织成员参与学习项目的主动性。与组织学习相关的事件和活动，也会对组织成员产生较好的信息传播效果。

（五）营销传播的决策

组织学习营销传播是通过学习广告、学习促进、事件和体验、公关宣传、人员推销、直接营销这几类工具来进行的。在对各种营销传播工具进行整合运用的时候，需要根据目标学习者所处的传播反应阶段制定传播组合策略，并考虑到应用这些工具的成本效益。组织学习项目生命周期也分为不同的阶段，即导入阶段、成长阶段、成熟阶段和衰退阶段，因此，每个不同阶段都需要采用不同的组合策略。

组织学习营销传播的预算可以根据对完成传播任务目标和营销传播组合方式的估算来确定，足量的经费投入是有效传播的重要保障。组织学习营销传播的预期结果可以通过一些量化的指标来进行描述，这样就需要在传播过程中收集组织成员或学习者的反应数据，如知晓程度、参与程度和满意度等。

第7章
学习项目管理

7.1 项目与项目管理

组织学习项目管理是项目管理的相关知识在组织学习领域的一种应用,因此对组织学习项目管理的理解和认识也是建立在项目和项目管理的基础上的。在这一节中,首先要介绍项目与项目管理的基本概念,然后再讨论组织学习项目管理的流程和基本框架。

7.1.1 项目概述

"项目"这个词已经成为人们使用得越来越多的词汇,而项目也逐渐成为推动一个组织不断进步的主要动力单元。那么,到底什么是项目呢?项目对于组织的意义又是什么呢?下面将主要围绕这两个问题,做一些相关的介绍。

(一) 项目的概念

关于项目的定义,很多教科书和专家学者从不同角度给出了不同的阐述。其中,美国项目管理协会(Project Management Institute,PMI)在《项目管理知识体系指南》(Project Management Body Of knowledge,PMBOK)中对项目的定义是"项目是为提供某项独特产品、服务或成果而进行的临时性工作"。国际项目管理协会(International Project Management Association,IPMA)在"IPMA能力基础线(IPMA Competence Baseline,ICB)"中对项目的定义是"项目是受时间和成本约束的、用以实现一系列既定的可交付物(达到项目目标的范围),同时满足质量标准和需求的一次性活动"。

通过上述两个对项目的定义,结合在工作实践过程中所体现的项目特征,可以总结出项目具有以下几个方面的特点。

■ **目标性**   项目是具有特定的目标要求的,在项目结束的时候,应该有一系列既定的可交付物。

■ **时间性**   每个项目都有明确的开始和结束时间,也就是说,项目都是有期限的,而不是持续不断的,但这并不意味着项目持续的时间非常短暂。

■ **唯一性**   项目是"临时性工作"和"一次性活动",而不是重复性的,也不能被完全的复制。每个项目都有其特别的地方,没有两个项目是完全相同的。

■ **资源性**   项目是受一定资源条件所限制的,包括人力、物力、财力等方面。项目资源通常是在项目开始之前就约定或计划好的,因此在项目管理过程中,需要努力在有限的资源条件下完成项目目标。

基于上述项目的四个特点,在谈论一个项目时,通常会使用"项目铁三角"来定义这个项目(如图7-1所示)。项目铁三角,也可以将其称为项目的三要素,包括:范围(scope)、进度(schedule)和资源(resource)。在对项目进行管理时,这三个方面通常会成为最主要的关注点。从某种意义上来说,实施一个项目也就是努力地使项目在既定的进度和资源下满足目标范围。

图 7-1 项目铁三角

（二）项目的意义

在现代组织中，项目越来越多地被应用于推动组织的变革和发展。那么，项目对于组织的意义到底是什么呢？在讨论项目对于组织的意义的时候，值得注意的是，项目对组织所发挥的作用与影响中，最为根本和重要的是项目与组织战略（Strategy）的关系。

无论组织战略是否被明确地提出来，每个组织都具有自身发展的战略，而战略又是源于组织的使命（Mission）和愿景（Vision）。使命是回答"我们为什么存在？"或者"我们存在的意义是什么？"这个问题的，比如，某个组织使命是帮助贫困的人，那么这个组织就可能会去做慈善或相关的事情。愿景是回答"将来我们要成为什么？"这个问题的，比如某个组织的愿景是成为世界某个领域的主导机构。基于组织的使命和愿景，战略就是"我们需要做什么才能完成我们的使命和愿景？"

那么项目与战略又是什么关系呢？可以通过项目与战略的关系图（如图 7-2 所示）来说明这两者之间的关系。项目是在日常运营的基础上，推动组织战略实现的重要活动，它起到连接日常运营与战略之间的桥梁作用。可以这样认为，战略回答的是"我们需要做什么？"的问题，而项目回答的是"如何去做"这个问题。因此，战略是宏观的，而项目是微观的。也可以理解为，项目就是帮助组织实施战略，并努力达到愿景和使命的方法和工具，因此，项目对于组织具有非常重大的意义。

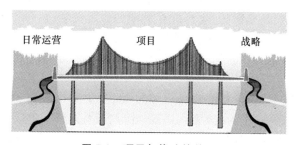

图 7-2 项目与战略的关系

7.1.2 项目管理

项目管理，顾名思义，就是对项目进行管理。项目管理是随着社会的发展进步和项目本身不断的复杂化演变而逐渐形成的一门管理学科。了解和掌握项目管理方法,对提高项目的实施效率和保障项目的实施效果,能够发挥非常重要的作用。

美国项目管理协会(PMI)对项目管理的定义是:"项目管理,就是把各种知识、技能、手段和技术应用于项目活动之中,以达到项目的要求。"也就是说,项目管理是通过一些方法对项目进行计划、组织和控制,以实现项目过程的动态管理和对项目目标的综合协调与优化。下面将主要介绍项目管理流程和常用的项目管理工具两个部分的内容。

(一)项目管理流程

任何一个项目都是由一些项目阶段构成的,而各个阶段又是由一系列具体的活动所构成的。通常情况下,从不同项目的实现过程中,可以归纳或总结出相同或相似的项目管理过程。在许多项目管理的专业书籍中,对项目管理流程的介绍可能会有一些细微的差异,但是整体看来,项目管理流程可以分为:项目启动、项目规划、项目实施与监控、项目收尾四个基本阶段(如图7-3所示)。

图 7-3　项目管理流程

■ 项目启动

项目启动是项目管理过程的第一步。在这个阶段中,需要完成两个工作:组建项目组和定义项目。组建项目组,主要是确定在这个项目中的项目经理和项目成员,项目成员可能是全职的,也可能是兼职的。定义项目,可以被认为是在这个阶段需要完成的最重要任务,即明确所要启动项目的"铁三角"(范围、进度和资源),也就是准备投入多少资源、使用多少时间来完成什么样的目标。

■ 项目规划

在项目规划阶段①,需要细化项目的目标,并制定为实现项目所要达到的目标、规划执行时所需要的行动方案。在这一阶段需要完成三个任务,第一个是分解项目工作,第二个是制订实施计划,第三个是审批项目。分解项目,就是把项目目标细化并分配到具体工作任务上,使实现项目目标的工作任务更加清晰;制订计划主要包括制订进度计划、资源计划、管理计划、风险规划等执行层面上的计划;审批

---

① 这里所说的规划不是指宏观的规划,而是近似于计划层面的规划。

项目,就是由管理层批准该项目按照制订的计划实施。项目规划阶段是项目管理四个阶段中最重要的一个阶段,一个项目规划做得完善,往往可以起到事半功倍的作用。

■ **项目实施与监控**

项目实施和监控阶段,就是对项目实施具体的管理计划,并定期测量和监控绩效情况。如果发现项目偏离目标或处于项目计划之外,则需要采取相应的纠正措施以保证项目目标的实现,或者根据实际情况对项目进行调整。这一阶段具体的工作包括:信息收集、偏差管理、过程监控和变更管理。

■ **项目收尾**

项目收尾阶段要正式验收项目产出物(产品、服务或成果),在这一阶段要对项目进行评估,同时有序地结束项目,最后进行项目总结。

在一个项目的实现过程中,都需要开展上述项目管理过程中的各项管理活动。只是根据具体的项目的不同,各个环节的具体操作会有所差异。

(二)项目管理工具

由于项目本身的复杂程度存在着差异,因此不同项目的项目管理难度也可能会存在较大的差异。在项目管理过程中,每个项目都可能有很多的具体任务需要完成,例如:项目分析与评估、项目计划的制订、项目计划的检查与调整、项目过程中的各类沟通工作、项目资源调配、项目组织调整、项目财务控制、项目风险分析及对策制定、项目风险监控、项目配置管理、项目评审、变更控制、合同管理等。这些项目管理的具体任务如果只靠个别人的人工记录和管理,可能会变得有些混乱,效率低下;特别是对于那些大型的项目管理。这时候,项目管理人员就需要借助一些项目管理工具来辅助管理。组织中的相关部门或项目组在采用有效的开发和管理模式的同时辅之以高效的管理工具,通常可能达到更好的效果。如果项目管理的辅助工具应用得当,不仅能够为相关人员带来工作上的便利,提高工作效率,而且也有助于统一和规范开发过程或流程,方便项目组成员之间的沟通,节省项目的开发时间,提高项目开发和实施的质量。下面列举了一些常用的项目管理工具。

■ **高档次项目管理软件** 这类项目管理软件功能强大,适用于大型的项目管理,并且在使用过程中需要有专业的项目管理人员参与,价格一般也比较昂贵,例如:

- Rational 公司的 ClearQuest
- Primavera 公司的 P3
- Gores 技术公司的 Artemis
- ABT 公司的 WorkBench
- Welcom 公司的 OpenPlan

■ **低档次项目管理软件** 这类项目管理软件通常应用于中小型的项目管理中,虽然功能不是很齐全,但价格相对比较便宜,而且更方便操作,例如:

- Microsoft 公司的 Project 2003
- Sciforma 公司的 Project Scheduler

○ TimeLine 公司的 TimeLine
○ Primavera 公司的 SureTrak

通常情况下,组织学习项目以小型项目居多,因此,在上述的这些软件工具中,Microsoft Project 软件是在组织学习项目管理中经常使用的一种工具。

7.1.3 组织学习的项目管理

在组织学习项目开展过程中,使用科学的项目管理方法,可以提升组织学习项目的有效性。下面将主要讨论组织学习项目的特点和管理流程。

(一) 组织学习项目

项目是为提供某项独特产品、服务或成果所做的一次性活动,具有目标性、资源性、时间性和唯一性的特点。组织学习项目作为项目在组织学习领域中的一种体现,也同样具有上述特点。首先,组织学习项目要有一定的项目目标,这就需要在组织学习项目管理的第一个阶段将组织学习需求转化为清晰的学习项目目标。其次,组织学习项目也具有资源性,包括人力、财力、物力,这就需要在组织学习规划阶段准备好组织学习预算、所需的相关工作人员及其他学习辅助设施。再次,组织学习项目具有时间性,也就是说,组织学习项目是在一定的时间内完成的,所以也需要制订相应的项目实施时间计划,并根据这个时间计划开展组织学习。最后,组织学习项目具有唯一性,因此严格说来一个组织学习项目是独一无二的,并不是可以反复重复的;即便在组织内部对学习项目进行复制时,项目本身及所针对的学习者都会或多或少地发生改变。

基于上述组织学习项目的特点,可以按照项目管理的通用原则和流程来管理一个组织学习项目。

(二) 组织学习项目管理流程

组织学习的项目管理就是为了实现组织学习目标而进行的组织学习项目启动、组织学习项目规划、组织学习实施与控制以及组织学习项目收尾。组织学习项目管理的基本工作流程包括:

■ **组织学习项目启动** 包括组建组织学习项目组,定义组织学习项目(组织学习项目需求分析,确定组织学习项目目标,确定组织学习项目评估目标等)。

■ **组织学习项目规划** 包括分解组织学习项目工作,制订组织学习项目计划(确定组织学习活动时间,确定学习场所,选聘专家和讲师,确定目标学习者,确定学习内容,选择学习方法,制定组织学习项目预算等)以及审批组织学习项目。

■ **组织学习项目实施和监控** 组织学习项目实施属于执行体验阶段,包括学习活动前的准备工作(如学习项目通告、学习报名、学习教材、学习相关信息管理等)、学习活动的实施(如培训开场、学习内容开展、学习结尾等)。而组织学习项目过程监控,则主要是控制各类资源的使用、保证学习质量及学习项目变更管理。

■ **组织学习项目收尾**　作为内化阶段或成就阶段,包括组织学习项目效果评估、组织学习项目行政收尾,以及组织学习项目总结等。

虽然一般的组织学习项目,通常都会包含上述项目管理的四个阶段及其具体活动,但是根据组织学习项目的大小及不同的项目特点,组织学习项目相关的具体工作任务也会有所差异。

通常来说,组织学习项目管理中,最重要的是组织学习项目启动和规划这两个阶段,其中更为关键的是组织学习项目需求调研和分析。这种需求调研分析必须建立面向对象的组织学习配置方案,也就是说,需要综合分析组织需求、学习者需求和实际问题的需要等方面的情况。有了良好的组织学习项目启动和规划工作,组织学习项目的实施与监控工作就会比较顺畅地进行。

另外,组织学习项目收尾阶段中的项目评估也是非常重要的。有效的评估可以促进对组织学习项目规划等管理工作的反思,并根据项目评估的结果不断地改进和完善组织学习项目的管理工作。

7.2　组织学习项目启动

组织学习项目启动过程,是指开始一个组织学习项目或阶段,并且有意愿往下进行的过程。在学习项目启动过程中,最主要的两项任务就是组建组织学习项目组和定义组织学习项目(如图7-4所示)。

图 7-4　组织学习项目启动

7.2.1　组建组织学习项目组

项目是由项目组成员来完成的,因此任何项目开展之前,首先要做的就是先把项目组建立起来。一个配置合理、团队合作的项目组是项目的核心和关键,是组织学习项目成功的保障。在组建项目组时,应该重点考虑以下四类人员(如图7-5所示):

■ 项目发起人(Sponsor)
■ 项目经理(Project Manager,PM)

- 项目核心成员(Core Team,CT)
- 项目外围成员(Extended Team,ET)

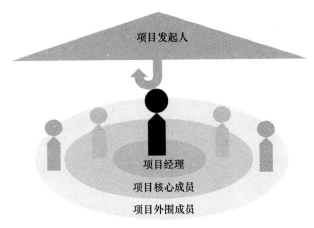

图 7-5　组织学习项目组成员

（一）项目发起人

项目发起人是提出和发起这个项目的人,并且对项目提供一定的资源和其他方面的支持。通常情况下,项目发起人会挑选并任命项目经理,批准项目核心成员的组成;也会提供资金支持及审批重大财务事项;同时,也会作为项目经理的求助对象,为其提供相应的支持。

一个学习项目的发起人可能是学习部门的人员,也可能是客户或业务部门的人员,或者是组织的高层管理者。

（二）项目经理

项目经理直接对项目发起人负责,并保证项目成功的实施。项目经理的职责包括:与项目发起人协商,在项目目标和所需资源等方面达成共识;挑选核心成员,并取得他们的支持;在项目的进程中不断了解客户的需求;在项目计划过程中领导及指导小组成员;保证与项目干系人的沟通并汇报项目的进展;监控项目的进程,保证项目按时间计划执行等。

组织学习项目的项目经理,通常是具有多年组织学习相关工作经验的管理者,因为在组织学习项目管理过程中经常会遇到各种问题,有时甚至是很难预料的突发问题,这就需要项目经理根据个人的专业知识和组织学习的相关工作经验来应对,来领导项目成员解决问题。

（三）项目核心成员

项目核心成员对项目经理负责,保证组织学习项目的顺利完成。他们会参与项目计划的制订,服从项目经理的领导,执行计划分配的任务,配合其他小组成员的工作,同时保持与项目经理沟通。项目核心成员通常会全程参与组织学习项目的所有阶段。

根据组织学习项目的规模,项目中的核心成员通常由组织学习开发方面的专业人员任职,并且与组织学习内容相关的业务人员按照一定的比例结构组成的,用以保障组织学习项目的内容准确和高效执行。

(四)项目外围成员

一般来说,组织学习项目中还有一些项目外围成员会部分地参与学习项目的开展。他们通常是各个领域的专业人员,在项目需要的时候参与进来,比如,做财务预算时可能会邀请财务专家来参与,做技术方面的工作时会邀请技术专家来参与。项目外围成员的特点是并不一定全程参与项目的各个阶段,只在项目需要时为组织学习项目完成相应的任务。

在组织学习项目中,项目外围成员既可能是学习开发部门的专业人员,也可能是组织外部的专家或顾问,还有可能是组织内部的业务人员或其他专业人士。

7.2.2 定义组织学习项目

在项目组开始组织学习项目的工作时,定义组织学习项目是第一步需要做的事情。在这一阶段,需要做的工作包括进行需求分析和拟定组织学习项目目标。在条件允许的情况下,如果能够在此阶段确定组织学习项目的评估标准,不仅有利于促进项目开展,并且可以作为影响组织学习项目自身的一种思考。在这几项工作中,最重要的就是确定组织学习项目的目标,因为组织学习项目目标的确定将直接关系到整个学习项目的成败。

(一)组织学习项目需求分析[①]

项目是为了满足组织的某种需求而存在的,因此需求是项目产生的根本前提,识别需求是定义一个学习项目时的首要工作。下面是两个关于组织学习需求分析的观点。

■ 斯蒂芬(Steve Cook)等人认为:"组织学习需求分析主要是寻找理想的绩效标准与实际绩效表现之间的差距,它是人力资源开发的基础工作,是进行有效学习的前提条件,它有助于组织学习规划和计划的顺利实施,同时也是衡量学习项目方案的标准。"

■ 戴维·哈里斯和兰迪(David M. Harris & Randy L. DeSimone)认为:"组织学习需求分析是确认一个组织人力资源开发需求的过程,它是组织人力资源开发与组织学习的起点。通过需求分析能够明确:组织的目标、员工实际具备的技能与优秀的员工所具备的技能之间的差异、现有技能和未来能够使工作获得更好

[①] 因为市场上有许多专门介绍如何做组织学习需求分析的书籍和文章,在这套丛书中《学习与规划》一书中也有详细介绍组织学习需求分析的方法和工具,所以在本书中不做详细的介绍。

绩效所需要的技能之间的差距、组织人力资源开发活动的情况。"

通过上述两个对组织学习需求分析的定义可以看出,组织学习需求分析主要是通过收集组织及其成员现有绩效的有关信息,确定现有绩效水平与应有绩效水平之间的差异,从而进一步找出组织及其成员在知识、技能和能力方面的差距,为组织学习活动提供依据。

需要注意的是,组织学习开发专业人员在进行组织学习需求分析时,不应该将注意力全部集中在个人的绩效差距上,因为这样只能解决个人问题,而不能解决某个团队、群体或组织绩效的问题。另外,在对一个组织学习项目的需求进行分析时,还需要确认清楚:现存的组织发展与绩效相关的问题是否能够通过组织学习的手段来解决。对一个组织而言,组织学习不是万能的,并不是组织中所有的问题都能够通过学习来解决的。

最后需要强调的一点是,组织学习项目需求分析是组织学习项目开展首要而且必经的环节,是整个组织学习项目的前提和基础,在组织学习中起着非常关键的作用。组织学习项目能否真正对学习者的行为产生影响、对组织能够产生多大的影响,与对学习需求分析的正确性及准确性密切相关。

(二) 确定组织学习项目的目标

确定组织学习项目目标就是对组织学习需求的细化,它反映出组织对学习项目的基本意图和期望。只有在明确了组织学习项目的目标之后,才能进一步确定需要通过哪些工作任务来实现这个目标。确定组织学习项目目标的意义非常重大,因为组织学习项目目标是确定组织学习内容和方法的基本依据,同时也是评估组织学习项目执行效果的主要依据。

组织学习需求与组织学习项目目标是两个不同的概念。组织学习项目直接源于组织学习需求,组织学习项目的项目目标是服务于组织学习需求的,但是组织学习项目的目标又不同于组织学习需求。在通常情况下,组织是按照组织学习需求的要点来规划和确定相应的组织学习项目,也就是说,一个组织学习项目通常只能承担某一特定范围的组织学习需求,而不能期待只通过一个组织学习项目来实现多个组织学习需求。

在组织学习需求调查的过程中可能会发现,组织成员不仅没有展现出组织所期望的某种行为,而且也没有掌握相应的知识和技能,或没有具备与组织文化相适应的观念和行为方式。在这种情况下,拟定组织学习项目的项目目标时,一方面要明确地指出学习者在参加组织学习活动之后所应掌握的知识和技能。另一方面,也是更为关键的一点,应该指明学习者在参加组织学习活动之后,在特定的环境条件下,能够表现出来的某种特定行为,并产生组织所期望的业绩或改变。从组织发展的角度来看,需要在组织学习需求里明确由于学习者个人改变所可能带来的团队、部门或整个组织的改变。

虽然不同的组织学习项目目标是不一样的，但是编写组织学习项目目标的格式基本是大同小异的。除去组织学习项目目标中关于工作团队和整个组织改变方面的内容，学习项目目标就是要准确地、具体地阐述学习者在参加组织学习活动之后，在什么样的条件下，能够有什么样的改变，并且提升到什么程度。也就是说，在组织学习项目目标中，应该清楚地说明三个事情：行为能力表现、行为发生的环境条件、行为表现标准。

关于如何确定组织学习项目的目标，马杰（Mager，1997）在《准备教学目标》（Preparing Instructional Objectives）文章中介绍的编写学习开发项目目标的操作指南。[1] 这个操作指南可以作为组织学习项目目标确定的参考方法，如下：

■ 组织学习项目的目标是文字、符号、图画或表格的组合，它指出了学习者应该从组织学习项目中取得的成果。

■ 组织学习项目的目标应该从三个方面来传达组织学习的意图：
  ○ 学习者在掌握了学习内容后应该表现出什么样的行为；
  ○ 通过组织学习项目，学习者在观念和行为上的改变应该在什么样的条件下表现出来；
  ○ 评价学习成果的标准是什么。

■ 在编写组织学习项目目标时，需要不断地进行修改和完善，直到以下问题都有了明确的答案：
  ○ 组织希望学习者能够做什么；
  ○ 组织希望学习者在哪些情况下表现出这些行为；
  ○ 组织希望学习者的行为达到什么样的标准或水平。

■ 逐条写出组织期望学习者取得的每一个学习成果，直至描述充分。

组织学习项目目标的设置是否正确和准确，决定了组织学习项目结束后，学习项目发起人和学习者是否会认可"学习是有效的"。一个表达模糊，容易产生歧义的组织学习项目目标很难有效地引导学习者的行为。比如，把组织学习项目目标定义为"让各级主管了解人力资源管理体系的基本情况，知道自己在人力资源管理工作中的重大责任"，这样的组织学习项目的目标描述得太笼统，因此在这个组织学习项目实施结束后，是很难评估学习者的学习效果的。为了使组织学习项目的目标更加准确和有效，建议在初步拟定项目目标后用以下三个问题来核查自己的项目目标：

■ 组织学习项目目标是否已经明确地传递了组织对学习者在参加组织学习活动之后所展现出来行为的基本期望？

■ 学习者的这种行为将来会在什么样的条件下发生？

---

[1] R. F. Mager (1997). Preparing Instructional Objectives (3rd edition)[M]. Atlanta：Center for Effective Performance. 136.

■ 学习者表现出来的行为规范是什么？也就是说，这样的行为达到什么样的要求，才会被组织所认可？

通过以上三个问题，对组织学习项目的目标进行检查和修正，可以提高组织学习项目目标表述的规范性和有效性。

（三）确定组织学习项目的评估目标

评估是一个用来确定某个活动是否有价值和意义的系统过程，同时它也是一个组织学习开发活动的优化过程；既是对组织学习项目的反思，又是作为改变未来行动的参考依据。组织学习项目评估是整个组织学习项目管理中的最后一个环节，但是在定义组织学习项目的时候就涉及评估，主要基于下面一些考虑：

■ 组织学习项目的目标与其评估目标是紧密联系的。在确定了组织学习项目目标后，为了在组织学习实施之后对是否达到这些目标进行评估，需要确定与组织学习项目目标相对应的评估目标。

■ 在组织学习需求分析阶段所收集的各类资料，都可以作为组织学习效果评估的参考标准，并用此参考标准来分析所实施的组织学习项目的有效性。如果缺乏相应的信息和背景资料，则组织学习项目效果评估将无基础可言。

■ 在组织学习项目实施阶段，需要有一定的目标要求作为依据，因而如果能在定义学习项目阶段制定出评估目标，甚至详细的评估标准，将有利于监控后期整个学习项目的实施质量。除此以外，根据评估目标，还可以在实施阶段收集所需要的信息和数据，以便在后期评估阶段使用。

关于具体的组织学习项目评估目标，有很多研究成果和理论模型可以应用到评估相关的工作中，例如柯克帕特里克（Kirkpatrick，1967，1987，1994）的学习效果评估模型、CIRO 评估模型（高尔文，1983）、CIPP 评估模型（沃尔等人，1970），等等。如柯克帕特里克认为，可以从四个层次来评估学习的效果，即：学员反应、学习成果、工作行为、经营业绩。那么，项目评估目标是反应层面、学习层面、行为层面，还是结果层面？对这个问题的回答决定了在组织学习项目实施阶段收集什么样的评估信息和数据、最终组织学习项目评估阶段如何来评价这个组织学习项目是否达到预期的效果。最后需要强调的一点是，无论依据哪一种评估模型，作为组织学习开发人员，都应该在定义组织学习项目阶段就确定学习项目评估目标在什么样的层面上。

7.3 组织学习项目规划

组织学习项目规划是组织学习项目管理中一个非常重要的环节。有人说：凡事预则立，不预则废。虽然组织学习项目的规划不能保证项目一定成功，或是不做规划也未必一定会导致项目失败，但是组织学习项目规划通常都会提高学习项目的成功几率。在组织学习项目规划阶段,需要重点完成两项任务,一是分解组织学习项目工作,二是制订组织学习项目实施计划(如图7-6所示)。

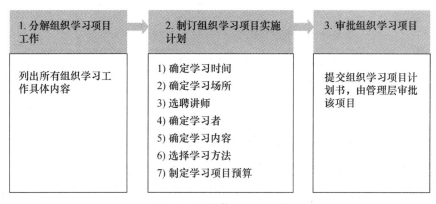

图7-6　组织学习项目规划

7.3.1　分解学习项目工作

在讨论分解项目工作的时候,通常都会涉及项目管理中的一个重要概念——工作分解结构(Work Breakdown Structure,WBS)。工作分解结构作为项目管理的一种核心方法,主要应用于项目的范围管理。它是一种在项目全范围内分解和定义各层次工作包的方法,是控制项目变更的重要基础。

工作分解结构作为将项目工作分成比较小的任务要素的媒介物,可以把组织学习项目分解成更小、更易于管理和控制的单元,为每个主要的活动和细微的活动提供了更大的实现可能性。工作分解结构主要具有以下作用:

■ 确保项目的完整性,工作分解结构结果应该包含所有工作,没有任何一项工作被遗漏;

■ 清晰地表示各项目工作之间的相互关系,帮助项目经理和项目团队领导和执行整个项目的实施;

■ 展现项目的全貌,详细地说明了为完成项目所必须开展的各项工作计划;

■ 定义具有里程碑性质的事件,可以向高级管理层和客户报告项目完成的情况,作为项目状况的报告工具。

工作分解结构(WBS)分解步骤(如图7-7所示),所包含的整个分解过程主要包括:1)总项目;2)子项目或主体活动;3)主要的活动;4)次要的活动;5)工作包。虽然这个分解过程并不复杂,但是应用在具体的实际项目上可能会出现比较复杂的情况。在进行复杂的工作分解时,可以暂时不考虑各子项目或任务的顺序排列,尽可能完整地列出各项内容,争取不要遗漏任何一项工作。

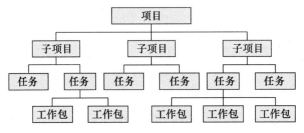

图 7-7 工作分解结构(WBS)分解步骤

根据工作分解结构(WBS)的方法,组织学习项目的工作分解也是逐步从大向小的,从而将组织学习项目分解成为更小、更易于管理和控制的组织学习项目工作任务。下面以一个课堂学习项目为例来说明组织学习项目的工作分解。首先把组织学习项目分解成三个部分:学习活动前、学习活动中和学习结束后,然后再继续分解,直至形成容易管理和控制的学习任务(如图7-8所示)。

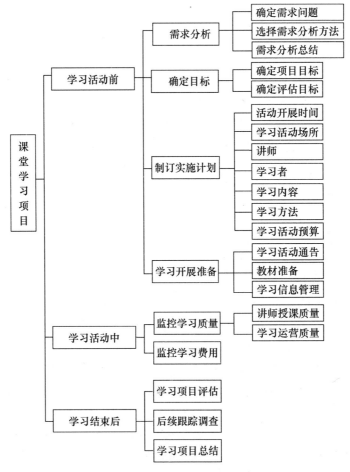

图 7-8 一个课堂学习项目的工作分解

7.3.2 制订学习项目实施计划

组织学习项目的实施计划是根据需要完成的组织学习目标和任务,制订相应的具体工作计划,并为保证组织学习项目相关工作的实施提供相应的领导支持和指导。制订组织学习项目计划的结果是形成明确的项目执行计划,即"组织学习项目计划书"。组织学习项目计划书既是基于某一个组织学习项目运作的操作控制、执行管理或领导的文件,也是项目实施执行、质量控制与监督的有力保障。

项目的实施计划可以分为若干个子计划,它回答的是一个学习项目的定位、目标、什么时候举办、在哪里、谁参加、学什么、需要多少资金、具体操作流程、注意事项等基本问题。在工作分解阶段,已经把一个学习项目进行分解,而在制订实施计划阶段,就是按照一定的逻辑顺序做出学习时间(When)、学习场所(Where)、学习者(Who)、学习对象(Whom)、学习内容(What)和学习方式(How)等设定。同时也要有必须的资源分配计划、考核、职责、管理或领导等内容(如图7-9 所示)。

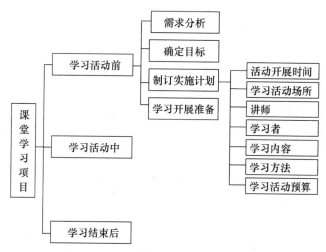

图 7-9 一个课堂学习项目的实施计划

■ 确定学习时间

学习时间安排与组织学习项目实施有着非常密切的联系,因此在实施前应该充分重视学习时间的安排。确定学习时间包含两个方面,一是学习日程,二是学习中各个单元模块具体的时间分配。

学习日程,包括何时开始学习活动、学习活动持续的时间天数、学习活动开展的频率,等等。一个组织学习项目通常会涉及很多人,如讲师、学习者、学习支持人员等,所以学习日程要尽早确定并告之相关人员,以确保学习活动的顺利开展。另外,在学习活动开展前确定各个学习活动单元模块具体的时间分配也很重要,这样就可以在学习活动开展过程中有效地控制学习活动的进度。

■ **确定学习场所**

确定学习场所,包括学习地点的选择及学习现场的布置。舒适的学习环境对于学习效果也有着举足轻重的影响。学习现场的布置有很多细节需要考虑,包括课堂环境、生理和心理环境、外部交往空间、网络环境等。

■ **选聘讲师**

学习活动中的师资是影响组织学习项目实施质量的关键环节,因此选聘合适的讲师是非常重要的。在选择讲师时,有两个选择,即内部讲师和外部讲师。可以根据组织学习项目及组织的具体情况来判断到底选内部讲师还是外部讲师。有时候在一个学习项目中可以既有内部讲师,又有外部讲师。

■ **确定学习者**

在一个组织学习项目实施前,应该比较确定地了解目标学习者。他们为什么要参加学习,也就是学习动机是什么?他们具备哪些特征?有什么共同点或不同点?相关的学习经历是什么样的?学习者通常是具有某一相同特质的一类人群,例如,某一类岗位的人员,某一级别的人员,某一部门的人员等。

■ **确定学习内容**

在组织学习项目启动的学习需求分析阶段,已经确定了学习主题;在组织学习项目规划阶段,要对学习内容进行进一步地确认和细化,包括每个单元的学习内容、相应的学习活动、辅助资料等。

在确定学习内容时,要考虑到学习者的学习背景和学习需求,先确定学习课程中不可缺少的部分,即必须掌握或了解的内容,然后再选择一些学习者应该掌握或了解的内容,根据重点进行编排,并对所列的学习内容进行有策略的筛选。通常情况下,在编排课程内容时,要遵循从简单到复杂,从已知到未知的原则,并符合一定的逻辑结构。在一些特殊的情况下,也可能采用非常规的课程编排方式。

■ **选择学习方法**

由于不同的学习方法所要求的师资力量、学习投入、学习时间和学员特征各有不同,产生的学习效果也有所不同,因此对学习方法的选择要充分的考虑到学习者的特征、学习的内容和学习环境的要求。组织学习中可以使用的学习方法有很多种,如讲授法、研讨法、视听法、案例研究法、角色扮演法、游戏学习法、操作示范法等等。每种学习方法都有各自的利弊,在一个组织学习项目中通常会采用多种学习方法,并根据不同的学习内容采用不同的学习方法。

■ **制定学习项目预算**

现在的组织越来越重视投入产出比,组织中对学习的投资也慢慢开始由随机性比较大逐步走向预算管理,因此在组织学习项目实施前就需要制定组织学习项目预算,这是学习活动组织者必须要考虑的一个问题。学习预算与可能为组织带来的效益进行比较,会影响到开展组织学习项目的决策;同时,组织学习的不确定性和效果滞后性又非常不利于将组织学习与效益直接联系起来。

组织学习项目的预算通常可以大致分为以下几类：
- 课程相关费用　包括讲师的讲课费、学习教材费、学习道具费用等；
- 学习运营费　学习活动所在的场地及设施使用的费用、餐费、茶歇费等；
- 学员相关费　包括住宿费和交通费等。

7.3.3　审批组织学习项目

在组织学习项目实施计划完成后，需要向管理层汇报并获得审批，这是组织学习项目管理阶段中非常重要的一个里程碑，会决定这个组织学习项目是否开展。在不同的组织中，根据组织学习项目的不同类型，这种项目审批阶段有时也会出现在做组织学习项目实施计划之前，甚至是在需求分析之前。

管理层会根据组织学习项目组提交的组织学习项目计划书来做出决定，因此组织学习项目计划书起着举足轻重的作用。一个完整的组织学习项目计划书通常会包含以下内容：

- 组织学习需求分析报告
- 组织学习项目名称
- 组织学习项目目标
- 学习者
- 讲师情况
- 学习内容
- 学习时间
- 学习地点
- 学习方法
- 项目费用预算

在组织学习项目通过审批后，就可以进入下一阶段——组织学习项目的实施与监控阶段。

7.4　组织学习项目实施与监控

组织学习项目的实施与监控，是指通过采取一系列的措施，保证组织学习项目实施与项目计划的要求在某种程度上保持一致，从而最终达到组织学习项目的预期要求和效果。组织学习项目的过程控制主要包括学习活动前的准备工作、学习活动的实施、组织学习项目的过程监控以及学习变更管理（如图7-10所示）。

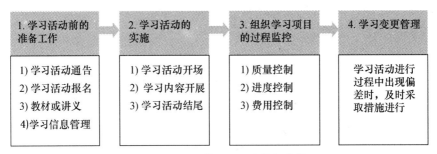

图 7-10 组织学习项目实施与监控

7.4.1 学习活动前的准备

虽然在组织学习规划阶段做了很充分的实施准备，在学习活动正式开始前，还有许多学习准备工作需要完成，如拟定并及时发布组织学习项目通告，制作学习手册，安排登记注册以及完成学习者学习档案等。

■ 学习通告是用来告知目标人群有关组织学习项目的各项事宜，包括项目目的、项目进行的时间、地点、参加项目需要具备的资格条件等。学习通告应该尽量提前，这样可以让目标人群有足够的时间调整自己的工作安排，并进行学习申请。在目前通讯发达的工作环境下，组织学习部门人员可以利用的信息传递渠道十分丰富，如通过局域网发布学习信息、电话或短信通知、电子邮件通知、在组织学习专刊上登文等。总之，要尽量让目标学员通过最方便的渠道快速地和全面地了解组织学习项目相关的信息。

■ 学习报名工作通常在学习通告发出后开始的。传统的纸质报名、审批工作繁杂而效率低下，而且经常会出现各种错误，比如遗漏人员、信息有误等。现在许多组织使用学习管理系统，借助互联网和内部网络技术及数据库管理技术，学习者只需使用浏览器即可完成查询、在线注册、在线审批等全部操作，使学习报名工作变得简单而有效。

■ 学习教材及其相关学习资料也会影响组织学习项目的实施效果，因此制作学习教材也是学习准备工作中很重要的一项工作。无论是利用内部讲师还是从外部聘请讲师，最迟应该在学习正式开始前一定的时间内将学习手册或学习教材准备好，以保障学习者在学习过程中能够获得所需要的学习资源。

■ 学习信息管理工作也应在这时候开展。目前组织都很重视员工的职业生涯发展，因此，学习开发部门应该加强对组织成员参加各种学习活动的文档管理，如可以采用在组织人力资源管理系统中建设组织成员学习模块，对学习者参加的学习活动实施跟踪等方式。学习者的学习档案是其在组织内部个人发展过程的记录，同时还是职务晋升、岗位变动的重要背景信息资料。

7.4.2 学习活动的实施

当所有与学习活动相关的前期工作大致已经准备就绪的时候，接下来需要做的就是实施组织学习活动了。学习活动通常是分阶段进行的，由此可以将组织学习项目中的学习活动分成若干个环节或阶段。在这里将重点讨论学习活动开场、学习内容开展和学习活动收尾三个环节。

■ **学习活动开场** 作为学习活动的初始阶段，会为后续的各个学习活动环节奠定一种影响深远的基调，影响着组织学习项目中的学习氛围和学习文化形成。在这个阶段，有以下几项任务需要完成：

○ **明确学习预期** 说明学习目的、学习目标、学习主题、学习日程等。

○ **约定课堂规范** 各项约定和纪律，比如不能迟到早退、在课堂上不能接电话、要积极参与讨论、相互之间要多交流等。

○ **破冰活动** 许多组织学习项目在开始的时候都会进行一些破冰的小活动，除了可以帮助讲师了解学员的基本情况外，还有助于学员之间互相了解，大家相互熟悉后建立起和谐的人际关系，增强学员对这个学习活动的临时组织建立归属感。

○ **了解学员的学习动机** 这项工作对于成人在职学习来说尤为重要。可以问一下学习者希望通过学习活动达到的目标是什么，实现这些学习目标对他们有什么好处等。与单纯了解学员的学习动机相比，最好能够做一些增强学习动机的工作，比如，对学员关心或担心的问题表示关注，让学习者签署一份学习协议等。进行学习活动前的测验或预备练习，了解学习者的起点，也是一种积极的做法。

○ **营造学习氛围** 在开始学习活动的时候，应尽力营造一种相互尊重和开放的氛围，这样学习者能更容易地得到自己需要的帮助和取得更好的学习效果。

■ **学习内容开展** 有了良好的学习活动开场后，学习内容的开展就会相对顺畅一些。这时候就可以根据之前的学习设计，进行相应的学习内容的开展。

○ **内容方面（Content）** 可以采用一些方式引起学习者的好奇心，激发学习者对学习内容的兴趣，比如讲故事、猜谜等方式。另外，学习者本身也有很多宝贵的经验和体会，通过一些讨论和经验交流活动可以充分体现学习者的知识积累和经验分享，促进学习者参与学习活动。总之，在内容方面，讲师或组织者应该更多关注学习者的反应和反馈，以确定是否达到了每个学习单元的学习目标。

○ **过程方面（Process）** 可以通过各种小活动不断地吸引学习者的注意力，比如互动、竞赛、游戏、操作、视频等活动；同时也需要关注学习进度，以确保在既定的时间内完成整个学习项目的目标。另外，也有一些提倡"松散型"的组织学习观念，认为对某个学习者共同关注的问题进行深入讨论的意义要远远大于完成学习计划的意义。

■ **学习活动收尾** 一个组织学习项目活动的收尾工作也非常重要，可以起到画龙点睛的作用。通常在学习活动收尾时要完成以下几个任务：

○ **总结归纳**　用各种方式或活动，将整个学习内容进行梳理，让学习者对学习有一个整体的认识和回顾。

○ **深化理解，强化印象**　在学习活动最后，需要确认学习者对重点学习内容的理解，可以通过讲师提问或学员提问的方式进行，用以强化学习者对于这些知识点或技能的印象。

○ **激发行动**　要将这些学习内容落实到学习者的实际工作中，因此可以通过一些倡导的形式，让学习者建立行动计划，以建立学习者在将来实践这些知识和技能的意愿。

7.4.3　组织学习项目的过程监控

组织学习项目的实施与最初的项目计划之间必然存在着一些差异，因为项目计划不可能编制得完美无缺，并能够预见未来各种情况发生的可能，同时在项目实施过程中，也必然要根据各种实际情况的变化对项目计划做出相应的调整。组织学习项目的过程监控非常重要，是应对各种施行过程中变化的基础性工作。定期检查组织学习项目的执行情况，可以用来发现组织学习项目执行时的环境变化以及与既定计划之间的偏差。当环境发生改变和项目执行出现偏差的时候，需要通过调整组织学习项目计划来改变执行项目的方式和相关的学习活动。在前面曾经讨论过，项目的"铁三角"，即三个要素是范围、进度和资源。在组织学习项目的过程监控中，就需要对这三个项目要素进行相应的监控，因而组织学习项目监控最关键的三个方面包括：

■ **组织学习项目的质量控制**　对组织学习项目实施情况进行监督和管理、监督项目的实施结果，将项目的结果与事先制定的质量标准进行比较，找出其存在的差距，并分析形成这一差距的原因。

■ **组织学习项目的进度控制**　将已完成的组织学习项目的工作任务与计划完成的工作任务进行比较，从多种角度确定工作进度是否符合计划的要求，并根据进度情况调整各类资源的投入和分配。

■ **组织学习项目的费用控制**　为实现项目的成本目标，对组织学习项目实施过程中的各种花费进行指导、监督、调节和限制，及时控制与纠正即将和已经发生的偏差，把各项费用控制在规定的范围内。

7.4.4　学习变更管理

在组织学习项目的实施过程中，存在着各种各样的干扰因素影响着组织学习项目的进行，也就是说，组织学习项目总是处于一个动态变化的环境之中。即使在组织学习项目规划阶段已经做了非常充分的准备，仍然避免不了学习项目实施过程中会发生变化。对于组织学习项目的管理者或领导者来说,关键的问题是能够有效地预测可能发生的变化,然后采取相应的预防措施,从而实现组织学习项目的目标。但是在实际的情况中,不可能对所有的风险都能够进行有效的预防,而更为实用的方法是通过不断地监控、有效地沟通与协调、认真地分析研究,争取更加深入地了解项目变化的规律,妥善应对和处理各种变化,以使组织学习项目达到相对的不变。

学习项目过程监控中,当学习质量、学习进度或学习费用出现偏差时,应该及时采取措施进行纠正。比如,当学习进度出现偏差时,可以通过调整学习内容或者学习方式进行改善。总之,要尽量早发现,才能花最小的代价纠正偏差。

除此以外,组织学习项目实施过程中还有很多不确定因素,比如:讲师变动、学习地点变动、学习教室停电、学员交通问题、食宿问题、天气因素等一些突发事件。针对这些问题需要提前有所考虑,并准备相应的紧急预案,才能在出现问题时有条不紊的处理。

7.5　组织学习项目收尾

组织学习项目收尾是整个学习项目管理的最后阶段,然而在实际的项目管理中,这个阶段往往不被重视。这个阶段的工作其实也是非常重要的,首先这是一个评估组织学习项目是否达到之前设定目标的时机;其次是一个与管理层和学习者进行沟通的机会;另外通过收集、整理、保存项目记录实现实践知识的积累,可以为以后其他组织学习项目提供参考数据和案例。在这个阶段,主要完成三项工作:学习项目评估、学习项目行政收尾、学习项目总结。

7.5.1　学习项目评估

评估是一个用来确定某个项目活动具有何种价值和意义的系统过程。任何一个组织学习项目在收尾阶段都要进行项目评估,其意义和重要性不言而喻。但是,组织学习项目评估在现实环境中却是一项非常艰难的工作,因为组织学习项目的效果或投资回报都是很难通过直观的手段检测出来的。

在过去几十年的研究中,有许多人力资源领域和学习领域的专家学者都致力于学习评估这项艰难而又重要的探索中,并取得了一些研究成果,提出一些可以用于学习评估的模型(见表7-1)。在这些模型中,柯克帕特里克的学习效果评估模型是目前被认为最有影响力的,也是被全球学习开发专业人员广泛采用的一种学习评估模型。

表 7-1 学习评估模型[①]

模型	时间	学习评估指标
柯布(Korb)	1956	知识与态度、受益及运用程度、绩效记录和主管反馈、生产效率、工作满意度和工作士气
柯克帕特里克(Krikpatrick)	1967,1987,1994	四个层次：学习者反应(Reaction)、学习成果(Learning)、工作行为(Behavior)、经营业绩(Result)
CIPP(高尔文)	1983	四个层次：情境(Context)、投入(Input)、过程(Process)、产品(Product)
CIRO(沃尔等)	1970	四个层次：情境(Context)、投入(Input)、反应(Reaction)、产出(Outcome)
布林克霍夫(Brinkerhoff)	1987	六个阶段：目标设定、项目策划、项目实施、及时的产出、中间产出或结果、产生的影响和价值
系统方法(Bushnell)	1990	四个活动集合：输入、过程、输出、结果
克里格尔、福特、萨拉斯(Clegg)	1993	学习结果的分类框架：将学习结果分为认知、技能、情感三种类型，提出了测量每一类结果的指标
考夫曼、凯勒(Kauferman)	1994	五个层次：反应、获取、应用、组织产出、社会贡献
霍尔顿(Holton)	1996	五类变量及其关系：次级影响、动机要素、环境要素、结果、能力要素
菲利普斯(Phillips)	1996	五个层次：反应及行动改善计划、学习、学习成果在工作中的应用、经营业绩、投资回报率

这里将不详细展开关于学习评估的模型或理论的介绍；关于学习项目评估，已经有许多书籍专门介绍学习评估的专业理论和技术。但是，需要注意的是，无论采用哪种评估模型或技术，组织学习项目评估本身都是非常重要的，通过对组织学习项目的评估，可以向管理者和学习者提供反馈，促进学习者对学习进行反思，了解学习者的学习效果；同时可以积累组织学习数据和案例，提升今后组织学习方案分析的成本效益。对组织学习项目的评估及其评估结果的宣传，还可以不断地强化组织成员对学习的认识，使其意识到组织学习对于组织和个人的意义和重要性。

7.5.2 学习项目行政收尾

在学习项目收尾阶段，还要完成整个项目的行政收尾工作，梳理所有组织学习项目相关的信息资料，并进行归档，为将来提供相关的文档支持。具体工作包括：

[①] Randy L. Desimone, Jon M. Werner, Human Resource Development (2002), Harcourt College Publishers, 231.

- **项目文件归档**　包括学习教材,学习签到表、学员评估表、相关照片、视频资料等;
- **学习费用结算**　包括内部费用结算和外部费用结算;
- **学习记录更新**　包括学习者的学习记录、讲师的授课记录等。

这些组织学习行政收尾工作通常是由学习助理主要完成的。这些表面上看似简单的工作,却能够在细节上影响组织学习项目的工作效果;例如,如果没有完成相应的学习记录更新,可能会影响将来其他组织学习项目的报名工作。因此,组织学习项目经理也应该重视这部分工作的完成,以保证整个组织学习项目管理的完整性。

7.5.3　学习项目总结

关于对组织学习项目的总结,人们普遍都会认为这是一项比较重要的工作,但是在实际行为上,却很少有人能够把项目总结与进度、费用等问题同等对待。事实上,在组织学习项目或项目阶段达到相应目标或因故终止后,都需要投入足够的资源进行项目总结。对组织学习项目比较成功的地方、取得的效果及获取的经验教训等方面进行整理和分析,并形成组织学习项目总结报告或档案,具有重要的意义:

- **健全业务档案**　形成比较规范科学的项目总结报告制度。每一个组织学习项目完成后,以项目总结报告作为该项目的收尾,可以使项目相关的业务档案更加健全。
- **强化项目成果**　通过项目总结会、项目报告、新闻稿件、视频等形式向管理层或组织成员共享项目成果,可以让更多人了解这个组织学习项目。
- **完善制度流程**　项目总结报告归纳总结出了问题、经验、教训等,可以针对性地完善相关的制度流程。
- **案例和知识积累**　将组织学习项目各个阶段的资料和故事整理在一起,形成一个可供将来借鉴的案例。另外,组织学习项目总结也是一种实践知识的积累和组织内共享的过程。

(一)组织学习项目总结形式

组织学习项目的总结形式根据学习项目的规模大小、对组织的重要性等诸多因素将会有所不同,以下列出了几种常用的组织学习项目总结形式:

- **学习项目总结会**　通常一些规模比较大并且对组织比较重要的组织学习项目,在学习项目结束后会由组织学习项目经理向管理层汇报学习项目的实施情况、效果和意义。
- **学习项目报告**　几乎所有的组织学习项目都需要在项目结束后提交学习项目报告,对组织学习项目进行总结,让相关人员了解项目实施情况。

■ **制作项目成果宣传资料,并进行发布**　通过这种方式,可以让更多的人了解这个组织学习项目的开展情况。宣传资料通常由组织学习项目相关的视频、照片、学员感言等内容组成,可以通过组织内的学习网站或内部网、电子邮件、组织期刊等渠道发布。

(二)组织学习项目总结报告的撰写

在编写项目总结报告时,应该首先明确编写的目的,同时简述组织学习项目概况、项目背景和项目进展情况等内容。组织学习项目总结的内容要具有针对性、时效性和持续改进的意义。

组织学习项目报告通常根据汇报对象和呈现方式而有所不同,有的时候可能会采用投影的形式向管理层呈现,而有些时候则需要以文档的形式进行呈现(见表7-2)。无论采用哪种组织学习项目呈现方式,学习项目总结报告的框架可以分成以下几个方面:

■ **组织学习项目基本信息**　介绍组织学习项目的基本情况,通常包括项目名称、项目背景、项目目标、组织学习项目组负责人及成员等。

■ **组织学习项目实施情况**　将项目计划和实施的实际情况进行对比,包括学习日期、学习时长、学习地点、参加人数等。

■ **组织学习项目费用**　列出费用支出情况,也要将预算跟实际花费进行对比,包括学习授课费、教材费、住宿费、餐食费、会议场租费、茶点费、购书费及其他费用。如果预算与实际花费差异较大,要特别说明原因。

■ **组织学习项目效果评估**　总结项目评估结果,通常包括学员反馈、考试成绩、项目目标效果评估等。

■ **经验总结**　总结项目成功或失败的经验,对将来工作提出建议。

■ **相关支持信息**　包括组织学习项目现场照片、录音、录像等。

表7-2　组织学习项目总结报告样式

组织学习项目基本信息		
项目名称		
项目背景		
项目目标		
项目组构成	项目负责人	
	项目组成员	

(续表)

组织学习项目实施情况				
计划/实际	学习日期	学习时长(小时)	学习地点	参加人数
计划				
实际				

组织学习项目费用			
分类	预算金额(元)	实际金额(元)	异常说明
授课费			
教材费			
住宿费			
餐食费			
会议场租费			
茶点费			
购书费			
其他			
总计			

组织学习项目效果评估

经验总结

相关支持信息

最后需要强调的是,组织学习项目总结有时需要侧重于汇报成果,而有的时候需要侧重于总结经验教训。尤其是在组织学习项目进展不顺的情况下,对项目的总结更加显得意义重大。在进行总结的时候,应该针对事情本身进行讨论,而不是针对项目组成员个人。项目总结不仅仅是回顾刚刚结束的组织学习项目,而且是为了将来更好地开展工作,促进项目组成员的个人成长。

第8章

终身学习

8.1 终身学习概述

随着科学技术和社会经济的迅速发展、知识、技能和人力资本价值的提高,学习的地位和作用得到进一步提高和增强,开始进入了世界历史舞台。终身学习作为一种朴素的思想很早就出现在人类社会中,然而那时仅作为个人修养的一种发展手段,直到终身学习这个概念的提出,才被赋予了知识更新、知识创新等新的内涵。知识经济中的当代社会,知识的形态和功用都发生了前所未有的变化。第一,知识总量增多,知识成为社会生产力、经济竞争力的关键因素。第二,知识的更新率、陈旧率加大,有效期缩短。第三,知识的高度综合、渗透现象加剧。发生在知识领域的这些变化,给社会生活、经济生活带来深刻而又广泛的冲击。对于个人而言,仅仅依靠青年时期学校教育所具有的知识,已经很难满足工作和生活对知识的需要。另外,随着人本主义哲学的兴起,人们开始反思教育之于人生的意义,重新审视学习对人生幸福的重要价值。终身学习正是在这样的背景下,得到了广泛的关注。

8.1.1 终身学习内涵及历程

(一) 终身学习内涵

终身学习是通过连贯的支持过程来发挥人的潜能,激励和促进人们有权利去获得他们一生所需要的全部知识、价值、技能和理解,并在任何任务、情况和环境中都有信心、有创造性且愉快地应用它们。[1]

理解终身学习这个概念,需要注意下面三个方面:

■ 终身学习强调了学习者的重要性,以发挥人的潜能为其着眼点;

■ 终身学习与终身教育密不可分,终身学习的实现,必定要"通过一个不断的支持过程"——终身教育;

■ "应用"是终身学习的一个重要构成部分。

(二) 终身学习的发展历程

终身学习思想很早就存在,例如:孔子曾经提出的"学而不已,阖棺乃止"等思想,可以被认为是朴素的终身学习思想萌芽。终身学习从提出到形成,经历了三个重要的发展阶段。首先是终身教育理念的产生和这一理念在全世界得到广泛认同与普及。其次,"学习社会"理念的产生与发展,促进终身教育向终身学习转变。最后,在国际组织的积极推动和倡导下,经历了一系列发展和深化之后,最终确立了

---

[1] 吴尊民,末本诚,小林文人. 现代终身学习论[M]. 上海: 上海教育出版社,2008:133.

终身学习理念。

■ 终身学习的概念最早于20世纪60年代后期出现,是伴随着终身教育及相关理念的深化而产生。1965年12月,在联合国教科文组织第三届成人教育委员会的会议上,保罗·朗格朗(Parl Lengrand)第一次以终身教育为题作了报告。朗格朗强调,教育和学习,应该是从摇篮到坟墓持续一生的。这次会议标志着终身教育理念在国际层面获得一致肯定,并以此为契机,终身教育思潮开始在全世界诸多国家传播。世界各国掀起了一轮以建立终身教育体系为目标的教育改革浪潮,终身教育时代走进了人们的世界。

■ 1972年由联合国教科文组织召集,法国前总理爱德加富尔主持的国际委员会提出了报告《学会生存——教育世界的今天和明天》。该报告强调两个观念:终身教育和学习社会,提出要以终身教育为指导,向学习社会进军。报告中把"学会生存"和"终身学习"联系在了一起,并认为人的生存应该是一个无止境的完善过程和学习过程。至此,"终身学习"这一概念正式被权威官方组织提出,并成为涉及人类社会发展的重要理念。

■ 1976年11月,联合国教科文组织在非洲召开会议,并通过了《关于发展成人教育的劝告书》。劝告书又一次明确地提出"终身学习"这个概念,必须用"终身学习"代替"终身教育"。这个事件标志着终身学习理念的确立。

8.1.2 终身学习的相关概念

提起终身学习总会涉及与之相关的若干概念,在这一小节中将主要介绍终身教育、学习社会、组织学习这三个概念。

(一)终身学习与终身教育

终身教育是人们一生中受到各种教育的总和,包括一个人一生中正式的和非正式的学习。终身教育认为,教育不能只限于人生的某一时期,更贯穿于人的整个一生;教育既包括正式教育,也包括非正式教育;是学校教育、家庭教育和社会教育等教育形式的集合。终身教育理论打破了把人生分为学习和工作两个阶段的传统"二元论",或将学校教育作为全部教育内涵的狭隘观念。终身教育涵盖了教育的各个方面,而其本身又超出各个部分之和。它不只是一种教育体系,更是建立所有教育体系所必须依据的准则。

与终身教育不同,终身学习是从不同的角度来强调对学习者的关注。终身学习着重于学习者的主体角度,强调个人在一生中需要持续地学习,以满足个人的学习需求,同时也是个人学习权和发展权的实现。终身学习更体现出学习者为主体的特色,强调的是学习的自主性、学习的态度、学习的效果,而不是书本知识、学位和学历。终身学习并非限制在组织或教育机构内,而是强调每个人都可以依据自身的情况和特点,采取不同的方式和方法进行学习。除此之外,终身学习也鼓励人们开展形式多样的学习活动。

(二)终身学习与学习社会①

在学习社会这个概念的内涵中指出,教育的根本目的并不是为了"国家繁荣",而是促进每个人的自我能力得到最大限度的发展,使个人人格得到完善,以实现教育促进个人的功能。学习社会的提出是基于对传统教育价值观的批判,也是对"学习"的关注。使用"学习"来代替"教育",表明了其立场是对个人、对学习者个体的无比关注与重视,其中也暗含了人本主义教育哲学的潜在影响。虽然有些时候教育与学习是可以互相替代的,但是从哲学意义上讲,两者却代表着截然不同的哲学思潮:学习更多的是对学习者的强调,教育则是对教师和实施者的关注。

学习社会是推进和深化终身学习思想过程中的一个理念和构想。学习社会的提出唤起人们对终身学习目的的重新审视和重新思考。学习社会的最终目的是实现人生的真正价值,从这一点而言,构建学习社会必然依赖终身学习思想的普及和发展。终身学习是构建学习社会的根基,是通向学习社会的必经道路。从目前的情况来看,尽管学习社会的构想具有理想主义色彩,但是从长远发展来看,学习社会对终身学习具有指引作用,也将会是终身学习的终极目标。

(三)终身学习与组织学习

组织学习是终身学习的必要构成部分。一方面,组织学习的成员、组织学习的实践者绝大部分都是成年人,这与终身学习的受众相一致;另一方面,组织学习绝大部分都发生在学校正规教育体系之外,这些形式的学习都属于终身学习的范畴。从这个角度来说,组织学习的存在大大丰富了终身学习的内容,对组织学习的考虑需要在终身学习的框架之下进行。组织学习与终身学习的理念和价值观相契合,同时组织学习规划、组织学习内容等方面都应当纳入终身学习体系中考量。首先,终身学习是全体社会成员的共同职责,任何组织都必须积极参与其中发挥能量和作用;其次,终身学习是未来社会发展的方向,是更高级形态的社会发展理念,它为组织学习发展指明了方向和目标。

8.2 终身学习实践框架

在这一节将主要介绍两个终身学习领域的实践框架,一个是联合国教科文组织制定的贝伦行动框架,另一个是欧盟制定的欧洲终身学习质量指标。这两个来自于实践的终身学习体系不仅提供了理解终身学习的具体化角度,而且其中的一些观点和思路可以直接应用于组织学习过程。

---

① 学习社会(Learning Society),源自1968年罗伯特·哈钦斯(Robert Hutchin)所著的《学习社会》一书。也有人将之称为"学习型社会",然而学习型社会这个概念的范围已经发生了很大的改变。在这里采用学习社会的提法,是为了保留哈钦斯的最初观点并以示区分。

8.2.1 贝伦行动框架

在 2009 年 12 月,联合国教科文组织(UNESCO)的成员国、民间社会组织代表、社会合作伙伴、联合国机构和私营部门,在巴西举办了第六次国际成人教育大会。会议评估了第五次国际成人教育大会以来成人学习与教育领域的进展,其目的是制订新的紧急行动方案,以使所有青年和成人行使受教育权。为此,大会制定了《贝伦行动框架》(Belém Framework for Action),用以指导各参与组织利用成人学习和教育的力量,促进所有人走向美好的未来。

该框架极为重视终身学习,并将"走向终身学习"的内容作为第一模块。框架指出终身学习是"从摇篮到坟墓"的全人生学习,不仅仅是一种学习或教育理念,更是一种哲学。终身学习是一切教育体系的原则与基础,以包容性的、解放性的、人性的、民主的价值观作为存在的基础,并将学会认知、学会做事、学会做人、学会与人相处作为终身学习的四大支柱。框架为推进成人终身学习,特别提出了一些行动建议,包括:政策支持、治理、资金投入、参与、质量、监测等方面。这些建议对终身学习的开展具有重要的指导意义,同时对以成人为主要受众的组织学习,也具有重要的参考价值。下面,将对这六个方面以及对组织学习可能产生的作用和影响进行介绍。

(一)政策支持(Policy)

为推进成人终身学习,贝伦框架认为制定成人教育政策与立法措施非常必要,并且必须是全面的、具有包容性和综合性的立法。政策与立法是国家层面的行为,而对于组织而言,一般是指订立规章制度、要求、规定等具有约束性或倡导性的规则。

■ 组织应当制定和执行学习相关的政策,这些政策需要包含以下内容:由组织保证资金投入、明确组织学习对象、制定清晰的组织学习规划。这些制度与规章的建立,表明了组织层面对于其成员学习的重视,为组织学习发展方向指明方向,并且为开展学习活动提供了相关的保障机制。

■ 组织需要为成员设计特定的、具体的学习及行动计划。这些计划不应是割裂的和孤立的,而应与组织发展方向、组织战略、组织文化等紧密结合在一起。组织成员的学习与行动计划必须纳入到组织战略的统筹之下,为组织目标服务。另一方面,要考虑到学习者的群体特征和个体特性,切实地促进学习者个体的发展。

■ 在组织层面建立协调机制。组织学习并不是单独的某个部门的事情,而是涉及了诸多利益相关方,比如财务部门、人力资源部门、业务部门等。他们之间必然存在利益的冲突,因而建立协调机制的目的就是搭建各利益相关方沟通的平台。另外,这一协调机制也可以用于监测组织学习的开展情况。

■ 建立组织学习的等效框架(Equivalency Frameworks)。所谓等效框架,是指组织成员进行的非正式学习与正式学习之间的组织认可转换机制。在人的学习构成中,非正式学习占有很大的比例,组织必须重视其成员的这部分学习,建立对成员的非正式学习成果的等效框架,鼓励组织成员开展多种形式的学习,促进学习型组织建设和知识创新。

（二）治理（Governance）

行动框架提出应当采取"治理"的管理模式,来管理成人学习,这样有利于通过有效、透明、负责和公平的方式,实施成人学习和教育的政策。政府善治就是使公共利益最大化的公共管理过程,倡导的是给予所有利益相关者均等的话语权和参与权,重视所有学习者的学习需求,尤其是最弱势的群体。将治理的概念引入成人学习领域,是一项管理模式的革新。治理对于组织学习来讲,也会发挥重要的作用,也是对组织学习管理模式一种新的视角。组织学习采用治理的管理方式,主要包括以下几个方面的内容：

- 组织应当将组织学习的管理权力适当下放,充分赋权于组织成员,赋权于组织内的其他正式的和非正式的团体,促进组织成员参与到组织学习的计划制定、实施过程、评价监测之中。

- 组织应当采取措施（主要通过培训的方式）,帮助所有参与者提高其能力,以使得他们在参与组织学习的过程中,贡献积极的、建设性的力量。由于参与组织学习的人员复杂,对组织学习的理解也存在着较大的差别,因而提升其参与能力是非常必要的一环。

- 组织也应当关注组织与外部机构、组织各部门和团体之间在学习方面展开的合作,积极促进各种跨境、跨界、跨时间学习项目的开展。在学习合作中,获得促进组织自身学习的能量。

（三）资金投入（Financing）

成人学习和教育是一项非常有价值的投资。行动框架认为,成人学习与教育不仅通过直接的经济价值得以体现,更重要的是能创造出更和平、民主、更有包容性、生产率更高、更健康的社会。因而,必须保障对成人学习和教育的大量投资。组织学习对组织的价值也如上所述,具有经济利益和社会利益的双重特征,然而学习收益的显现往往不具有很强的时效性。组织应该认识到,组织学习对组织潜在的价值远高于直接产生的经济价值,不应将组织学习看做"立竿见影"产生效益的活动,而需要保障组织学习开展所需的经费。

- 保障组织学习的经费投入,不因其是否产生直接的经济价值作为投入资金的指标。具体而言,组织每年需按照一定的比例投入资金用以开展组织学习。

- 扩大组织学习资金来源渠道。组织学习的资金来源方式除了组织自身外,还有多种筹措渠道,如来自政府组织的项目基金、非政府组织的基金、个人资金等。

- 组织学习资金投入平衡。所谓平衡是指,组织对不同部门（核心业务部门与非核心部门）的学习投入需要有一个均衡的考量,并为所有学习者创造和提供平等的学习机会。

（四）参与（Participation, inclusion and equity）

贝伦行动框架中的全纳教育（Inclusive Education）[①]，被认为是实现人类、社会和经济发展的基础。全纳教育是指让全体公民具有能力发展自己的潜力，鼓励他们和谐并有尊严地共同生活，而不因年龄、性别、民族、语言、宗教、残疾、身份、经济条件等个人特征而产生排斥。

- 营造公平地享有和参与组织学习的文化，消除因部门或个人的特殊性而产生的学习屏障，从而实现组织学习活动的广泛参与。
- 精心设计具有针对性的学习指导方针与活动计划，促进支持组织成员开展学习活动，激发学习者参与学习的意愿和动力。
- 考虑学习者面临的困难，提前做出应对方法，在学习者参与组织学习的过程中提供足够的学习支持。
- 创建多用途的学习场所和中心，为组织学习提供合适的空间，从而使组织学习得到物理层面的保障。
- 设立多种学习鼓励措施，如奖学金、带薪学习假期、学习奖励、学分积累计划等，激励组织成员参与学习。

（五）质量（Quality）

在学习和教育过程中，质量是一个重要的、不容忽视的方面，需要得到持续的关注。行动框架提出，成人学习的质量可以划分为六个维度：学习内容、学习方法、需求评估、讲师专业化程度、学习环境、学习能力。在组织中，学习的质量同样需要这样一个质量保障体系。

- 在组织学习规划和计划中，必须要建立起一套组织学习质量标准体系。这一体系需要包含学习内容、学习方法、需求评估、教师专业化程度、学习环境等方面的指标。组织学习规划和计划还需充分考量各种可能出现的质量问题，以及其对组织学习可能产生的影响，并提前做出应对措施。
- 讲师是组织学习的一个重要构成部分，组织必须关注并提高教师的能力。组织可以从讲师培训入手，协助其提升能力；也可以建立讲师认证制度，从而筛选合格的人才从事组织学习工作。在提升讲师能力方面，组织仅仅依靠自身力量是不够的，还需要与教育机构、行业机构、专业培训机构等建立合作关系。
- 组织学习的目的是为了增加组织成员的知识，并使其在工作中应用，提升组织绩效。因此，在衡量组织学习质量时，必须关注组织成员的学习成果。通过拟定学习成果标准，来进行监测和评估。
- 建立组织学习知识管理系统。组织学习所围绕的一个核心是知识，并实现组织知识的积累、创新和应用。因此需要一个能够对这些知识进行管理的系统，实

[①] 通常情况下，全纳教育被认为是特殊教育领域的一个词汇，指在正常教育中包容特殊教育；而贝伦行动框架将这一概念范围扩大到更广泛的人群。

现组织知识方面的支持。

(六) 监测(Monitoring)

行动框架认为,重振成人学习、教育是各国的集体意志,是一项指导方针。为了保证成人学习和教育的实施,必须承诺实施问责和监测措施。通过监测获取有效的、可靠的定量和定性数据作为成人学习和教育的决策依据;同时在国家和国际层面设计、实施定期记录和跟踪机制,追踪开展情况。这种监测对于组织学习来讲,也具有极其重大的意义。监测包含了对组织学习过程质量和进度的控制,是开展组织学习的重要保障。组织学习的监测,主要包含两个方面:

■ 对组织学习的进度进行监测。进度监测主要为了使组织了解学习项目开展的情况,可以采用定期监测机制,如每三个月组织成员学习效果监测;也可以在组织学习过程中不定期地进行监测。

■ 对组织学习的效果进行监测。效果监测也可以看做是效果评价,其监测范围不仅在组织学习过程中,还应该覆盖到学习活动后学习者的变化以及对组织所带来的实际效果。

8.2.2 欧洲终身学习质量指标

为了更好地监测和评估终身学习的发展状况,欧盟及其成员国共同合作制定了《欧洲终身学习质量指标报告》(*European Report on Quality Indicators of Lifelong Learning*)。该报告在充分考虑到终身学习的复杂性后,总结出十五项最具代表性与适应性的终身学习质量指标。这些质量指标涵盖了四个领域,在开发过程、内容选择和应用能力等方面对组织学习质量评价也有着重要的启示。

(一) 质量指标的作用

欧洲终身学习指标有助于适时地衡量终身学习的发展状况与成效,检测既定目标的实现程度,总结和发现在终身学习方面取得的成就和出现的问题,为欧洲终身学习的持续发展指引了方向。这些指标的开发过程具有广泛的参与性和高度的审慎性,由多个机构共同参与研究工作。指标体系涵盖了"技能、能力与态度"、"途径与参与"、"终身学习资源"和"策略与制度"四个领域的若干问题,几乎涉及了终身学习所有方面的内容。同时,关注过程性指标的开发,如"终身学习投入"、"整合供给"、"教育人员与学习"、"质量保障"等,其目的是有利于终身学习体系持续稳定的发展。

在这一整套用以测量和监测终身学习质量的体系和工具中,有许多内容都可以被组织学习的开展工作借鉴。欧洲终身学习指标对组织学习制定质量指标体系有一些启发,例如:

■ 组织学习应当重视学习质量标准开发的必要性和急迫性;

■ 在指标开发过程中,要集中多方面的力量,确保指标开发的严密性、科学性与合理性;

■ 在指标内容上，要注重选择那些能反映组织学习发展持续性能力的过程性指标，这些指标不只是关注"做了什么"，更关注"怎么做的"；

■ 要寻找理论与实践的契合点，开发指标时既要从理论的角度全面、系统、科学地考虑终身学习的内涵和要求，也要确保所选指标能深入、准确、敏锐地反映现实问题；

■ 要注意具体指标的数据资源的可获得性。否则即使有了指标，也会因为缺少数据而不能揭示和说明任何问题。

（二）质量指标体系

欧洲终身学习质量指标体系涵盖了四个领域（见表8-1）：一是与个体相关的"技能、能力和态度"；二是描述个体与制度关系的"途径与参与"；三是作为基础的"终身学习的资源"；四是作为一种制度和对终身学习自身提出挑战的"策略与制度"。

表8-1 欧洲终身学习质量指标体系

领域 A： 技能、能力和态度	领域 B： 途径与参与	领域 C： 终身学习的资源	领域 D： 战略与发展制度
○ 识字水平 ○ 算术水平 ○ 学习社会中所需要的新技能 ○ 学会学习的能力 ○ 积极的公民身份、文化与社会能力	○ 终身学习的途径 ○ 终身学习的参与	○ 终身学习的投入 ○ 教育人员与培训 ○ 学习中的信息和通信技术	○ 终身学习战略 ○ 连贯提供的学习机会 ○ 咨询与辅导 ○ 学习成果认证 ○ 质量保证

■ **技能、能力和态度**　在终身学习脉络中，正式学习和非正式学习，均为测评内容中重要的指标。该领域所涉及的技能、能力和态度的具体指标中，学习社会中所需要的新技能、学会学习的能力、积极的公民身份与文化及社会能力，这三项指标对组织学习的质量标准有非常重要的借鉴作用。在具有学习社会特征的时代中，学习者必须去面对社会发展所带来的新的技能需求。由于知识的级数型增长，很多学习都需要学习者自行去完成，因而学习者具备学习的能力尤为重要。在技能和能力之上的是学习者的组织身份、文化和社会能力，是体现在态度和价值层面的组织需求。

■ **途径与参与**　影响终身学习途径和参与的相关因素被称之为学习障碍，这些学习障碍会影响到个人的终身学习历程。途径主要涉及机构与支持的问题，参与则关系到动机、财务和文化相关的问题，这两个方面都是评价成功的终身学习制度或过程的重要方面。组织学习中的学习途径是学习者能够参与正式学习活动或非正式学习活动的保障，而学习者的参与行为则涉及学习者的动机、效益等因素，更为重要的是学习者所处的学习文化或组织文化。

■ **学习资源** 终身学习资源的供应与品质,是决定终身学习成功的关键因素。同时,必须关注并重视信息与通讯技术在终身学习中扮演的关键角色。对学习资源的评价包含终身学习的投入、教育人员与培训、学习中的信息和通信技术三个方面的内容。通过这三项指标来评估组织学习,表明组织对组织学习的重视程度和支持程度,这些是组织学习质量保障的支撑力量。在人力和财务方面的投入,是确保组织学习活动开展的基础;对从事组织学习工作的相关人员进行培养和教育是组织学习实施的关键所在;信息技术的应用是组织学习顺应信息社会发展的必备手段。

■ **战略与发展制度** 终身学习质量指标的最后一个范畴,是从政策决定层面,将终身学习的要素转化成为统一的和协调的体系。在此架构下,应能评价学习的成果,个人从学习中所获得的成就、应该受到认可、获得适宜的咨询与辅导。策略与发展制度大致包含以下五个方面的内容:终身学习战略、连贯提供的学习机会、咨询与辅导、学习成果认证、质量保证。对于组织而言,如果组织学习能够被作为组织发展的一项战略,这样有利于确保组织学习的质量。组织学习也需要为学习者提供连贯的学习机会以及个人学习方面的咨询和辅导。在制度方面,需要制定各类学习成果认证和转换的规定,确保组织学习质量的制度。

主要参考文献

1. 阿吉里斯.组织学习[M].张莉,李萍,译.北京:中国人民大学出版社,2004.
2. 艾伦.下一代企业大学[M].吴峰,译.北京:世界图书出版公司,2010.
3. 奥恩斯坦,汉金斯.课程论:基础、原理和问题(第五版 英文影印版)[M].北京:中国人民大学出版社,2009.
4. 白思俊.现代项目管理(升级版)[M].北京:机械工业出版社,2010.
5. 布雷著.培训设计手册[M].陈光,董明明,刘建民,译.北京:中国劳动和社会保障出版社,2010.
6. 布鲁恩,乔治.服务营销:服务价值链的卓越管理.王永贵,译.北京:化学工业出版社,2009.
7. 陈胜军.培训与开发:提高·融合·绩效·发展[M].北京:中国市场出版社,2010.
8. 陈向明.在参与中学习与行动:参与式方法培训指南[M].北京:教育科学出版社,2003.
9. 德里斯科尔.学习心理学[M].王小明,译.上海:华东师范大学出版社,2008.
10. 德斯勒.人力资源管理(第10版·中国版)[M].北京:中国人民大学出版社,2009.
11. 窦胜功,卢纪华,周玉良.人力资源管理与开发(第2版)[M].北京:清华大学出版社,2008.
12. 盖尔.交往与空间(四版)[M].何人可,译.北京:中国建筑工业出版社,2002.
13. 郝克明,周满生.终身教育经典文献[M].北京:高等教育出版社,2006.
14. 黄静.品牌营销[M].北京:北京大学出版社,2008.
15. 吉雷,梅楚尼奇.组织学习、绩效与变革:战略人力资源开发导论.康青,译.北京:中国人民大学出版社,2005.
16. 凯勒.战略品牌管理(第三版)[M].卢泰宏,吴水龙,译.北京:中国人民大学出版社,2009.
17. 柯林斯.互动仪式链[M].林聚任,王鹏,宋丽君,译.北京:商务印书馆,2009.
18. 科特勒.营销管理(第11版)[M].梅清豪,译.上海:上海人民出版社,2003.
19. 克莱特.终极培训班手册[M].何雪,译.北京:企业管理出版社,2008.
20. 洛夫洛克.服务营销(第6版)[M].谢晓燕,赵伟韬,译.北京:中国人民大学出版社,2010.
21. 马什.理解课程的关键概念(第3版)[M].徐佳,吴刚平,译.北京:教育科学出版社,2009.
22. 迈克尔·波兰尼.科学·信仰与社会[M].王靖华,译.南京:南京大学出版社,2004.
23. 诺伊,霍伦贝克,格哈特,赖特.人力资源管理:赢得竞争优势(第五版)[M].刘昕,译.北京:中国人民大学出版社,2006.
24. 圣吉.第五项修炼:学习型组织的艺术与实践(新世纪最新扩充修订版)[M].张成林,译.北京:中信出版社,2009.
25. 斯旺森,霍尔顿.人力资源开发[M].王晓晖,译.北京:清华大学出版社,2008.
26. 唐·舒尔茨,海蒂·舒尔茨.整合营销传播[M].何西军,黄鹂,等译.北京:中国财政经济出版社,2005.

27. 沃纳,德西蒙.人力资源开发(第4版)[M].徐芳,董恬斐,等译.北京:中国人民大学出版社,2009.
28. 吴井红.财务预算与分析(第二版)[M].上海:上海财经大学出版社,2010.
29. 吴尊民,末本诚,小林文人.现代终身学习论[M].上海:上海教育出版社,2008.
30. 香港设计中心,艺术与设计出版联盟.设计的精神[M].沈阳:辽宁科学技术出版社,2008.
31. 徐纯一.如诗的凝视:光在建筑中的安居[M].北京:清华大学出版社,2010.
32. 徐芳.培训与开发理论及技术[M].上海:复旦大学出版社,2010.
33. 原研哉.设计中的设计[M].纪江红,译.桂林:广西师范大学出版社,2010.
34. 野中郁次郎,胜见明.创新的本质:日本名企最新知识管理案例[M].林忠鹏,谢群,译.李萌校,译.北京:知识产权出版社,2006.
35. 野中郁次郎.创造知识的企业:日美企业持续创新的动力[M].李萌,高飞,译.北京:知识产权出版社,2006.
36. 张德.人力资源管理与开发[M].北京:清华大学出版社,2007.
37. 张华.课程与教学论[M].上海:上海教育出版社,2000.
38. 张友棠.财务预算与绩效管理制度设计[M].北京:中国财政经济出版社,2008.
39. 朱光潜.无言之美[M].北京:北京大学出版社,2005.
40. 竹内弘高,野中郁次郎.知识创造的螺旋:知识管理理论与案例研究[M].李萌,译.北京:知识产权出版社,2005.
41. 宗白华.美学散步:插图本[M].上海:上海人民出版社,2005.
42. 佐藤学.课程与教师[M].钟启泉,译.北京:教育科学出版社,2003.
43. ASTD. *The ASTD Learning System Module 7:Coaching*[M]. Mechanicsville, Maryland:ASTD Press, 2006.
44. ASTD. *The ASTD Learning System Module 6:Managing the Learning Function*[M]. Mechanicsville, Maryland:ASTD Press, 2006.
45. H. Jerome Freiberg. *School Climate:Measuring, Improving and Sustaining Healthy Learning Environments*[M]. OX:RoutledgeFalmer, 1999.
46. J. W. Gilley and A. Maycunich, *Beyond the Learning Organization:Creating a Culture of Continuous Growth and Development Through State-of-the-Art Human Resource Pratices*[M]. Cambridges, Mass:Perseus Publishing, 2000.
47. Kaye Thorne. *Blended learning:how to integrate online and traditional learning*[M]. UK:Kogan Page Limited, 2003.
48. Konza D. *Grainger J. & Bradshaw K. Classroom Management:A Survival Guide*[M]. Sydney:Social Science Press, 2001.
49. Robert L. *Dilworth & Yury Boshyk. Action Learning and its Application*[M]. UK:Palgrave Macmillan, 2010.
50. Theodore Levitt. *The Marketing Imagination*[M]. New York:Free Press, 1983.